「国家と戦争」異説
戦時体制下の省察

太田昌国

現代企画室

「国家と戦争」異説　目次

第1章　戦争の時代に

第2章 「9・11」事件と報復戦争を解読する

第3章 右派言論徹底検証

「国家と戦争」異説

戦時体制下の省察

太田昌国

装丁——本永恵子
組版協力——前田年昭

第1章　戦争の時代に

壊れゆく言葉
有事・戦時下の言論状況

1

「給水などの支援活動を予定している」――自衛隊のクウェート到着、さらにはイラク到着を報道するNHKニュースにおいて、最初に「主な項目」を言う時にも、後に詳しく各項目ごとの内容を伝えるときにも、「自衛隊」という固有名詞の前には、必ずこの形容詞が添えられている。日頃から、NHKに限らずニュース報道で使われる表現については、厳しく見聞きしているほうだと思うが、出兵した日本国軍を形容するために律儀なまでの頻度で用いられるこの文言に、現在の有事・戦時下の言論機関の姿勢が如実に現われている。NHKの自発性に基づいてなのか、それとも政府・与党の意を受けたものなのかは、私にはわからない。いずれにせよ、その形容句は、「自衛隊はイラクへ戦争に行くのではない」「(武器を携行するのは)正当防衛のためにだけだ」「テロ・盗賊への武器使用は戦闘ではない」などと言い続けてきた政府・与党からすれば、人びとがその線に沿って考えるように誘う、まことに得難い日々のレッスンの役割を果たしてくれよう。対イラク戦争の「正当性」と「大義」を大胆に主張している米国からの強硬な圧力の下で、日本政府が国軍出兵に同意したというのは、この間の経緯を見ていれば、誰にも自明のことである。先日亡くなった日本外務省職員二人の職務が、米英軍の占領行政と切っても切れない関係にあったように、出兵した自衛隊が、米英軍を主体とした対イラク戦争とそれに引き続く占領統治に加担する本質をもつことに疑いはない。その現実に目をつむるのでなければ、日本国軍のイラク出兵問題を、右のように表現できるはずがない。

（二〇〇四年）一月九日、防衛庁長官・石破は、防衛庁記者クラブ加盟の報道機関に対して、イラクに派遣される自衛隊の取材・報道を自粛するよう要請した。細目を述べた文章は、一応慇懃をよそおって「（お願い）」と題されてはいるが、「（報道が）防衛庁の円滑な業務遂行を阻害すると認められる場合は、爾後の取材をお断りする」との但し書きがある。北朝鮮による日本人拉致報道をめぐって、被害者を「救う会」と家族会は、自らの意向に沿わない報道を行なったメディアを取材の場から締め出すと恫喝して、言論・報道を一元化することに成功したが、その「教訓」がすぐ応用されていると言える。

報道の自粛を「お願い」しているのは「（1）部隊、装備品、補給品等の数量」に始まり八項目が続くが、最後に「（9）その他、部隊等が定める事項」とくる。往時の「大本営発表」なるものを、私は文献でしか知らない人間だが、この優しげな「お願い」が強面の「大本営発表」に等しいと捉えるべきことは、すぐにわかる。これに対するマスメディアの反応を見るかぎり、「大本営発表」を「優しく強制されていること」への驚きも反発も怒りも、見られない。図に乗ったのであろう、一月一三日、防衛庁官房長・北原巖男は、同庁幹部や自衛隊幹部の定例記者会見を大幅に縮小する方針を示した。副長官、官房長、陸海空の三幕僚長の定例会見を打ち切り、防衛庁長官、事務次官、統合幕僚会議議長の会見に絞るというのである。防衛庁の記者会見が他省庁に比べて多い理由は、メディアの外にいる人間にも明快なことだ。自衛隊は発足当初から、現行憲法九条との関連性を問われざるを得ない存在だった。政府・与党のごまかし言葉にまだしも敏感であった当時のメディアは、自衛隊のあり方を常時監視する一方法として、責任者との頻繁な会見が必要だと考えたのだろう。防衛庁もまた、その要求を撥《は》ねつけることができるほどは「強く」なかった時代が続いていた。情報開示がますます重要な時に、あえて記者会見の回数と規模の縮小を図るとは、明らかに、報道管制へと大きく踏み出したことを意味している。

ここに至っても、新聞・放送・通信などの報道機関二一社で構成されている在京社会部長会・政治部長会が行なった対防衛庁への申し入れは、次のように言う。「情勢と安全に常に細心の注意をし、報道が自衛隊員等の支援活動阻害や危険につながらぬよう配慮することはメディアにとって当然」である、と。さらに「現地から継続的かつ正確に自衛隊の活動状況などを国民に伝えることが我々に課せられた責務」と、メディアとしての使命感を述べている。自衛隊を「わが軍」と呼びかねない寸前の意識である。仮に戦争報道の中に身をおくとして、米軍、日本軍、それに「敵対」する勢力すべてを対等な視点で捉える場所に自らを位置づけるのが、客観性というものだろう。戦争報道における客観性と中立性とはどういうものかという原則をすら、日本の主要メディアは確立していないことがよくわかる。防衛庁の「お願い」は、現状では、十分にその意図を達成できるだろう。

2

アジア経済研究所研究員・池内恵が二〇〇二年一月に刊行した『現代アラブの社会思想――終末論とイスラーム主義』（講談社新書）を、私は興味を大いにかきたてられながら読み、今までこんなふうにアラブ社会を紹介してくれる人はいなかったなと考え、感心した。要するに、現代アラブ社会には、自らの社会の内部構造に起因しているかもしれない出来事もすべて、欧米の政治・政策の責任に帰してしまいがちな言論が溢れている。社会的な影響力の強い聖職者・知識人・大学教授らが、宗教書・歴史書・思想書でそのように主張し、一般の庶民が見聞きするテレビ、コミック、ポピュラーソング、一般書においては、その傾向がいっそう強まる。それは、知的閉塞だ、と池内は言う。こうして、（二〇〇二年）「9・11」をめぐってすら、自らのあり方を顧みることの少ない陰謀説が跋扈《ばっこ》するゆえんが、池内のこの書では、明快に抉られていたのである。

それは、私がアラブ社会を長年見つめながら、ぼんやりと感じていた問題点を的確に指摘するものであるように思われた。私は、イスラエルや欧米諸国（特に米国）の、それぞれの歴史段階における対アラブ・パレスチナ政策に対して批判的だが、後者を「全《まった》き善・全き被害者」として「ロマン化」することの間違いにも自覚的でありたいと考えていた。その思いは、とりわけ、一九九一～九二年にかけての、イラク軍のクウェート侵攻からペルシャ湾岸戦争の過程を見ながら、強まった。米国が行なったイラク攻撃が許されるべきものでないことは、私にとっては自明のことだったが、イラクの独裁者＝サッダーム・フセインが、米国に対決しているかに見えるその一事をもってアラブ社会で一定の支持を得ているらしい光景に、大きな違和感をおぼえていた。パレスチナ解放勢力のＰＦＬＰ（パレスチナ人民解放戦線）が、フセインをめぐる批判・評価を曖昧にしたまま、米国批判に純化した論議を展開したことにも、アラブ世界が抱える問題を不問に付した態度が透けて見えて、これでは違うという思いが消えなかった。だから、池内のその仕事は、アラブ・パレスチナ社会の矛盾を、その社会に十分な愛着を持つ外部者が抉り出しているものとして、示唆的だった。

この書で注目される前後から、池内は、月刊誌にもたびたび登場して、アラブ社会の分析を行なっていた。もちろん、短期間のうちに発表される文章ゆえ、繰り返しもあったが、信頼に値するアラブ研究者として私は熟読していた。アラブ社会を「的確」と思える視角で分析していた池内は、日本国軍（自衛隊）のイラク出兵が具体化する二〇〇三年後半あたりから、日本の対イラク政策に関して発言する機会が増えるようになった。数例を挙げてみる。「イラク〝対テロ〟戦争に、不戦敗は許されない」（『諸君！』二〇〇四年一月号）、山内昌之との対談「『骨太ニッポン』が米とイラクの緩衝材になる」（『諸君！』同二月号）、「民生向上実現し人心安定を」（『朝日新聞』同年一月一日付）、船橋洋一、江畑謙介、岡崎久彦、宮崎哲弥との座談会「日本の岐路――自衛隊に帰還の日は来るか」（『文藝春秋』同二月号）――などである。これらを読んで、私は、アラブ社会について鋭い批判的な分析をした池内の最初の仕事を読んだ時には、彼が米国や日本の外交政策に関して、ここまで杜撰な捉え方をしているとは思いもしなかったな、と振り返らざるを得なかった。

米軍の攻撃と占領統治を受けているイラク民衆の心理分析を行なう時の池内は、相変わらず、その陰影ある心の襞を読み抜いているように思える。そのすべてには同意できないにしても、複眼的な視点には学ぶものがある。だが、「今回のイラク戦争に対する反対が最も少ない国とは、イラクであるといってよい。声高な反対が聞こえてくるのは、直接の影響が及ばない周辺アラブ諸国や西欧諸国からであるというのは皮肉な話である」（「イラク〝対テロ〟戦争に、不戦敗は許されない」）といった類の議論が出てくるのをみていると、国際政治における諸国間の公平・対等な関係のあり方や、実現されるべき平和のあり方に関して何ら顧慮することなく、池内が地域研究専門家としてのみ振る舞っていることがわかる。この間の池内の議論にあっては、米国のイラク攻撃も占領統治も、さらには日本の自衛隊派遣も、物事を考えるうえでの揺るぎない前提である。実現された（されつつある）現実を批判的に捉える視点もないままに政策提言的な物言いをすれば、それは、当然にも、その政策を補完するものにしかなり得ない。「日本としては、やはりあなた方（イラクの人びと）に豊かさを提供するために来た、平和と復興のために来たということに尽きる」「できるならゼネコンをイラクへ連れていって、自衛隊がそれを護衛するほうが良かった」「航空自衛隊の派遣で心配なのは、イラク人から『日本は飛行機で武器を運んでいる』と見られる点です。日本は平和のために来たという、露骨なまでの演出をし、同時に内実も満たすことが必要」（いずれも「日本の岐路」における発言）などを見ると、日本の位置を客観的に分析する視点をここまで欠く池内の現在に、物悲しい思いがする。先に述べたように、彼がアラブ社会の研究者として、いまだに意義ぶかいすぐれた分析を残している人物であることを思えば。

3

二〇〇一年九月一一日以降、世界に現れている「平和と戦争」をめぐるまったく新しい時代の様相を考える時、この状況を主導的に生み出した米国現政権の独善的な政策と、日本社会に住む私たちからすれば、それに無批判的に追随するばかりの日本政府の政策にこそ最大の罪があることは自明のことである。だが、この政策が社会の中に浸透していくに当たっては、上に見たような、メディアに登場する合唱隊の役割が大きい。問題を捉える視野を狭くし、選択肢も狭め、物事を一面的に語る。「戦争と平和」の問題を根本的な理念を放棄した地点で語り、ひたすら現状追随的になる。ことが国際政治に関わるものである以上、当然にも、強者として振る舞うものたちが力任せ（軍事力）につくりだした現実に合わせた「解決」策しか、そこでは提示され得ない。そこでは、どんな声が消されてゆくのか。マスメディアのように、中立性をはなから放棄し常に「日本」や「日本自衛隊」に自閉する意識の下で報道競争が繰り広げられる場合、それは、ペルー大使公邸占拠・人質事件や拉致事件の場合のように、イラクを舞台としながら日本に発し日本に回帰する「国策」としてしか語られることはないだろう。

なかに、イラクやアラブ社会全体に通じた専門家が現れて、なるほどと思わせる、アラブ世界の鋭利な分析を行なっても、その論者がまっとうな「国際感覚」を欠いた人物であるときには、その地域研究の成果は、かつての植民地時代のように、「国策」の枠内に見事におさまってしまうだろう。その意味で、私たちの眼前に展開しているのが、まぎれもなく、すでに有事・戦時下の言論状況である。

●「情況」二〇〇四年三月号別冊　特集「反派兵」、情況出版

出兵兵士を見送って打ち振られる日の丸の小旗の戦慄と衝撃

新年や天皇の誕生日に行なわれる「皇居一般参賀」で、防弾ガラスの彼方に立つ天皇家一族に対して打ち振られる日の丸の小旗がテレビ画面を覆い尽くすときだって、決して平穏なこころで見ることができるわけではなかった。昔話になるが、一九七二年札幌で開かれた冬季オリンピック大会のスキージャンプ競技で、日本の選手たちがよい成績をおさめたとき、メディアがこぞって「日の丸飛行隊」と呼んだことにも、こころを逆なでされるような嫌悪感をいだいた。しかし、去る二〇〇四年二月二日から三日にかけて、陸上自衛隊旭川師団の「本隊の先発隊員」九〇名がイラク出兵のために出発するに際して、旭川や千歳で留守家族や留守部隊員が打ち振る日の丸の小旗を見たときの、言いがたいまでの戦慄と衝撃は、いままでのものとは比べものにならない質のものだった。

それは、あくまで、七〇年か六〇年前の歴史的記憶で、当時の新聞・雑誌や、そのころを描く映画・小説などで見かけるものであって、私たちの眼前で繰り広げられることになろうとは（不覚にも）思わなかったからだ。さらに、日の丸が打ち振られる以前から、旭川の街頭や街行く人の胸には黄色いハンカチが目立ち始めていたという。山田洋次の映画『幸福の黄色いハンカチ』

にヒントを得て、出兵した自衛隊員の無事の帰国を祈るシンボルだと、発案者たちは説明している。いささか気恥ずかしいヒューマニズムのレベルに終始する山田洋次の映画に感心した記憶はほとんどなく、あの映画にも本質的な「甘さ」が孕まれているとはいえようが、知恵者はその「甘さ」に見事に付け込み、論理を排除して情緒に訴えるという、この社会では奏功しやすい手段に出たようだ。もっとも、その後、山田洋次自身がこの「黄色いハンカチ運動」への違和感を表明し、自衛隊のイラク出兵という本質的な問題を見えなくさせてしまうとの危惧を抱いていることには触れておくべきだろう。

これらが、二〇〇四年の初頭に、私たちの目の当たりに繰り広げられている〈表現〉の形である。黄色いハンカチ運動などは、かつての「千人針」運動と本質的に違わないではないか、という問題提起を行なう人すら、マスメディアの中では少ない。世論調査なるものがどこまで信頼に足るものかは別としても、国軍=自衛隊の派兵が本格化して以降、それまで派兵に反対ないし慎重論のほうが多かった世論は、一気に賛成派多数に傾斜している、と各メディアは伝えている。「行ってしまったものは仕方がない」――既成事実に合わせてずるずると軸足をずらすこの社会のあり方が、再び三たび繰り返されていると言える。

政府・与党の責任はあまりに明白なことで、ここでは触れない。軸足をずらすように世論を誘導している責任を負うべきは、メディアと、そこに出ずっぱりでよしなしごとを語り、書き続ける一群の人びとである。現在のメディアの恐るべき水準を物語る例は枚挙に暇がないが、さる一月八日、イラク取材を予定している記者たちが、朝霞の自衛隊駐屯地で自衛隊員から安全対策訓練を受けたということを、何の恥ずかしげもなく報道している事実などは、その最たるものであろう。それを経た記者たちが、派兵先のサマワ現地で繰り広げている取材方法が、米軍がイラク攻撃の際に開発した「エンベッド（埋め込み）」方式と本質的に異なるものではないことは、テレビ画面を通して透けて見える。ペルー大使公邸占拠・人質事件のときにリマに殺到した日本のメディア陣が、事件の本質報道から遠く離れて、仲介者の司教の追っかけ取材などに精力を注いだように、今回もイラクの現状を離れて、自衛隊員が動く後を後追いするだけの翼賛報道になっていることは、すでに明らかになっている。私たちは、徒労と思わずに、これらの報道内容に対する批判を積み重ねる必要がある。

少数派ではあるが、もちろん、マスメディア内部にあっても、独自の取材に基づいて勇気ある見解を述べる人はいる。毎日新聞二月三日付「記者の目」では、バグダード駐在の斎藤義彦が「今からでも遅くない、勇気ある撤退をすべきだ」との主張を行なった。翌四日の同紙では、米軍のイラク攻撃が開始された当時ワシントン特派員だった斗ケ沢秀俊が「大量破壊兵器は不在で、『戦争の大義』は崩壊したのだから、日本の首相の対米追随に異議」を唱えた。アラブ世界に詳しい東京新聞特報部の田原拓治は、五年ぶりに訪れたイラクから、自衛隊に「万が一、撃たれても撃つな」と呼びかけた。主観的にはどうあれ、占領の一翼を担う自衛隊は、「撃てば日本も占領者」という事実を一五億人のイスラーム圏で追認することになるからだ、と田原は言う。

体制側が繰り出してくる〈表現〉を批判する場所はまだまだ作り出すことができる。現状追認に陥って、ずるずると言論と行動の軸足をずらすこと——私たちが自戒すべきは、その点に尽きる。

●「派兵CHECK」一三七号、二〇〇四年二月一五日、派兵チェック編集委員会

言葉が死んだ時代に

言葉が死んだ。その死に方は無惨だ。この国の現首相の言葉を聞き、心底そう思う。例は、挙げるまでもないだろう。曰く言いがたいまでに「陰惨な」顔つきをした、この国の現防衛庁長官の言葉も同じだ。ある日のテレビで、イラクの安全性を問われたその男は、卑屈でいるようでいて、実は獲物を前に悦びを抑えつつも舌舐めずりするようなあの口調で、当日起きた女子高校生殺害事件を例に挙げ、このように日本も安全ではないのだ、と堂々と主張したという。言葉貧しく、論理に欠ける。そんな首相と防衛庁長官の名で、国軍にイラク出兵の命令が下りる。

この手の政治家は「すこぶる」つきのワルだが、軍人だって、学者だって、負けてはいない。イラク出兵反対のデモや行動が「目にあまる」場合には、札幌雪まつりの雪像建設から自衛隊は撤収すると「恫喝」する軍人が、早くも出てきた。イラク現地での取材・報道自粛要請、「制服トップ」の定例記者会見廃止などの動きも、こともなげに出てくる。もちろん、一種の「恫喝」に違いない。

「一番重要なのは国論の統一」と断言し、ナショナル・コンセンサスという点で「政府与党と、条件が整えば自衛隊派遣を認める民主党との距離はあまり離れていない。双方に歩み寄りと同調を期待する、こういう外交的危機のときには」と東大教授・山内昌之は語る。聞き覚えのある言葉だ。京大教授・中西輝政もまた、いわゆる不審船事件が起こったとき「対処の方式が定められている時には、国民が一致して政府を支持することは民主主義の鉄則とさえ言える」と言い放った。

こうして、有事体制下では、為政者が語る言葉はひたすら貧弱化し、権力に同伴しつつ「恫喝」すべき対象を探し求めずにはいられない軍人や岡っ引き根性の知識人の言葉も際限なく劣化する。だから、異論を排除し「国論」などという、恥ずべき言葉をすら、平気で使えるようになるのだ。

私にとってまだ読むべき対象であった時代の「スターリン獄の日本人」内村剛介が紹介したラーゲリ（強制収容所）・フォークロアに、次のようなものがある。「（政治犯が銃殺を前に）いよいよおさらばというとき、／あなたさま（スターリン）に遺したのが布の煙草入れ、それから、ことば、ことば、ことばだったよ。／『とことんけじめをつけとくれ』／そういってから静かに叫んだぜ、『スターリンのあの頭脳！』ってな。」

まだ「おさらば」するわけでもないが、この国にも、「けじめをつけたい頭脳！」がたくさんあると思って、私は、昨年、「北朝鮮＝日本問題」をめぐって『「拉致」異論』を刊行した（太田出版）。執筆過程でも刊行後にも、さいわい、孤立感は少しもおぼえなかった。不気味な「国論統一」的な世論の現象の仕方を前に、人びとの率直な異論が実は押さえ込まれているにすぎず、底流にはさまざまな意見が渦巻いていることを確信していたし、刊行後の反響でそれが実感できたからである。反天皇制運動の理論と行動の前線にいる友人たちには、以前からわかりきったことでもあろう。

私は、こうして、昨年一年間を通じて、「ことば」に対する「信頼」と「確信」を得た。「取り戻した」と言ってもいい。

深刻ヅラした政治家・軍人・学者たちが、そのくせ、軽い、非論理的な言葉の「暴力」で人びとをねじ伏せようとする有事＝戦時体制下で、私がまず大切にしたいと思うのは、「ことば」がもつ、豊かな、真の意味を復権したいということだ。大勢を見ても、恐れずに。

だれもが、詩、短歌、小説、エッセイ、演説などの一節を、忘れがたい、時には、生きる指針となるものとしても記憶しているからには、意味ある「ことば」の先には、いくつもの可能性が開かれてこよう。

●『市民の意見30の会・東京ニュース』八二号、二〇〇四年二月二日、市民の意見30の会・東京

短い、簡明な言葉がもつ魅力と魔力

「テロ」「拉致」報道を読む

二〇〇三年の世界は、二〇〇一年九月一一日の出来事に起源をもって、「極限の悪」と認定された"terror"(テロ)なる言葉の威力に振り回されるようにして、一年を過ごした。日本社会もまた、「テロ」と「拉致」という、言葉としての短さの限界に近い、ふたつの表現に踊らされるようにして時を過ごし、一年の終わりを迎えている。

言葉少ない表現には、その独自の魅力がある。そのことは、誰もがいくつかを記憶しているであろう短歌・俳句・詩歌・アフォリズム・警句・スローガンなどを思い起こしてみれば、よくわかる。その表現がすぐれた形で成立していると、用いられている言葉の少なさにもかかわらず、何事かの深い本質に言い及んでいる場合がある。だが、表現の「短さ」「簡潔さ」「いさぎよさ」には、熟考した判断の可能性を断ち切って、「わかりやすさ」に直結する独特の魔力も、ある。政治的にいえば右翼であるか左翼であるかに拘らず、その魔力を知る人は多いだろう。私だって、それを金輪際知らない、とは言えない。その力をこの一年、日本の現首相は最大限に利用した。思い起すことも憚られるほどの、馬鹿馬鹿しい「ワン・フレーズ」表現をこの男は好んだ。得意になって連発した、と言ってもよい。それに難なく拝跪《はいき》した「世論」なるものが疎ましい。

この風潮に悪乗りして、「貴殿は、北朝鮮による日本人拉致をテロと認識しますか」と問い、「はい・いいえ・その他から選択し」その理由を書け、などというアンケートを、選挙を前にした衆議院議員全員に送りつける連中まで現われた。拉致被害者を「救う会」である。

ここでは、言葉の意味範囲を問うことは認められていない。「国家テロ」も「テロのうち」という問題意識は、もともと、あり得ない。「テロ」と言えば、現代社会において、必然的に指弾されるべきものと認知されているものだけを指すのである。「拉致」を捉える方法にも歴史意識はなく、特定の時代の、特定の勢力による、特定の「人さらい」行為を指してのみ「拉致」と呼ぶのである。そうしておいて、「拉致はテロだ」と、問われる者に「認識」させるのが、この踏絵的なアンケートの役割である。意味内容を問うことも許さないような「雰囲気」を作り出した、問答無用の二語が連なっているのだから、これほどタチのワルい借問もめずらしい。「拉致アンケート、回答を一挙掲載」と題した得意気な「保存版」記事(『正論』二〇〇四年一月号掲載)に、その無惨な結果は表れている。あとは、これをテコに、憎むべき「テロ」を実施した国に経済制裁を科し、物流・人物交流の船＝万景峰《マンギョンボン》号の新潟入港を禁止できる法案を制定させれば、よい。ひとに考える余地も疑問を発する時間も与えず、上から押しつけられた、ふたつと選択肢のないスローガンに唯々諾々と従う群れであれ、と強制すること。この風潮が、極限にまで至った社会に私たちは暮らしていると、一年をふりかえって思う。

年末に至って立て続けに起こる重大な事件をめぐっても、そのことは言える。起こった物事の本質を問わず、ひたすら表面的・情緒的な反応に終始すること。

それは、まず、イラク北部を車で移動中の日本人外交官二人の殺害事件の報道姿勢に表われた。ふたりはティクリートで開かれる復興支援会議に出席するために移動中だったという以上、その死を悼む報道と同時に、イラクにおけるふたりの政治的な位置が客観的に分析されなければならない。ふたりは、バグダード「陥落」後ただちに日本国政府から米復興人道支援室（ＯＲＨＡ）に派遣された。明らかに米英軍の軍事的支配を本質とする占領行政に加担する形で始まったその「任務」の質が問われることは当然のことである。ひとの問いを黙らせるために意図的に使われている「人道支援」という、短く簡明な言葉に惑わされてはならない。殺された参事官は、岡本行夫総理補佐官のイラク訪問の際にも随行し、彼が占領軍との話し合いを精力的に展開したことを、外務省ホームページの日録で報告している。その意味を問い始めるなら、「人道支援」の範囲に収めようもない任務を託して派遣命令を下した現政府の方針それ自体への批判にいきつくことは自明のことだ。

米軍によるサッダーム・フセイン「拘束」に関わる報道も同じだ。新聞休刊日の前夜にテレビとラジオを媒体として、この大きなニュースは流れた。綿密に計算し尽くされた映像が巧みに活用された。イラク占領統治者たちは、記者会見の場で、「ねずみのように」小さな穴に隠れていたところを見つかったフセインが、ぼうぼうとのびた頭髪を米兵にまさぐられ、大きくこじ開けられた口を検査されている時の映像を、全世界に向けて公開した。占領者たちの顔には、勝ち誇った表情が隠しようもなく表われている。

フセインに対して何らの共感も持たない私のような人間にも、このような映像を撮影し、あえて公開する者たちの意図が透けて見えて、不快に思った。フセインの引き合いとして出すのは気の毒とはいえ、一九六七年一〇月ボリビア山中で政府軍との戦闘中に負傷して捕えられ、銃殺される直前のチェ・ゲバラの幾枚もの写真が思い出された。

イラク民衆の立場から、そしてクルド人の立場から、フセインの恐るべき独裁者としての実像は、どのように語られ、描かれても、いいだろう。同時に、もし世界を支配する軍事力のあり方次第では、穴から引き摺り出されたねずみのように映し出されるのが、アフガニスタンとイラク民衆の殺戮行為を自軍に命令したブッシュとブレアであっても不思議ではないとするのが、正当な複眼的な認識である（強力な軍事力をもつ国が世界を支配することや、このような映像が公開されること自体を「是」とする立場から、言うのではない。念のため）。

衝撃的な映像という簡明な表現は、そのあまりのわかりやすさゆえに、別な視点からの問いかけを許さない。他人の口をこじあけている衝撃的な一瞬の映像も、反復して映し出されることによって、ごく当たり前のものとして受け入れるよう、人にはたらきかける。

これらの虚像を衝く、簡明にしてごまかしのない言葉を私たちは見つけださなければならない。

●「派兵ＣＨＥＣＫ」一三五号、二〇〇三年一二月一五日

「政治」以前の言葉に縛られ展望なく空費された一五カ月

二〇〇二年九月一七日の日朝首脳会談の際に、北朝鮮指導者は日本人拉致の事実を認めて謝罪し、今後このような行為を繰り返すことはないと約束した。共同宣言では、国交正常化に向けての交渉を直ちに始めることを謳った。だがその後、拉致問題の解決と国交正常化交渉の観点から見るならば、事態はほぼ動かないままに一五ヵ月が過ぎた。

この間、現代日本最強の圧力団体としてふるまってきた拉致被害者家族会と救う会、拉致議連の言動と、その意を受けた政策しか採用しないできた政府の方針を顧みると、事態を停滞させた（日本側の）事情がよくわかる。

首脳会談一ヵ月後に帰国した五人の拉致被害者を、一時的にも北朝鮮には返さないことを国の方針にした時に、その第一段階が始まった。被害者家族が語った「いったん北朝鮮に返したら、いつ再び会えるかわからない」という不安には、「九・一七」以前ならば真実味はあった。だが、それは外交交渉という「政治」に対して応用すべき言語ではない。

金正日《キムジョンイル》が拉致を認め謝罪したことに、北朝鮮政治の流動化の兆しを認めて交渉を続行するのではなく、家族の痛切な心情に一体化した政策を採用した時に、関係停滞の道は定まった。

定めた道に添った情報は、マスメディアが挙げて報道してくれた。金正日が、いかに常軌を逸した独裁者であるか、対外的な約束事を何度違えたことか、いつ「暴発」するかもわからない不気味な人間であるか。この種の報道に純化すれば、彼は政治交渉の相手にはなりようもなく、したがって、彼が悲鳴をあげて「降参」するまで締め上げ追い詰めるしか、道はないのだという雰囲気が作られた。

以後、首相以下の閣僚は「拉致解決なくして国交正常化なし」という、「政治」以前の一言《ワンフレーズ》を語るしかなくなった。日朝二国間の協議でしか解決しようもない限定的な問題を、首相はせっせと国際会議で取り上げてくれるよう無益な努力を続けるばかりで、実りは少なかった。

苛烈な冷戦時代を生き抜いた諸国からすれば、拉致は確かに許しがたい行為だが、そんな国家暴力に満ち満ちた時代の後始末は、二国間に存在する全体的な問題の中でしか解決できないことを直感していたのであろう。北朝鮮に向き合ってなすべきことを一切することもなく、国連やG7やAPECなどの会議で拉致問題に言及されることに力を注ぐ首相たちの姿を見て、この国の政治家の低劣なレベルを思うほかはなかった。

被害者家族会や救う会は、北朝鮮に経済制裁を行なうことができ、万景峰《マンギョンボン》号の新潟入港を阻止できるような法律の制定に全力を挙げてきた。衆議院選挙前には「拉致をテロと認めるか」という踏絵的なアンケートを候補者に対して行ない、自分たちの目論見に都合のよい結果が出たことを公表している。

だが、それらが実現した先に何が獲得されるのかを確信をもって語る言葉は、ない。ひたすら相手への憎悪・嫌悪・侮蔑の言葉が吐き出されるばかりだ。これでは、「政治」が介入できる余地は、ない。自分自身が、自縄自縛に苦しむだけだ。

それらと少し離れたところに、直接的な拉致被害者は位置している。その本音は、いくつかの細やかな道を通して聞こえてくる。その声をよく聞き届けるところから、別な方向性は生まれるだろう。だが、いずれにせよ、対北朝鮮政策のみが突出してすぐれたものになる可能性は小さい。すべての外交政策は、国軍派兵に至ろうとしている対イラク政策の愚劣さに見合う内実をもって展開されている。

明るい展望をもとうとするなら、発想の一大転換が必要だ、としか言いようがない。

「拉致問題」をめぐる年越しの5つの課題

(1)「拉致解決なくして国交正常化なし」という無策路線を止める。
(2)植民地支配責任の清算の筋道を日本側はみずから示す。
(3)家族会の考えとも違う、拉致被害者当人の本音に耳を傾ける。
(4)メディアは、民族的な偏見を煽り助長する報道姿勢を改める。
(5)北朝鮮側も、拉致実行犯の処罰と被害者への補障・核開発放棄などの具体策を示す。

●「週刊金曜日」二〇〇三年一二月一九日

「派兵」の背後に見えるはずの、たくさんの現実

首相補佐官・岡本の勇猛な言葉を読む

首相補佐官・岡本行夫は四度目のイラク訪問任務を終えた二〇〇三年一一月五日、バグダードで記者会見した。岡本は、もちろん、日本国自衛隊をイラクに派兵することの「需要度」を調査するために、という日本政府の主体的な立場から、だが、米国政府が行なう「派兵圧力」の強度に時期を左右されながら、四度も派遣されているのである。彼が語ったことを新聞報道の要約記事でまとめてみる。「人道支援の勢い、日本の姿勢をイラク国民に見せ続けなければならない。ここで退いては国際的な支援の努力を頓挫させようとしているテロリストの思い通りになる」。「国際と名のつく限り、赤十字国際委員会のように狙われる。理論的には、イラクから完全撤退しない限り日本も標的になることを免れない」。「今の段階で『何人死んでもやる』とまなじりを決していうつもりはない。日本人全体が死の恐怖に直面しないですむことを祈っている。だが、『一人でも死んだら撤退』という、テロリストが待っているステートメントは言えない」（一一月六日付朝日新聞夕刊）。

岡本は、ペルシャ湾岸戦争当時の外務省北米局北米第一課長だった。何年間その位置にいたのかは知らぬが、米国の対日政策の矢面にいた官僚だったのだ。他国に対していかなる「論理」で

あの国が攻め立ててくるものか、身にしみて知っていよう。それに対して日本の政治家や外務官僚が、どんな「関係性」の位置を定めてきたのか、も。日米関係のあり方（実態）を知り尽くしているはずの人間が、米国側の「要請」や「恫喝」にはいっさい触れずして、あたかも日本側の主体的な判断であるかのようにして、右のように語っている。他人（自衛隊員）を死地に追いやり、その他人を他国の民衆を死傷させる担い手にするかもしれないような政策決定の、あやふやな根拠を。

岡本がメディアで目立ち始めたのは、橋本政権下で首相補佐官を務めたとき以来だが、以後一貫して対外的な軍事路線・強硬路線の主唱者だった。常日頃の言動で見る限り、彼には、米国のひとりよがりな外交路線に対する警戒の念が、ないではない。同時に言うべきことは、岡本の強硬路線の基盤にあるのは「屈辱とトラウマ」という感情であるということだ。「依然として、客観的な観察者にはなれない。感情が出る」。それは、湾岸戦争を思い出すときの、岡本の偽らざる心情だ。「ペルシャ湾岸地域に多数の石油タンカーを常時行き来させていながらイラク制裁の軍事活動に参加せず、軍資金しか出さなかった」日本が、欧米諸国によって「現金自動払い出し機」のように扱われたことへの「怨念」に基づいた感情である（『外交フォーラム』二〇〇一年九月号）。ここから、「自由のために銃をとって戦うことに対する支持などない」二〇〇一年秋当時の日本の情況への慨嘆が生まれる。

外務官僚の「個人的感情」ごときもので、その国の外交政策が左右されては堪ったものではない。だが現実には、みずからの姿を「客観視」できない岡本のような人間が、ひとの生死に関わる問題の「調査」に出かけ、予め決めていた、我田引水的な結論を得々として語るのである。それができる今、岡本は幸福だろう。金正日の度重なる愚行を奇貨として、自衛隊をイラクへ派兵する「法的基盤整備」も整えることができた、と連中は考えている。

だが、折りしも行なわれる総選挙では「派兵の正否を総選挙の争点にしては、与党に不利になる」。政府・与党はそう言っていると、どの新聞も書いていた。誰が言ったのか、具体的な名前は明らかにされていないが、選挙運動の実態を見ていれば、それが政府・与党の暗黙の了解事項であったことは、よく理解できる。派遣の主力部隊になるのが陸上自衛隊北部方面隊第二師団（司令部・旭川）であることは以前から推定されていたが、選挙中の北海道新聞によれば、この地域においてすら派兵問題が争点化することはついぞなかった。北部方面隊はすでに、防暑グッズ・特殊作業手袋などの調達に着手しているにもかかわらず、である。ひと（この場合、有権者）が自覚的に戦争への道を選ぶわけではないこと、それとは知れず、なしくずし的にその道に引きずり込むしかないことを、支配者は熟知しているのであろう。

「派兵」が、自国と派兵先の地域の人びとに、どんな結果をもたらすか。シベリア派兵を行ない、ロシア革命に敵対した時代の経験をはじめとして、近代日本には教訓とすべき事例が数多くある。現代日本の政治・経済・軍事の支配層の年齢からすれば、米国・韓国・オーストラリアなど他国のベトナム派兵の教訓も、十分に知りうる立場にあるだろう。ベトナムの民衆が最大の被害者であったことは自明のことだが、岡本行夫が気になって仕方のない米国にも、この三〇年間というもの、あの戦争のいくつもの後遺症を見ることは難しいことではない。麻薬や多発する犯罪の陰に、文学や映画や音楽表現の背後に、ベトナム戦争の傷を見つけることは容易なことだ。

この一年間、朝鮮と日本の関係を再考してきた私からすれば、植民地支配問題もさることながら、両者の間にある戦後体験の違いが大きく心に残った。もちろん、朝鮮戦争とベトナム戦争というふたつの戦争において、南北朝鮮と日本の民衆はそれぞれどこに位置し、何を失い、何を得たか、に関わる問題である。とりわけ、米国の派兵要請に応じた朴大統領の下でベトナムに参戦した韓国の、その後の問題意識のありかに、深い関心をもった。ベトナムに留学し、かつて韓国兵が行なった残虐な行為の実態を調べている女子学生がいる。派兵された当時の自分をふりかえりながら、「自分たちの問題さえ満足に解決できないのに外国に対して加害者になってしまった」過程を描く作家がいる。凱旋したと思いきや、ドルを溜め込んだ帰還兵に対して、冷たい嫉妬の視線を送る世間に気づいて、深刻な疎外感に悩む青年がいる。

小泉や岡本が発する勇猛な言語の背後に潜む「派兵」の実態を見つめること。それを明るみに出す、もっともっとたくさんの表現方法があるはずだ。
●「派兵CHECK」第一三四号、二〇〇三年一一月一五日

索漠たる、この空しさは何？

イラク派兵をめぐる国会質疑をじっくりと読む

オウム真理教事件の公判が始まった当初、各紙は、被告・弁護人・検事・判事のやりとりをほぼ二面全体を使って報道していた。詳しく読みながら、多くの傍聴記者が、公判廷での麻原の表情と様子をことさらに微細に（不必要と思えるほどに）記述すること、職能として当然の弁護活動を行なう弁護人の言動を「裁判引き延ばし」のためのものと捉えがちであることに、つねに違和感をおぼえた。それでも、紙面に記載される当事者のやりとりの要約自体は、客観的な正確さを保つよう心がけているものとばかり思い込んでいた。

ところが、一九九九年一二月、麻原の実質的な主任弁護人を務めていた安田好弘弁護士が、或る容疑で不当逮捕された背景に不審をいだき、公判の過程をふりかえってみた。安田弁護士は、オウム事件の事実関係それ自体を徹底的に洗い直し、警察は、地下鉄サリン事件以前にオウムがサリンを撒くかもしれないことを察知していたのではないかという地点にまで、究明が及びつつあったことがわかってきた（渡辺脩『麻原裁判の法廷から』、晩聲社、一九九六年）。

その論点が展開されていた日の公判記録を、各紙の紙面に立ち戻って調べてみた。すると、弁護団団長・渡辺が述べている内容と、各紙の公判要約の内容は、とても同じ日の法廷報告とは思えないほどに、ずれていることがわかった。「オウム憎し」の感情を、弁護団の弁護活動それ自体にも向けていたメディアの報道姿勢は、真相解明のためにきわめて重要な論点を見失うまでに偏向していたのではないか、と思った。

また、今年初頭、必要にかられて、一九六五年の日韓条約締結交渉のころの国会審議の中身を検討する機会があった。重要なところは、議事録にまでさかのぼって検討したり、新聞に載る質疑内容の要約を読んだりして、時に両者を比較しながら、質疑の内容を「まとめる」ことの難しさを実感した。言葉を換えるなら、質問する政治家と、答弁に立つ閣僚や官僚というものは、具体的な言葉として、また言外の表現として、実に多くのことを語っているものだな、と感じた。ある程度は止むを得ないこととはいえ、紙面にまとめられたり、テレビ・ニュースとして圧縮されると、実に多くの意味合いが消えていく。それだけに、あれこれの問答の本質はどこにあるのかを見きわめることが、報道者にも読者・視聴者にも大事なことだと、あらためて感じた。

そんなことを思いながら、共産党委員長志位が二〇〇三年一〇月一日の衆議院予算委員会で行なった総括質問を詳しく報じた三日付「しんぶん赤旗」をていねいに読んでみた。ＮＨＫのテレビやラジオでは中継しているらしいが、仕事中で視聴するわけにもいかず、また現首相が行なう答弁の破廉恥なまでの奇天烈さは、すでに十分わかってはいるが、こうなると「恐いもの見たさ」のような心境だった。

聞きしにまさる驚きであった。志位は、俗称イラク支援法案が成立してもイラクへ自衛隊を「派遣する選択肢と派遣しない選択肢とがある」と七月末に語っていた首相が、九月上旬には

「行く選択肢しかありえない」と断言した根拠を問う。志位は、もちろん、現地の治安状況を見て自衛隊早期派遣に慎重姿勢を示した日本政府のあり方に業を煮やした米国務副長官アーミテージが、八月末に日本政府代表に向かって「これは問題だ」「逃げるな」「お茶会じゃない」などと言って恫喝したという事件を挟み込んで、首相の「変心」の根拠を炙《あぶ》り出したいのだ。

これに対して、首相はひたすら逃げる。はぐらかす。論点をずらす。聞かれてもいないことを長々と話す。私が傍聴している国会記者だったならば、この答弁をいったいどのように「まとめる」ことができようか、と途方に暮れることは必定だ。それほど無内容な、何を言っているのかがわからない、「表現」以前の言葉を首相は発している。したがって「問答」にもならない。それでも、テレビ・ニュースや新聞記事で断片化してしまうと、なにかしら「問答」「質疑」が行なわれているような「まとめ方」がなされるのだろう。

九月二三日の国連総会でアナン事務局長は、米英軍の先制攻撃戦略を批判する演説を、めずらしくも行なったが、首相によれば、それは「一般論として武力行使のあり方について問題提起をした」ことになる。アナンの批判の鉾先は、米国に向いているのではないかと問う志位に、「それはアナンさんにじかに聞かないとわからない」と惚ける。人が語った言葉の本質を、どこで正確に把握するかという客観的な作業もなし得ない人物であることが、よくわかる。

共産党に与えられる質問時間は限られている。志位は、「質問に答えていない」と繰り返すが、制限時間を気にして、論点を次々と移さざるを得ない。「赤旗」二面を隈なく占める全文を読んだのはいいが、実に索漠たる気持ちのみが残って、空しい。

その首相は、バリ島での日韓首脳会議でも、相変わらず「日本人拉致、核、ミサイルの問題の包括的な解決」を主張している。日朝間でしか解決できない拉致問題を、どんな国際的な場にでも持ち出し、自主的解決の道をまったく探ろうとしない日本政府の態度を見て、せせら笑う外国の政治家やジャーナリストもいよう。中国は「中朝友好協力相互援助条約」から「有事の際に双方の国が軍事介入する」ことを定めた項目の削除を求めて、北朝鮮との交渉を求めるとの報道もある（九月二八日付東京新聞）。米朝戦争へ中国が自動的に参戦する事態を防ぐ、現実的な手立てだ。老練な政治家なら、それを米朝戦争を避けるための一方法にする工夫もしよう。

どこの政府にせよ、国家政治のあり方に過大な期待をもつことは禁物だとは知りつつも、まだしも、自分で考えて自前の政策を模索する動きは、近隣の諸国にも見える。この国の政治家の言葉をじっくりと読むことによって心に残る空虚さは、国際的な水準で見て、途方もないように思える。

●「派兵ＣＨＥＣＫ」一三三号、二〇〇三年一〇月一五日

どんな立場で、何を回顧し、何を回顧しないか

「9・1」「9・11」「9・17」追悼報道を読む

「九月」を迎えて、何かと回顧し追想する報道が盛んだ。「9・11」「9・17」という、世界と日本を揺るがした現代史上の大事件が起こった月である以上、当然とも言えよう。だが、戦後史の中で「8・6」や「8・15」がどのように回顧され追想されてきたかを思い起こしてみても、どんな立場で回顧し追想するのかということが、物事の基本にある大事なことだ。

九月は「9・1」に始まる。一九二三年九月一日から数えて、今年は八〇年目であった。もちろん、関東大震災が起こった日付である。「防災訓練」という形でこの日を回顧し追想するのが、この社会の変わることなき主流である。今年はさらに、地震発生周期律からすれば、東京直下型地震がそろそろ起きても不思議ではないという観点から、大地震が起こった場合の死傷者や被害の程度を予測し、これにどう備えるかという報道が目立った。メディアに決定的に欠けていたのは、この日が大震災の日であると同時に、「朝鮮人がこの震災を利用して放火・投毒している」という「流言蜚語」に端を発して、推定六四三三人の在日朝鮮人、二〇〇人を越える中国人、数十人の日本人が殺された日でもあるという、回顧・追想の仕方であった。自然災害の悲劇ばかりが強調され、人為的な殺人行為は無視されたのである。

震災後ただちに発布された戒厳令に基づき治安維持の権限を掌握した軍隊・警察によってつくられた自警団がこの殺人行為の主体であった。在郷軍人、青年団、消防組を中心に形成され、一般の民衆も加わった虐殺事件は、九月七日ころまで続いたと言われている。この事実を回顧しようとしない防災一色の報道の中で、数少ない例外が八月二五日付の朝日新聞夕刊の記事である。それは、日本弁護士連合会が、関東大震災時に「暴動が起きた」などの虚偽情報を国が流したことが朝鮮人虐殺を誘発したとの調査結果に基づいて、日本政府がその責任を認めて謝罪するよう求める勧告書を首相宛に提出したことを伝えている。これは、一九九八年八月三一日に「虐殺された朝鮮同胞を追悼する千葉県西部地域同胞の会」が、虐殺事件の真相調査を求めて人権救済の申し立てを日弁連に対して行なったことへの、五年後のひとつの回答である。日弁連人権擁護委員会の梓沢和幸弁護士らが記者会見を行なって、この勧告書の提出を発表したにもかかわらず、これを報道するメディアが極少であった（北海道新聞など地域紙は小さいながら掲載した）ことは、本当は、異様なことである。昨年の「9・17」以降延々と続く北朝鮮報道の洪水を、私たちは知っているだけに。

一年前の「9・17」で明らかになった事態と、八〇年前の「9・1」は、発生の根拠において無関係であろうとも、いずれも清算されていない、許されざる国家犯罪であるという捉え方ができるなら、見慣れた報道のあり方（回顧・追想の仕方）は変わりうる。日々メディアに接して情報を得ている人びとの認識方法にも、変化のきっかけが生じうる。

だが、悲観的にのみ語るべきではないだろう。メディアの内部からも、独自の視点で問題を語る人が、ようやく、生まれ始めた。共同通信ソウル特派員、青木理は「北朝鮮報道に『理性停止』は許されない」を書いた（『現代』二〇〇三年一〇月号、講談社）。去る五月、米上院の委員会で、「ミサイル部品の九〇％は万景峰号で日本から運ばれた」と語った、北朝鮮でミサイル開発に関わったとする元技術者の覆面証言が、その信憑性が何ら検証されることもないままに、万景峰号入港阻止の「気分」をつくり出してしまった集団ヒステリー状況を、青木は報道の現場から憂慮している。

毎日新聞で「拉致」報道の第一線に立ってきた記者、磯崎由美は「制裁だけでは解決しない」と語る横田滋・早紀江夫妻の声を伝えた（九月七日付毎日新聞）。私は、櫻井よし子の「誘導尋問」に答える横田夫妻の声（「日本よ、あたりまえの国になって下さい」『諸君！』一〇月号掲載）のほうに、ふたりの現在の本音が出ていると考えていたので、別な声も並存していることを伝えた磯崎の記事は大切だと思った。無為無策の小泉と無責任な金正日の角突き合いの狭間で葛藤する拉致被害者・家族の思いが、多面的に伝えられる契機になればいいと思う。

二年前の「9・11」についての回顧もメディアを埋め尽くしている。「グラウンド・ゼロ」に焦点を当てると、あいかわらず、感傷的に被害者やその家族に一体化したトーンの物言いや記事が目立つ。遺体が見つからないので葬儀をやらないできた遺族が、ついに諦めて、記念の品を棺にいれて埋葬したということが大ニュースになる。「9・11」以後の二年間をふりかえるなら、当然にも、別な視点からの回顧が必要だろう。「9・11」犠牲者の家族の中からこそ、アフガニスタン爆撃にもイラク攻撃にも反対し、現地を訪ねて米軍の攻撃による被害者と交流する動きが生まれた事実などは、事態を全体的に捉えるうえでは避けることのできない視点だったはずだ。

米国が国連に示したイラク多国籍軍派遣のための新決議草案は、米国の主導権を維持したまま、占領統治に伴なう混乱処理における分担を欧州・日本・中東諸国に求めるという身勝手さが、メディア上でも、ある程度の批判にさらされている。だが、この間の米・英・日などの政治指導部が採用している政治・軍事路線の過ちの重大性からいうと、批判的な回顧と分析は、まだまだ決定的に少ないと言えるだろう。メディアのなかにも大勢に流されない動きが生まれてほしいが、私たちもまた、歴史的な回顧と現状分析の方法について、さらに熟考しなければ、と思う。

●「派兵CHECK」一三二号、二〇〇三年九月一五日

「現在」と「過去」を歴史につなぐ論理

国家犯罪をどう語るか

二〇〇二年九月一七日の日朝首脳会談から一年を迎えて、今年九月上旬から中旬にかけては、さまざまな回顧報道がなされた。日朝間の問題を、相変わらず「拉致」のプリズムを通してしか見ようとしない報道の大勢には違和感をおぼえつつ、ひとつだけ興味深い発言に出会った。「北朝鮮に拉致された日本人を救出するための全国協議会」会長の佐藤勝巳氏が「(九月一七日以降の周囲の急変は)本当に恐ろしいほどだ。この民族は、日本人とは何なんだと思わされた。拉致が不確定の時は全く動かず、確定したらどどーっと高まってきたが、本質は何も変わっていない。自分の頭で考えていないということだ」と語っていたのである(朝日新聞二〇〇三年九月一三日付)。私は佐藤氏とはあらゆる意味で意見と立場を異にするが、拉致問題を契機に民族主義的情念の噴出を自ら煽っておきながら、その「成果」に戸惑っているらしい様子を知って、興味をそそられたのである。「正直な人」、なのであろう。

大量の「拉致」報道と、それに煽られるようにして民族主義的情念が社会に渦巻いた一年をふりかえって、私にも、佐藤氏とは別な意味合いでの戸惑いと違和感が残る。それを、いくつかの観点から書いておきたい。

1

二〇〇三年四月、米国のジャーナリスト、ウィリアム・ブルムの『アメリカの国家犯罪全書』なる本が翻訳・出版された（作品社）。CIA（アメリカ中央情報局）の活動実態の解明を軸に据えながら、米国が「外交政策」として展開してきたもののなかに、国家犯罪というべきものがいかに多いかを実証した本である。

四六判・全四一八頁のこの本は、私にとって通読する本というより、必要な機会に応じては取り出して調べる辞書のような役割を果たしてくれている。私は、キューバをはじめとするカリブ海地域やメキシコ、ボリビア、チリなどの中南米地域の近現代史への関心から、これらの地域が米国との間でいかなる従属的な関係を強いられてきたかをかなり知っているつもりでいた。それでも、時々この本に目を通しながら、「こんなにまでか！」との思いを新たにしている。

アフガニスタンとイラクに対する米国の「外交政策」のあり方を目の当たりにしながらこの本に触れるのだから、書物に書かれている過去の史実と、目前に展開している現実は重なり合って見えてくる。過去から現在にまで続く歴史の通底音を、そこに聞きとる思いがする。この本の編集者は「拉致、テロ、暗殺、拷問、毒ガス……イラク、北朝鮮どころではない、米国の『国家犯罪』のすべてを暴く、衝撃の1冊！」という宣伝文句を付しているが、私が見るところ、これは誇大な物言いではない。

それぞれの国家犯罪には、個別にその責任を追及すべき主体が存在しており、より大きく見える国家犯罪との相対的な比較によって、いずれかの国家の犯罪が軽微なものになるわけではない。「イラク、北朝鮮どころではない」という表現に力点をおくことで、誰の目にも明らかなフセインや金正日の犯罪を免罪するわけではないという当然の前提を付したうえで、上のように言っておきたい。

国家犯罪といえば、去る九月三〇日、東京地裁は、旧日本軍が日中戦争後に中国に遺棄した毒ガス兵器に関わって、画期的な判決を示した。中国では、終戦後三〇年後の一九七四年や、五〇年も経た一九九五年などに、旧日本軍の毒ガス兵器から有毒ガスが漏れ出たり、砲弾が爆発する事故が起こり、多数の死傷者を生んだ。被害者と遺族は日本政府に二億円の損害賠償を求める裁判を提訴していたが、その判決が出たのである。「(日本)政府は兵器の遺棄場所やその処理方法などの情報を中国側に積極的に提供して事故の防止を図るべきだったのに七二年の日中国交正常化後もこの義務を履行せず、事故が発生した」とする東京地裁の判決論理は明快である。国交正常化に伴う日本側の責任倫理を、このような文脈で説き明かしたことも意義深い。

日本国はこの判決を不服として、直ちに控訴した。他方、その直後に両国政府最高責任者の会談が予定されていることもあって、重大な事態に至る前に決着を図るために、日本が三億円の兵器処理費用を支払うことで両国政府は合意をみた(一〇月一九日)。裁判と政府間交渉のふたつの方法で、敗戦後五八年目のいまもなお、国家犯罪の清算をこの社会は迫られていることになる。

国家犯罪については、ふりかえるべき大きな問題が、もうひとつある。今年は関東大震災から八〇周年目に当たる年であるので、震災記念日の九月一日前後には回顧報道が目立った。だが、ほとんどすべての報道は、自然災害としての震災を回顧し、今後起こりうる同種の災害をどう予知し、防災するかという問題に集中していた。それが大事なことではない、とは言わない。だが、八〇年前の震災被害を言うなら、同時に触れるべきことがある。「在日朝鮮人がこの震災を利用して放火・投毒している」との流言蜚語に煽動された日本人が、推定六四三三人の朝鮮人、二〇〇人を越える中国人、数十人の日本人を殺害したという人為的な殺人行為について、である。今年作られたあるビデオ作品で、街頭を行く人びとに、この虐殺事件について知っているかどうかを尋ねる場面があった。中年の男たちが、次々と「知らない」と答える情景に、私は絶句した。

日本弁護士連合会は、去る八月二五日、この震災時に「暴動が起きた」などの虚偽情報を軍隊や警察が流したことが朝鮮人虐殺を誘発したとの調査結果に基づいて、日本政府がその責任を認めて謝罪することを求める勧告書を首相宛に提出した。国の責任において事件の全貌を明らかにする調査も行なわず、被害者とその遺族に対して謝罪も補償も行なわず、責任者に対する適切な処罰も行なわずに、八〇年が過ぎていたのである。国家が犯罪行為の主体でなければ、考えることもできないことである。

2

前に触れた『アメリカの国家犯罪全書』が挙げる、国家としての米国がなした行為の数限りない実例にしても、毒ガス遺棄や震災時の異民族虐殺などわずか二例に留まることはない、近代日本の対外的な行為にしても、同じ行為を個人や小集団がなした場合には、裁判と処罰を免れることはない。いくつもの毒ガス兵器を開発し使用し、実際に殺人を犯していたオウム真理教の責任者たちが、次々と死刑・重刑判決を受けていることにも明らかなように。

同質の行為が免罪されるためには、それをなしたのが国家であればよい。国家の名の下になされたことによって、米国の戦争行為も侵略行為も、すべてが実質的に免罪されている。日本の場合も、「東京裁判」という例外はあるが、ほぼ同様である。

国家とはそういうものだという思いが、私にはある。諦めの境地で言うのではない。国家批判の立場から言うのである。その意味で限定的に言うならば、朝鮮民主主義人民共和国（以下、北朝鮮）が行なっていた日本人拉致も、国家の行為としては、歴史的に見てもめずらしいことではない。

これも、冷たい心で言うのではない。個人に酷薄な運命を強いる国家の一側面は、次のような形をとって、表われる。

（1）国家というものは、個々人の意志を越えた地点で、植民地支配・戦争・徴兵・強制連行・拉致・殺戮などの、他国の人びとの意志と実人生を踏みにじる行為をなし得る存在であること。同時に、自国の民衆が（すすんで、あるいは心ならずも）そのような行為の尖兵となることを強制しうる存在であること。

（2）その下に生きる人びとは、超越的な存在としての国家にそのような権限を付託していると思わされていること。

（3）その幻想を基礎づける制度のひとつが、形骸化した議会制（代議制）民主主義であり、語の真の意味での「選挙」なき人民代表会議であること。

（4）以上の点において、歴史的に実在した（している）どのような資本主義社会も社会主義社会も、変わりはないこと。

――という論点に基づいて、言うのである。この歴史的な現実に批判的に向き合おうとする者は、いま私たちの眼前に明らかにされている国家犯罪（この場合は、北朝鮮当局による拉致行為）を批判することが、すべての国家による犯罪を批判する射程の長さをもたなければならないことに気づく。

金正日総書記が、北朝鮮特務機関による日本人拉致を認め、謝罪し、今後二度と繰り返すことはしないと語った後に、この国にあふれ出ている無数の言論は、その意味では、歴史的なふりかえりも未来へ向けての展望も欠いたところで成立している。それらの言論は、北朝鮮には「絶対悪」があり、ひるがえって日本には「絶対善」があることを前提としている。もちろん、拉致被害者個人のレベルで考えるなら、そう考えることはおかしなことではない。だが、政府の方針やマスメディアに引きずられた社会の雰囲気がそれを前提とする時、問題のありかはずれ始める。日本社会が総体として「無垢な被害者」を装い、その存在は絶対化される。北朝鮮は「悪の権化」でしかない。その前提が虚構でしかないことは、上に見た国家の本質に照らして明らかである。これは、多くの論者が言うように、「現在」を「過去」とすり替えたり相殺したりする論理ではない。「現在」と「過去」を歴史的に繋ぐ論理である。

加えて私たちが、日常生活のリアリズムから得ている知恵からすれば、善と悪とは、それほど明快に両極に分離して存在しているものではない。両者は交じり合い、善は時に悪と化し、悪は善を伴う。ましてや、ことは外交政策に関わる事態である。一方的に自らの立場のみを言い募って、困難な局面を打開できるものではない。このことは、もちろん、北朝鮮当局の言動についても言えることである。

米国が、自らが世界的な規模で犯してきた国家犯罪への謝罪も賠償もほとんど免れてきているのは、一にかかって、この国の政治的・経済的・軍事的・社会文化的な、世界への影響力が圧倒的で、その力に物を言わせるなら、他のいかなる国もこれに抗することが、今はできないからである。近代日本がアジア太平洋規模で犯してきた国家犯罪について、敗戦後の日本が曖昧な謝罪のことばと傲慢な居直りのことばの間を揺れ動いてきているのは、アジア民衆との和解に向けた過去の歴史の真摯な総括がいまだ社会全体のものとして成立していないからである。

日本が行なうべき賠償も、ある時は相手国に少なく見積もらせて済ませ、またある時は賠償請求権を放棄させることに成功してきたのは、それぞれの時期の特殊な世界情勢とアジア情勢を利用したからである。それが、本質的な謝罪と賠償を先送りしているに等しいことは、先に触れた被害者個人による賠償請求案件が山積しており、いまも毎月のように地裁・高裁・最高裁段階での判例が積み重ねられていることひとつとってみても、わかる。

傲慢な力をふるって世界に君臨する米国のあり方が羨ましいという者がいるなら、それ自体は不条理な暴力の行使だとしても何度もの「9・11」に襲われることを覚悟しなければならないだろう。世界に、対等で平等な、真に民主主義的な諸関係が生まれるまでに、後世の人間たちは、先行する世代が遺した負債を返済するために、多大な精神的な労苦と物質的な努力を果てしもなく続けなければならないだろう。

そのように省みるなら、北朝鮮に対する態度は変わり得る。拉致に関する北朝鮮指導部の責任を徹底的に追及し、事態の全容の解明と責任者の処罰を要求するためには、過去の総括に関わる自らの姿勢もただきなければならないことを自覚できる。それをしないのは、辺見庸も強調する「歴史の不公正」さの表われである（『いま、抗暴のときに』、毎日新聞社、二〇〇三年）。「歴史の不公正」さは、当然にも、より弱い者の上にのしかかる。この場合は、北朝鮮に、である。北朝鮮が、独裁者＝金正日と同義ではないことは、自明の前提である。

3

北朝鮮の独裁体制について、いまだに率直に語ろうとしない人びとがいるように思える。例外はあるにせよ、進歩派や左翼の陣営の人びとが、である。私の考えでは、そのことが、上に見た民族排外主義とのたたかいを困難なものにしている。

私なりに、その理由を考えてみる。植民地支配の清算も済んでおらず、主として日本側の責任で国交正常化も実現できていない段階で、どんなに北朝鮮指導部のあり方に批判をもつにしても、それを公言することはできないという考え方は、植民地時代がどのようなものであったかを自責の念とともに思う世代の人びとには多かったように思える。雑誌「世界」（岩波書店）元編集長であった故安江良介氏の仕事は、故金日成主席との会見を何度も実現していることもあって、戦後日朝関係史をふりかえる時には欠かすことのできないものだが、氏がこの心情を典型的に体現していた人物だったと考えることは不当なことではないだろう。私は最近必要があって、安江氏が行なった金日成会見記をすべて読んでみた。北朝鮮側の態度に由来することなのだが、取材される側の権利は当然あるにしても、編集権が十分に保証されていないままに掲載されている印象をもった。その点につけ入って、安江氏が金日成体制を無条件に賛美していたという論難を行なう人は多かった。

ところが、軍事政権時代の「韓国からの通信」を書き綴っていた「T・K生」こと池明観氏と対談している現「世界」編集長岡本厚氏によれば、安江氏は金日成主席との対談で「面と向かっては、金日成の側近が真っ青になって立ち上がるくらいの厳しい批判をしたが、それを日本へ帰っては絶対にしゃべらなかった」という。それは、「日本人には朝鮮人を批判する資格は倫理的にない。すべて日本人が悪い」とする安江氏の確信に基づく態度であったらしい。池明観氏が、朝鮮人をつねに絶対的に擁護する安江氏の態度に関して、「それは現実じゃない」といって抗議しても、安江氏は受け入れなかったという(「世界」二〇〇三年九月号)。

安江氏の個人的な信念のほどはともかく、ジャーナリストとしての姿勢がそれでよかったかと問いかけたい思いが、読者の側には残るように思える。安江氏が金日成主席との会見において現実には発揮したらしい主体性が、誌面にも表現されたならば、日本における北朝鮮認識には、少なくとも一九七〇年代初頭から、大きな違いが生まれ得たかもしれない。繰り返し言うが、これは、北朝鮮側が「報道の自由」に関して、どのような考えをもっていたかという問題と密接不可分の関係にある。

いまひとつは、社会主義の問題である。私の学生時代、一九六〇年代には「二〇世紀は戦争と革命の時代」という言い方が流行した。私のような無党派の人間にも、そう思えて、夢のような「革命」が、この世の不正義のすべてを一挙に解決するなどという、いま思えば「若気の至り」としか思えない夢想に耽った時期もあった。時代は進み、二〇世紀の「革命」とは、実は「スターリン主義」の異名だったのかとすら思えるような実態が、世界各地の革命の中にはあることが次第に明らかになった。弾圧をうけながらも、まだしも反対派が「反スターリン主義」を掲げて存在しうる体制には、希望があった。結果的には、それらも多くが潰えて、現在があるのだとしても。

こうして、私たちが二〇世紀最大の「遺産」として手にしているのは、「ファシズム」と「スターリニズム」である。人びとから、独自に思考し行動する自由を奪い、絶対的な指導部の支配下に束縛するという点において、このふたつの体制は、驚くほど似通っている。これらふたつのイデオロギーの間を、自由に行き来する人間が多いのは、イデオロギーの中身さえ入れ換えるなら、方法的には同じ思想と行動に支えられているからである。在日朝鮮人の北朝鮮への帰国運動を「スターリニズム」の枠内で支援した人物が、仮に年数を経て、日本の核武装と北朝鮮への先制攻撃を煽動する「ファシズム」の担い手になる場合があっても、さほど不思議ではないのは、そのためである。

進歩派・左翼も、その点では、「転向者」のみをあざ笑って済ますことはできない。北朝鮮の体制を、いつの時代に、どんな言葉で語ってきたか、いつの時代に、なぜ沈黙していたか。そのことが、日韓民衆連帯、在日朝鮮人の諸権利獲得、日朝国交正常化、戦後補償などのために努力してきた個人と運動体の内部から、もっと率直に語られることがなければ、社会を覆う自民族中心主義の攻勢に立ち向かうことはできないだろう。私が訝《いぶか》しいのは、これらの運動に取り組んできたことの必然性をいまこそ確信をもって主張してよい人びとが、深い沈黙に沈んでいることである。「拉致」を行なった主体を支えた思想が「スターリニズム」であるか「アジア的専制主義」であるかは別な機会に議論する課題としても、破産して久しい思想を前に、そう簡単にたじろぐことはないと思える。

●「論座」二〇〇三年一二月、朝日新聞社

明かされていく過去の「真実」

「T・K生」の証言を読む

「9・17」日朝首脳会談以降のおよそ一一ヵ月間、北朝鮮—日本問題を集中的に考え続けながら何度も思ったのは、私たちの多くが一九七〇年代から八〇年代にかけてほぼ共通してもっていたひとつの性向について、であった。それは、朝鮮半島南半部（韓国）軍事独裁体制およびその下での民主化闘争に対する熱烈な関心と、北半部（朝鮮民主主義人民共和国）世襲独裁体制およびその支配下の声なき民衆に対する徹底した無関心とが共存していたという事実について、である。それがなぜであったかは、自分たちの主体に即して検証すべきことではあるが、今回は、韓国に対する私たちの関心を高めるに大きな影響があった「T・K生」が遺した記録のことに触れたい。

「T・K生」とは、雑誌「世界」（岩波書店）の一九七三年五月号から八八年三月号まで、実に一五年ものあいだ「韓国からの通信」を書き続けた人物のペンネームである。朴正煕および全斗煥体制下で、いかに人権が抑圧され民主化運動が弾圧されたか、日本からの在日韓国人留学生がいかにスパイ団として「デッチ上げられて」きたかなどについて、この匿名通信は詳細に報告した。雑誌連載分が一定の量になると、それらは次々と岩波新書としてまとめられ、私たちは、この時代の韓国軍事政権の「実態」を、この報告を読みながら把握できたと思い込んでいたと思う。

私は、当時の時代状況からいって、これが匿名で書かれていることは仕方のないことだろうと考えてはいた。また連載が回を重ねるにつれて、記述に伝聞・推定の部分が多く、街の噂話も拾われていることが気になり始めたが、それはむしろ、すべてを「真実」と捉えるよりも、韓国社会の鼓動が伝わってくるものとして考えればよいとする立場であった。ただ八〇年代に入って翻訳・紹介が格段に進んだ韓国現代文学のいくつかを読みながら、「韓国からの通信」の重要性は認めつつも、それが基盤としている「軍事政権の独裁支配」というキーワードだけで、現代韓国をすべて理解したと思ってはいけないと自覚した。

連載最終回は八八年三月号だったが、T・K生はそこで大韓航空機爆破事件に触れた。「韓国の民主化勢力の間における共通の認識」として、「韓国にとってはオリンピックを前にそのような〈北の仕業といい得るような〉事件が必要である」とか「〈北の工作員を〉泳がせておいて、大事件にして北を孤立させるのに使おうとした」などの見解が示されていた。北朝鮮指導部の方針に対する批判がいっさいないままに、謀略史観に基づいて事態を分析する方法には大きな違和感をおぼえ、「韓国からの通信」はその使命を終えるべくして終えるのだと思った。

その後「T・K生」をめぐっては、いくつもの憶測が、陰に陽になされてきた。私は正体暴きには関心がなかったが、自分にもった影響力は否定し難いので、時期が来たら可能な限り真相が明かされることを期待はしていた。

連載終了から一五年、「T・K生」が名乗りをあげた、と報道したのは七月二六日付朝日新聞であった。ソウル特派員が宗教哲学者、池明観（現在、翰林大学日本学研究所長）と会見し、当時日本に在住していた彼が「T・K生であったことを認めた」と報じたのである。「連載内容の八〇%以上は正確だったと思う。しかし、例えば獄中から出てきた人たちが『こう闘った』と言った場合の伝聞情報を間違えたり、誇張されたりしたことはあった」とか「北朝鮮批判はほとんどしなかった。我々は南の軍事政権と闘っているのだから、北の問題を強調しすぎることで戦線を分断させてはならないと考えた」などの発言が印象に残った。追いかけるように「世界」誌九月号には『国際共同プロジェクトとしての「韓国からの通信」』と題する池明観への特別インタビューが載った。聞き手は編集長、岡本厚である。

ここでは、主としてキリスト者のネットワークによって韓国からの情報が持ち出されたなどの、興味深い逸話が明らかにされているが、もっとも心に残る池明観の言葉は末尾近くの次のものだった。「長いこと悩んでいたことを一つだけ言わせてください。闘いの書というのはつねに闘う方を過度に英雄化します。このことと歴史的事実との隔たりの問題で私は苦しんできました。事実、真実、真理などの問題といいましょうか。そのために特に勝利の日には敵対関係を超えて一つにという理想をいだいて苦しみました。しかし現実はどうもそうはいかないもののようです。この年になって革命家の老後における悲しさが多少はわかるような気がいたします。避けられない状況とはいえ、このような匿名の通信をおことわりもないまま長いことお送りしたことを、ほんとうにお許し下さるようお願いいたします」

「韓国からの通信」を読んでいた私が途中からもったわだかまりが、原著者との想像上の会話で、少しだけ解きほぐされていく感じがした。他方、ふたりの対話者は、「世界」元編集長、安江良介の南北朝鮮に対する態度に関して、「日本人には朝鮮人を批判する資格は倫理的にない。すべて日本人が悪い」とする立場を貫いたとの評価で一致している。度重なる金日成との会談でも「面と向かっては、金日成の側近が真っ青になって立ち上がるくらいの厳しい批判をしたが、それを日本へ帰っては絶対にしゃべらなかった」(要旨)との証言もなされている。朝鮮人をつねに絶対的に擁護する安江に対して池明観は「それは現実じゃない」といって抗議したが、安江は独自の考えを変えることはなかったという。戦後史における、朝鮮―日本関係を省みるうえで忘れることのできない存在としての安江＝「世界」の問題性は、やはり、安江のこの不動の信念に胚胎されていたと思うほかはない。

●『派兵ＣＨＥＣＫ』一三一号、二〇〇三年八月二五日

イラク派兵――一五〇年の日米関係の帰結

ペリー来航一五〇周年を寿ぐ言論を読む

今年の五月から七月にかけて、日米関係を一五〇年の射程で捉えて論じる文章が眼につく。もちろん、一八五三年ペリーの浦賀来航以来の歳月を指して使われているものである。その多くは、一五〇年後の今日、有事体制の成立に行き着いたことをもって「日米関係最良の時」と寿ぐ立場から書かれている。典型的なものは「産経新聞」六月一六日付「産経抄」で、次のように言う。「ペリーは最初の日米条約の締結者となったが、幕末維新期を〈第一の開国〉とすれば、大東亜戦争期は〈第二の開国〉といえそうだ。そしてイラク戦争を経てようやく有事に備える体制ができたいまは〈第三の開国〉に相当するといえるかもしれない」

「産経新聞」七月七日付「主張」もこの話題を取り上げ、「黒船来航はあの時代のグローバリゼーションのうねりであり、百五十年目を迎えた現代日本もまた、国際テロリズム、北朝鮮の核の脅威を前に大きな変革期に直面している」と述べたうえで、「ペリー来航以来の百五十年の浮沈をたどると、日米関係が良好であればアジア太平洋地域が安定するという教訓が引き出せる」と、非歴史的で我田引水的な結論を導いている。

ただし、「黒船来航があの時代のグローバリゼーションのうねり」とするのは、私の考えからしても間違いではない。米国が、スペインから独立したばかりのメキシコに戦争を仕掛けこれを打ち破って、カリフォルニアなど西海岸の広大な地域を版図に収めたのは一八四八年であった。ペリーは、一九世紀前半から、米国政府の政策に忠実にアフリカはリベリア共和国創設に参加し、西インド諸島で「海賊」の鎮圧作戦を指揮し、地中海での任務にも就いたうえで、メキシコ湾艦隊司令長官となった。そしてこの戦争で「戦功」を挙げた。

太平洋への出口を確保した米国は、当時の国家的事業＝捕鯨漁のために北氷洋からアジア地域近海に展開する捕鯨船への補給基地を求めていた。ペリーはこの戦略の下で新たにインド洋に派遣され、その後インド洋から琉球に至った。一八五三年五月二六日、二〇〇人の武装兵士が上陸した。一米兵が那覇で琉球女性をレイプしたこと、これに怒った住民が米兵に投石し、逃げ損ねた米兵は溺死したこと、ペリーが投石者の裁判を要求したことなどはすべて、米国の世界制覇の過程で「功」のあった海軍士官に指揮されて国外に展開する米国軍が最初から、軍隊の本質を顕わにしていたことを示している。

ペリー艦隊が浦賀に来たのは同年七月八日だった。これを東アジア一国の孤立した事象として捉えるに終わらないためには、この出来事の起きていた時期は、たとえば中国におけるアヘン戦争（一八四〇年）や太平天国蜂起（一八五〇年）、またパリ二月革命やウィーンやベルリンで三月革命が起こり、マルクス、エンゲルスの『共産主義者宣言』が発表された一八四八年とほぼ同時代だという事実に思い至れば、当時の世界状況が重層的に見えてくるだろう。

さて、「朝日新聞」コラムニスト・船橋洋一は、官房副長官・安倍晋三が「ペリー来航一五〇周年で、おそらく現在、もっとも良好な関係であるかもしれない」と語っていると伝える。「それもこれも米国のイラク戦争に対する小泉首相の強い対米支援のおかげ、と政府は自画自賛している」と（五月二三日付「朝日新聞」）。船橋は、かつて一九九六年、日米両政府が普天間基地返還の「電撃的な合意」を発表した時に、これが「返還」というより「基地の移転・統合」であるという本質を覆い隠す論陣を張って、讃美した。当時の米国防長官ペリーが、十九世紀半ば黒船に乗ってやってきたかのペリー提督の末裔に当たることに、思わせぶりな意味をもたせながら。今回の文章もまた「(日米同盟は）冷戦時代、日本をよく守り、冷戦後も日本の外交と安全保証の大切な資産であり続けてきた」と結論づけており、「政府は自画自賛」という先の表現には、皮肉の片鱗も見えない。

安倍も船橋も、有事法案やイラク復興特別措置法案が提出された動機づけと問題意識に、米国の存在と要求があることを十分に意識しながら、日米関係が、一五〇年前の関係史の中で最高の階段に至っているとか、大切な資産だと主張している。この考えを、山内昌之のような国際関係論専攻の学者が、擁護している。山内は言う。「(イラク法案は）民主党を巻き込み、与野党が合意した形で可決していれば理想的だった。それはやっぱり必要な立法だ」と（七月五日付「毎日新聞」掲載の寺島実郎との対談「イラク特措法と自衛隊派遣」）。山内は大量破壊兵器の有無についても「イラク側に挙証責任があった」とか、「民主党は有事立法の時は現実的な対応をした」のに、イラク法案では反対に回り「残念でしたね」と語るなど、理論的に破綻した考え方や、重大法案に九割の議員が賛成するような翼賛議会を待望している。

ペリー来航以来一五〇年を経た日米関係の歴史を、近代日本総体の歴史のなかに対象化する課題は、私たちの前にもたちふさがっていると言える。

●「派兵CHECK」一三〇号、二〇〇三年七月一五日

浮島丸訴訟など戦後補償裁判の現状が問うこと

有事三法案成立のさなかに

有事関連三法案の、論議なき参議院審議が続いていたなか、このわずか一ヵ月間に限って見ても、五八年前に終わったアジア太平洋戦争の後始末に関わって、注目すべきいくつもの事態があった。

五月一五日、旧日本軍が日中戦争終了間際に地中に隠した毒ガス兵器と砲弾で被害を受けたとして黒竜江省に住む中国人五人が日本政府に八〇〇〇万円の損害賠償を求めた訴訟に関して、東京地裁は「遺棄は違法だが、主権の及ばない中国で兵器を回収することは困難」だとして、原告の請求を棄却した。日本軍が中国に遺棄した毒ガス弾は七〇万発と推定されているが、これまで回収されたのは三万六〇〇〇発だけだという。化学兵器禁止条約に基づいて日中間では九九年に覚書が交わされたが、それによれば二〇〇七年までに日本側は該当する兵器の回収と処理を実施する義務を負っている。だが内閣府担当者は「中国全土を対象とした調査は技術的に不可能」であり「廃棄作業は爆発の危険を伴うため、期限まで終えるのは困難」と語っている。

五月二一日、七三一部隊細菌戦裁判控訴審第一回口頭弁論が東京高裁で行なわれた。旧日本軍の七三一部隊（中国・ハルビン市郊外）が開発・製造し、実戦で使用した細菌兵器による被害者一八〇人（湖南省と浙江省の住民が中心）が、日本政府の謝罪と総額一八億円の損害賠償を求めたが、一審で請求が棄却されたものである。「非人道的」ではあるが、違法な公権力の行使であっても国は責任を負わないとする「国家無答責」の法理や、一九七二年の日中共同声明および友好平和条約によって賠償責任の放棄がうたわれており、問題は決着しているという理由を一審判決は挙げている。事実は認めながら「謝罪も賠償も認めない」判決とは何か、と原告は訴えている。

五月二九日、第二次大戦後に旧ソ連のシベリアで過酷な強制労働に従事させられた元抑留者約九〇人が、国の謝罪と補償を求めて国会前で座り込みを行なった。全国抑留者補償協議会は八一年、抑留中の賃金を支払うよう国に要求する訴えを起こしたが、最高裁で棄却されている。平均年齢八〇歳を越える人びとが「払え！　シベリア未払い賃金」と訴えた。なお一九五六年の日ソ共同宣言で、両国は相互に請求権を放棄している。九三年に来日したロシア大統領エリツィンは「ロシア国民を代表して非人間的な行為に対して謝罪の意を表する」と述べたが、ロシア側に支払い義務はないとしており、日本政府は八八年に設けた基金で、軍人恩給の支給対象外の抑留者一八万人にそれぞれ一〇万円と銀杯を贈り、問題に終止符が打たれたとしている。

五月三〇日、敗戦直後に起きた浮島丸爆発事件で韓国在住の生存者と遺族八〇人が日本国に二八億円の損害賠償を求めた訴訟の控訴審判決で、大阪高裁は一部原告への賠償を認めた京都地裁判決を覆し、原告側の逆転全面敗訴となった。日本人乗組員はすでに戦死扱いされ、遺族補償がなされているが、「当時は旧ソ連軍との戦闘が続くなど緊迫した状況下にあり、朝鮮人徴用工らの運送行為は海軍の作戦計画の実行として行なった行政上（軍事上）の措置だった。国と乗船者との間には公法上の特殊な関係が成立していた」と判決は述べ、国は私法上の契約に基づく安全配慮義務を負うものではない、とした。また「国の侵略戦争や植民地支配の被害者個人に対する謝罪を憲法が法的義務として課していない」ので公的な謝罪も必要ないとした。「『一視同仁』の名の下、日本人も植民地出身者も同列だとして戦争に駆り出され、戦後は『外国人』として補償から切り捨てられた朝鮮の人々」と五月三〇日付毎日新聞は書いている。

以上の四件が、この一ヵ月間のうちに私の目に触れた戦後補償を求める動きである。これに、茨城県神栖町の新興住宅街の井戸水に旧日本軍の毒ガスが混じっており、住民に重大な健康被害が出ている事態も付け加えておきたい。すべてに共通して言えることは、戦争の「負の遺産」がきちんと解決・後始末されていないことによって、戦後五八年経ってなお続いていたり、生じている事態であるという点である。シベリア抑留者と井戸水被害以外は、旧大日本帝国が行なった植民地支配と侵略戦争の直接的な被害者ないしその遺族から出されている提訴案件である。一九七二年、在韓被爆者へ原爆医療法適用の可否を問う手帳裁判が起こされて以降、とりわけ一九九〇年代に入ってからは七〇件近くの戦後補償裁判が起こされている以上、それぞれ地裁・高裁・最高裁段階の審理状況が一ヵ月のうちに三件もかたまって報道されるのは不思議なことではないかもしれない。しかし、今年五月中旬以降のこれら一連の事態は、有事法案の成立過程と時期的に重なることによって、決して忘れてはいけない重要なことを私たちにあらためて思い起こさせてくれた。

どの案件に関しても、詳しく読むと、「国家」なるものは自らの責任でなした行為で被害者を生み出すに至った重大な犯罪に関して、いかに無責任な事後処理で事足れりとするものであるかがわかる。同じ浮島丸に乗っていて、日本人は補償されて、朝鮮人は補償されないことを見ても、その無責任さは、旧植民地や侵略戦争の被害者に対してよりはっきりと現われる。浮島丸事件のように判決のたびに大きく判断が変わるということは、国家の責任において戦争犠牲者に補償を行なうという基準がこの社会には成立していないことを示している。荒唐無稽な論理を持ち出す司法関係者の判決と、問題をぐらつく司法の判断に委ねたまま政治的に解決することを怠る政府の路線は相俟って、アジア民衆の不信を増幅させるばかりだろう。新しい戦争を積極的に準備するとすら言うことができる有事三法案の成立を見ながら、「過去」の戦争の清算をまだ済ませていない私たちの社会が抱える問題性をあらためて痛感するしかなかった。

●「派兵CHECK」第一二九号、二〇〇三年六月一五日

「汝ら罪深き者たち　イラクに生を享けしとは！」

対イラク侵略戦争の論理

「衝撃と畏怖」

軍事作戦を行なう者たちは、自らが実施する軍事作戦に名づけを行ない、独自の意味付与をする。国家を担う一国の軍事指導部は、国軍としての「名誉と栄光」にふさわしい名称をつける。解放闘争を担う組織は、その闘争の創始者や、闘争の過程で死んだ者の名前を、或る軍事作戦の名称とする場合が多い。

世界最強の国軍であるアメリカ軍が、二〇〇三年三月二〇日に自ら開始したイラク攻撃に“Shock and Awe”という名づけを行なったのは意味深長である。この表現は、一九九六年に元米国防大学教官ハーラン・ウルマンとジェームス・ウェイドが、ペルシャ湾岸戦争を指揮した米国の将軍たちと著した同名の本から取られている。物理的な破壊力を誇示するだけでなく、相手が戦意を失うほど大きな心理的な打撃を与えようとする大規模空爆戦略が、「孫子の兵法」を引きながら展開されている。「速やかに支配権を我が物とする」という副題をもつこの戦略の成功例として挙げられているのは「広島・長崎」である（詳しくは、http://www.dodccrp.org/shockIndex.

htmlで読むことができる)。

この名称は、テレビ・新聞メディアにおいては、「衝撃と恐怖」作戦と訳されている場合が目立つ。しかし、Aweの本来の意味は、辞書を引いてみればわかるように、「恐怖」ではなく「畏怖」であろう。単に恐れおののくだけの「恐怖」ではない、降り落ちる爆弾のあまりのすごさに「畏《かしこ》まる」、すなわち「おそれいって、つつしんだ態度になる」「つつしんで、(命令を)うけたまわる」(『岩波国語辞典第三版』)のだ。そんな高精度攻撃を行ない得る相手を前に、攻撃された側は敗北感に打ちひしがれて「畏敬」の念すらもつに至るのだ――と、米国国防長官ラムズフェルドらは期待したのだろう。米国に否応なく畏敬の気持ちをもつであろうイラク人たちは、米英の「占領軍」を「解放軍」として歓迎するだろう、ちょうど二〇世紀半ばの日本人たちのように！あの「東洋の猿たち」も、それまではさんざん「鬼畜米英」などと言っていたものの、当時の新開発兵器B29爆撃機による無差別絨毯爆撃で多数の都市を焼け野原にされ、極め付けには新型爆弾・原爆を広島・長崎に投下され、死者合計五〇万人を出すに至り、米軍が有するあまりの破壊力に「畏怖」の念にうたれ、敗戦後はすぐさま親米派に転向したではないか！――「衝撃と畏怖」と訳してはじめて、彼らがこの言葉にこめたかった意味合いが正確に理解できると思われる。

三月二八日、インターネット上の或るメーリング・リストに投稿されたグループRAMの「倒錯されたテロリズム――精神疾患による戦争」はこの作戦に関するすぐれた批判的な分析だが、この文章においては「衝撃と畏怖」作戦と訳されている。こうして、その分析にある以下の文章が冴えわたる意味をもつことになる。「一度も本土空襲されたことのないアメリカ人たちは、目の前でマンハッタンで最も高い双型のビルが正確無比な精度で、まさにピンポイントで同時に崩れ落ちるのを目撃させられたとき、怒りを感じる以前に、不覚にも、『衝撃と畏怖』を感じ取ってしまった。この名称に示されているのはその事実である」（この分析は、http://www.eris.ais.ne.jp/˜fralippo/test03.html で参照できる）。

私は見る機会を失したが、この作戦で使用するはずの最新兵器を記者会見で披露するさいのラムズフェルドの様子を、右の分析グループはこう描写している。「（そのさいに、ラムズフェルドは）まさに恍惚とヨダレをたらさんばかりに弛緩しきった顔をテレビカメラの前に晒けだした」。これは、恣意的な感想ではなさそうだ。傍証がある。私が、その歌詞も曲も文章も、いままで決して好きにはなれなかったさだまさしが書いている。今回に限っては引用したい。「MOAB（モアブ）と呼ばれる米軍の保有する大量虐殺兵器の効果を尋ねられた時のラムズフェルドのニヤニヤとした嬉しそうな含み笑いの奥に潜む残虐さに戦慄した。少なくとも自分の持つ『人を殺す装置』を他人に自慢する人間とは一生友人になどなれない」（二〇〇三年三月二四日付毎日新聞）

このラムズフェルドの含み笑いの先に、次のパイロットの言葉がくるのだろう。ペルシャ湾の空母キティホークから飛び立った艦載機、FA18戦闘攻撃機のパイロットで少佐のゲーリー・シヨーマンは、爆撃後の感想を語っている。「もし人がいたとしても悪いやつらだ。問題はない」（三月二五日付朝日新聞夕刊）。この発言は、他紙では「大砲の近くにいる者は、悪いやつらだ」（同日読売新聞夕刊）と伝えられている。

ここで言外に語られていることは、イラクに生を享けたことがイラク人の罪深さを示しているという考え方である。パイロットは本当にそう信じているのかもしれない。あるいは、空爆を終えて帰還したばかりのときに記者会見の場に連れ出されて、心の葛藤も苦悩も隠してそう語るしかなかったのかもしれない。

このレベルの発言を、逡巡も苦悩もなく、確信をもって繰り返し行なっているのは、大統領であり国防長官らである。二〇〇三年一月ころだったか「北海道新聞」で、米国の全国紙に掲載されたという時事風刺漫画の、吹出しの文句だけを紹介した記事を見たことがある。ジョージ・ブッシュ曰く「査察団がイラクで大量破壊兵器でもなんでも見つければ戦争だ。見つけなくても、隠しているのだから戦争だ。隠していないと言っても、それはウソだから戦争だ……。われわれの選択肢は、こんなにも多様なのだ」と。

私たちが、ふつう用いる論理にあっては、従属節における仮定が変われば、主節の結論も変わりうる。風刺漫画家が「引用」した、右のブッシュの台詞にあっては、従属節の意味内容が変わっても、主節は不動である。そして、私たちは、今回米国がイラクに対して始めた戦争が、まさしくこんな理屈によって始められたものであることをよく知っている。この風刺漫画を伝えた新聞記事は、確か、これではまるでイソップの「オオカミと子羊」の物語みたいだと付け加えていた。そう、多くの人びとが思い出すだろう。川で水を飲んでいる小羊にオオカミが難癖をつける。「おまえは、オレの飲み水を汚したろう」「いいえ、私は川下にいるので汚せません」「おまえは去年、おれの親父の悪口を言っただろう」「いいえ、私は一年前には生まれていませんでした」。オオカミは業を煮やし「とにかくおまえを食べないわけにはいかぬのだ」と言って、小羊を襲う。

「そう決め込んでいる人の前では、正当な弁明も無力である」――紀元前のギリシアで語られた寓話が、そのままの形で二一世紀初頭の国際政治の現実で罷り通る。これを最後の局面でごり押ししたのが、スペイン、イギリス、アメリカの三国であったことは示唆的である。それぞれの国は、一五～一六世紀、一六～一九世紀、一九～二一世紀の時代に、膨張主義的な海外侵略を基盤に世界大の「帝国」を築き得た三ヵ国だったからである。仮にこれらの国の任意の大統領か首相が、或る時期に自国が行なった「征服」「植民地化」「奴隷化」などの事業に関して、部分的に「反省」か「ふりかえり」の言葉を口にすることがあったとしても、自国「帝国」を成り立たせた基礎構造にまで思いを及ぼすことのない、身振りとしてしかそれをするにすぎない三ヵ国が。

空襲下のイラク民衆

米軍の攻撃機パイロットが、こともなげに「わるいやつら」と言って悪びれもしない空襲下のイラク民衆の姿は、イラク国営放送やカタールの衛星テレビ・アルジャジーラの存在と、空襲開始後もイラクに踏み止まっている独立系のフリージャーナリストによって、辛うじて伝えられている。米軍がイラク国営放送施設を「正確に」爆撃したのは、地上を這うイラク民衆の姿がアルジャジーラを通して世界に伝達されることを恐れたからであろう。この戦争で行なわれているいかなる米英軍の軍事行動も、本質的に許されるべきものではないことを前提にするとして、ましてや報道施設に狙いを定めたこの攻撃に対して、マスメディアが怒りを示さないのは、どういうことだろうか。イラク国営放送がサッダーム・フセイン独裁体制の情報統制機関の役割を果たしていることは疑いもないが、それは、言論の本質的な自由を保証する社会的空間が世界のどこにも成立していない現状にあっては、どのメディアも等価でしかないことを意味している。イラク軍の攻撃が、もし後に触れる米英軍の「従軍記者」を目標になされる場合が万が一にもあったとして、それがどれほどの煽情的なキャンペーンをもたらすことになるかを想像するだけで、この戦争をめぐる情報と報道の非対象性が際立って明らかになってくる。

さて、地上のイラク民衆の様子を伝えるその貴重な報道によれば、空襲下にあっても車は市内を走り、大衆市場は開いていて、日常品の売り買いがなされている。空襲への恐怖はあるにちがいないし、事実すでにたくさんの非戦闘員の死者が生じているが、辛く哀しいことではあるにせよ、人びとは爆撃・空襲を「日常」として生活せざるを得ない。三月二〇日の空襲が始まったとき、二十何歳かの女性が、「これでは戦争しか知らない人生になってしまう」と言って泣き出したという報道も目にした。

この空襲下の民衆の姿をめぐって、こころに浮かんでくるいくつかの問題について触れておきたい。

米軍の侵略行為は必至となった段階で、日本のマスメディアのジャーナリストは全員イラクの外へ出たようだ。某保険会社は、ジャーナリストや商社員を対象に「戦争保険」なるものを売り出したという。六ヵ月間保証で、掛け金は九五万円。「万一の場合」には一億円がおりる。イラクからは退避させたとはいえ、周辺諸国に駐在したり、何かのときにはすぐイラク入りすることを考えれば、各メディアは「戦時予算」を組むことを余儀なくされただろう。

その組織ジャーナリストの、ある者はヨルダンにいて、イラクに据えつけられた固定カメラの映像を見ながら解説している。またある者は、米軍の従軍取材に参加し、ペルシャ湾の空母からのミサイル発射の模様やクウェートからイラクを攻撃する地上部隊の動きなどを克明に伝える。米軍が従軍記者に対して「エンベッド（埋め込み）」方式で許可した取材ルールにはたくさんの制約事項が明記されているが、その制約の下で、カタールの米軍中東軍前線司令部にいて、米軍司令官のメッセージを逐一伝える者もいる。まちがいなく「戦果」の発表にしかならない。イラク軍を指して「敵」という表現がためらいもなく使われる。明らかに米英軍の側に立って「今後懸念されることは？」と東京のスタジオのアナウンサーが尋ねる。スタジオに解説者として控える者のなかに「防衛研究所主任研究員」なる立場の人物が、以前に比べると目立って登場するようになった。おなじみの軍事評論家なる者も、次のように語る立場に立っている。「現時点で具体的な代案を示すことなく、単に武力行使はよくないと言うのは無責任だろう。何でも武力行使反対という人は、何年か後に生物・科学兵器や核兵器が落ちて何百万人と死んだらどう責任をとるのか」（サンデー毎日緊急増刊「ブッシュ帝国の野望」における江畑謙介）。

私たちを取り囲んでいるのが、どのような情報であるかが一目瞭然である。戦火に傷つく民衆が不在の戦争報道は、いまに始まったことではない。それにしても、高性能通信機材による戦争の「実況中継」すらが現実化し、あたかも戦争のリアリティを映し出しているかのような幻想を生み出している今回、「実況」の画面から排除された「見えないもの、聞こえないもの」への想像力をもちうるかどうかを、私たちは試されていると言える。

イラク人が米英軍を歓迎しているとか、いや実は歓迎している様子はみせないとかの情報も、米軍側メディアのそのときどきの希望的な、あるいは悲観的な観測に基づいてなされるようになった。補給線が確保できず食糧不足に悩む米軍兵に、イラクの民衆がゆで卵や肉を差し入れしているなどという報道も散見される。

私はこのような報道を読むにつけ、東京大空襲について書かれたすぐれた書のひとつ、堀田善衛の『方丈記私記』（筑摩書房、一九七一年）を思い出す。

一九四五年三月一〇日、空襲の翌朝、焼け野原となった東京の町を眺めたときの気持ちを堀田は二五年後に思い返して書いている。

「満州事変以来のすべての戦争運営の最高責任者としての天皇をはじめとして、その住居、事務所、機関などの全部が焼け落ちて、天皇をはじめとして全部が罹災者、つまりは難民になってしまえば、それで終わりだ、終わりだ、ということは、つまりはもう一つの始りだ、ということだ、ということが、なんと莫迦げた云々の内容として、一つの啓示のように私にやって来たのであった。上から下まで、軍から徴用工まで、天皇から二等兵まで全部が全部、難民になってしまえば。（……そして鴨長明を引いて）『人の営み、皆愚かなるなかに、さしも危ふき京中の家をつくるとて、宝を費し、心を悩ます事は、すぐれてあぢきなくぞ侍る』。ここのところが、へんに爽快なものとして、きわめてさわやかな期待感を抱かせるものとして私に思い出された」

堀田が抱いた「国民生活の全的崩壊、階級制度の全的崩壊という、いわば平べったい夢想」が、実は甘かったことを、彼は一週間後に思い知らされる。知人を求めて東京・永代橋付近に行った堀田は、警官や憲兵の数の多さを訝る。すると、その一面の焼け跡に「ほとんどが外車である乗用車の列が」あらわれたかとおもうと、そのなかの「小豆色の、ぴかぴかと、上天気な太陽の光りを浴びて光る車のなかから、軍服に磨きたてられた長靴をはいた天皇が下りて来た。大きな勲章までつけていた。（……）私は瞬間に、身体が凍るような思いをした」。しかも、焼け跡をほっくりかえしていた人びとがかなり集まってきてしめった灰のなかに土下座し、天皇に向かって、涙を流しながら言うのだ。「陛下、私たちの努力が足りませんでしたので、むざむざと焼いてしまいました。まことに申し訳ない次第でございます」

繰り返して言う。現在行なわれている米英軍の侵略戦争、破壊行為、民衆の殺戮を、その一片たりとも肯定したり、仕方のないことだというのではない。ほぼ四半世紀に及ぶフセインの独裁下に生活し、あるときはフセインを友としまたあるときはこれを敵としてきた米英両国による身勝手な軍事侵略にいま直面しているイラク民衆の胸の内には、堀田善衛が米軍に焼け野原にされた軍国日本について述懐したように、イラク国の「一切が焼け落ちて平べったくなり、階級制度もまた焼け落ちて平べったくなるという」「不気味で、しかもなお一面においてさわやかな期待の感」が去来しているかもしれない、と考えるのは、それほど的外れなことではないだろう。内国からであれ、外国からであれ、そのときどきにやって来る支配者に服従したり、おべっかを使ったり、陰でこけにしたり、公然と反抗したりする態度には、それぞれの時機に見合った民衆のしたたかな計算があるのだ。

戦火によって生まれている犠牲者は痛ましい。

そしてまた、イラクの人びとは、この容易には解決しがたい矛盾に引き裂かれながらも、その只中を生き抜いている主体的な存在でもあるのだ。

日本という場所

日本の首相、小泉は、三月一九日に行なわれたブッシュの対イラク開戦演説をいち早くまるごと支持する記者会見を翌日に行なった。そのなかに次のような一節がある。「もしも今後、危険な大量破壊兵器が危険な独裁者の手に渡ったらどのような危険な目に遭うか。日本も人ごとではない。我々は大きな危険に直面するということをすべての人々が感じていると思う。(……)日本に対してもいつ脅威が降りかかるか分からない。アメリカは、日本への攻撃はアメリカへの攻撃とみなすと明言しているただ一つの国だ。このこと自体、日本を攻撃しようと思ういかなる国にも大きな抑止力になっていることを忘れてはならない」(三月二〇日付朝日新聞夕刊その他)。

二〇〇二年九月一七日以降、北朝鮮の金正日体制に対して、「拉致問題」の本質から遠くかけ離れた、興味本位の報道に明け暮れてきた日本のテレビ・新聞・週刊誌メディアは、イラク危機の到来と共に、金正日とフセインとを交互に、あるいはセットにして、きわめて煽情的な扱い方をしている。私は、いまや各書店の正面にせり出てきた「諸君!」や「正論」を読むと同じ感覚で、モーニング・ショーなどのテレビ番組が企図している方向を見ておかなければならないと考え、昨年秋以来、通勤と歩行の時間を利用して音声だけを聞いている時がある。そこには、金正日やフセインなどの独裁者を、あくまでの自分たちの「外部」にいる存在として戯画化し、視聴者の悪感情を駆り立てようとする志向性が見られる。それは、ありうべき「批判」などという水準のものではなく、独裁体制と個人的性向の異常さを際立たせる役割を果たしている。

（本来ならば、こんな想像はしたくもないが）、この煽動の先には、仮に朝鮮中央テレビ局を爆撃する国があっても、それが金正日独裁体制の宣伝機関であるからには止むを得ないと考える結末がある。今回のイラク攻撃に先立っては「フセインが亡命すべきだ」とか「地位を退くべきだ」との意見があった。それを行なわないために攻撃が開始されたなら、その責任はフセインにあるという発言すら聞こえた。この発言者が、堀田と同じように、軍国日本をふりかえって、あの戦争下で天皇裕仁が「決断」すべき時機と内容に関して思うところのある人ならば、まだしもその言い分に正当性の一片は存在するかもしれない。だが、異常を外部にのみ求める宣伝は、そのような思考方法を生み出さないのだ。

こうして、大量破壊兵器たる原爆を二度も使用した唯一の国が、その反省もなく、自らを省みることもなく、他国の武装をのみ批判し、査察を要求し、あまつさえ攻撃する。天皇裕仁指揮下の戦争で、外国の土地で毒ガス兵器を開発し、敗北した後もそのまま放置して半世紀以上も経つ国の首相が、「不気味な」他国が持つかもしれない大量破壊兵器の危険性を言い募る。

米英軍を主力とし、日本をその有力な支えとする今回のイラク侵略戦争は、世界中で高揚した反戦運動の存在ひとつをとってみても、それが無視されたという点で、いままでの不条理な戦争にもまして、私たちの精神を侵害する。

「世界四大文明」という言葉をなお使ってよいかどうかは措くとして、メソポタミア文明、チグリス川、ユーフラテス川などの名は、私たちが、比較的幼いころから接する、不思議な響きに満ちた外国名である。そこには、どんな人が住み、どんな文化があった（ある）のか。限りない興味と関心を子ども心から掻き立てる存在である。

その同じころ、多くの子どもたちは、『千夜一夜物語』の世界にも触れる。物語それ自体の面白さはもちろん、接したのが絵本であれば、自分が住むのとは異なる世界を示す不思議な挿絵にいっそうの興味をますだろう。

長じて、パレスチナの作家、ガッサン・カナファーニーの『太陽の男たち』を読むなら、このところ米英軍が作戦活動を展開し、管轄下に置いたと伝えられるバスラという地名が刻み込まれているだろう。

いま非道にも蹂躙されているのは、私たちのこれらの記憶と連なっている土地なのだ。

●「インパクション」一三五号、二〇〇三年四月一五日、インパクト出版会

小さな国・そこに生きる人びとの視点で見る世界

カストロの訪日報道を読む

去る三月一日から四日にかけて、キューバ国家評議会議長フィデル・カストロが来日した。クアラルンプールで開かれた非同盟諸国会議に出席し、その後中国とベトナムを訪問し、日本へは「給油」目的の非公式訪問であった。どんな国際会議で発言しても、政治的・経済的な世界秩序のあり方に関して、譲ることのない原則的な批判の立場ゆえ常に注目される人物だが、今回は目立たぬようにひたすら心がけたような訪問で、首相・外相らとは会談したが記者会見はすべて断り、したがってメディアで大きく報道されることも、極端に少なかった。二〇世紀の社会主義革命と国際政治を顧みるうえでの、(賛否いずれの立場に立つにせよ)その存在の重要性を思えば、世界(とキューバ)が直面する今日の諸問題について彼の考えを聞くことができなかったことは残念なことではあった。これを機に、カストロの訪日や、アフガニスタンやイラク情勢に関わって何かと話題になるキューバをめぐる状況について、このところ私が考えていることに触れておきたい。

カストロは短い滞在期日のほぼ半分を広島訪問に当てた。原爆慰霊碑に献花し、資料館を見学した。「まったく罪のない広島と長崎の犠牲者に哀悼の意を表することは長年の願いだった」という。この態度は、彼の盟友チェ・ゲバラのそれを思い起させる。ゲバラはキューバ革命勝利の年＝一九五九年に経済使節団の団長として来日している。私はすでに別な文章でも触れたことがあるが、新生キューバの在東京大使館は日本外務省との打ち合せで、ゲバラが第二次大戦で死んだ無名戦士の墓に詣でる予定を組んでいた。「行かない。数百万のアジア人を殺した帝国主義の軍隊じゃないか。絶対に行かない。行きたいのは広島だ。アメリカ人が一〇万人の日本人を殺した場所だ」とゲバラは言った（Jon Lee Anderson, *CHE GUEVARA, A Revolutionary Life*, Bantam Press, 1997）。外交上のしきたりは踏まなければ、と大使館員は困惑したが、ゲバラは拒否し、広島へ行った。「米国にこんなにまでされてなお、君たちは米国の言いなりになるのか」と、原爆資料館を案内した日本人に安保体制の妥当性如何を問うたといわれる。一九五九年段階の認識としてはきわめて先駆的なものと思い、私が大事に記憶しているエピソードだ。

一九六七年ボリビアでの死後、ゲバラが世界的に有名な人物になって以降、原爆資料館には館内を見学中のゲバラの写真が展示されているという（私は今まで気づかなかった）。カストロは今回、その写真を見て、もし先にこの写真の存在を知っていたら、このパネルと並んで献花したのに、と語ったと伝えられる。カストロはまた昼食会の挨拶で、「一九六二年のミサイル危機の時に、私たちももう少しで核の犠牲になるところだった。広島の皆さんと危機感を分かち合えると思う」と語った（三月四日付北海道新聞）。

ミサイル危機の問題は、ヨリ広い問題意識で捉えることが必要だと思える。昨年はミサイル危機から四〇周年を迎えたこともあって、キューバ・米国・ソ連（当時）の政権担当者による国際会議がハバナで開かれた。カストロやマクナマラ（元米国防長官）も参加したこの会議では、ソ連原潜が核魚雷を発射する寸前までいっていたとか、そのときどきで微妙に発言を変えてきたカストロが、ミサイル配備を強行したのはソ連の意思で、キューバは乗り気ではなかったと語ったなど、新事実が明らかにされた。

現在のイラク情勢との関係で重要なことは、次の点だろう。ブッシュには、キューバ・ミサイル危機に、現在のイラクを重ね合わせる発言が昨年来目立つ。「ケネディ大統領は力を誇示しキューバへの先制攻撃を望んだからこそ、危機を回避できた」とする昨年一〇月七日の演説はその典型だ。これにはどんな批判も可能だが、マクナマラの言葉でそれをさせるのが有効だろう。「ケネディ政権は当時、先制攻撃など考えていなかった。当時、米国は核ミサイルを運ぶソ連艦船を調べるために海上封鎖し、ソ連の撤退を促した。先制攻撃とは逆だった」（二〇〇二年一〇月一三日付毎日新聞）。ケネディの施政全体には批判をもつ私だが、彼が、ミサイル危機に際してキューバ攻撃を進言する多くの顧問とは逆の政策を選択したこと、それだけにブッシュがきわめて恣意的な歴史解釈に耽っていることは確かだろう。キューバやベトナムに対する過った政策の最高責任者というべきマクナマラや、当時の大統領特別補佐官ソレンセンらの「反省」［特にソレンセンは、キューバに対して行なったサボタージュ（破壊活動）に関して、昨年の会議の際キューバ側に個人的に謝罪している］を顧みず、現在の米国のイラク政策は組み立てられている。

キューバをめぐっていまひとつ忘れるわけにはいかないことは、二〇〇二年一月以来キューバ・グアンタナモの米軍基地に収容されている四〇ヵ国六〇〇人にも及ぶアルカーイダ兵容疑者の命運だ。革命後も返還に応ぜずキューバに居座りを続けている米軍がこの基地に収容した人びとは、米国の言い分によれば、「戦時捕虜ではなく非合法戦闘員だから裁判は不要」だという。昨年一〇月ごく一部の人が釈放されたが、自称九〇歳や一〇五歳の高齢者も「ただの農民」も逮捕され、劣悪な処遇を受けていたとの報告がなされている。最近は、収容されている人びとのなかに、自殺者が増えているという報道もなされたばかりだ。国際的な監視の下にもおかれず、裁判をすら経ないままに続けられている拘禁状態が、きわめて非人道的な限界点に達していることを示しているのだと思える。

キューバをめぐる話題はほかにもある。ソ連崩壊で援助が途絶え、存亡の危機に陥ったが、「都市を耕す」有機農業運動の成功で「キューバが世界のための有機農業研究所になり」、食糧危機を脱したとの報告もある（吉田太郎『200万都市が有機野菜で自給できるわけ――農業都市大国キューバ・リポート』築地書館、二〇〇二年、など）。「キューバは社会主義国家」と規定していた憲法第一条を、これは「放棄しえないものであり、キューバは決して資本主義に戻ることはない」と改めたという報道も昨年六月になされた。憲法上のしばりで体制不変を謳うとは、「乱心したか、カストロ」と思わせるような本末転倒の道筋だと思える。

いずれにせよ、関心のある小さな国、そこに生きる人びとの視点から世界を見ると、史上最高の愚かな大統領と首相の言動や、批判精神を喪失したマスメディアの報道に頼るばかりでは見えてこない、世界のさまざまな形が見えてくる。

●「派兵CHECK」一二六号、二〇〇三年三月一五日

「美しい地球、悲惨なホロコースト」だって？

スペースシャトルの「自爆テロ」報道を読む

社会的出来事にせよ自然現象にせよ、常日頃「科学的に」考えることを心がけている私としたことが、思わず「祟りじゃあ！」と口走ってしまったことだ。宇宙往還機「スペースシャトル・コロンビア」の空中分解事故の第一報に接した時のことである。地球上でも宇宙空間でも、傍若無人なふるまいばかりしているからだよ、と。

七人の宇宙飛行士の死を悼まないのかという、しごくまっとうな論難の声が、すぐ沸き起ることは覚悟している。私は、例の「9・11」事件の時にも、実行者たちの行為の背景に確固として存在している世界的な政治・経済・社会状況は了解しつつも、選択した行為自体は批判的に捉えたが、当初は六〇〇〇人とも予想された死者の「死を悼む」という常套句を使うことはしなかった。「9・11」事件でも、スペースシャトルの事故でも、マスメディアと米国政府は、事件の社会的・政治的性格を覆い隠すことに全力を挙げる。ひたすら情緒的に、死者と遺族の姿を伝えようと演出する。死者を絶対化することで、事件の本質を問うこと自体が、倫理的に許されないことであるかのような雰囲気を作り出す。その報道攻勢に巻き込まれないためには、私たちにも譲ることのできない一線がある。他人に勧めることでもないが、私の場合、それは「犠牲者の死を悼む」とまずもって発語しなければ、次のことばへと進めることができない社会的空気とたたかうことだ。

驚くべきことは、今回のような事件に際して米政府当局がまず「テロの可能性は低い」などと言わなければならないことだ。米国社会が、自らが作り出したテロの「幻影」に、いかに日常的に怯える日々を送っているかを、このことは物語っていよう。自業自得とはいえ、お気の毒なことだ。

事故の原因については、NASA（米航空宇宙局）が日々判明した事実に基づいて発表している。素人ゆえ新聞を熟読してもわからぬこともあるが、スペースシャトルの安全性確保について懸念を表明したNASA安全諮問委員会メンバー九人のうち五人が昨年解任されていたという二月三日付共同電は興味深い。「米政府は事故直後、宇宙分野での緊縮財政路線が安全管理に影響を与えた可能性を考慮し、後継機の開発促進など大幅な予算増額方針を決めた」などという報道も、あまりに事も無げになされていて、怖い。「七人の英雄たち」などと死後におだて挙げておいて、実はカネを惜しんでいたことを赤裸々に証すものでしかないからだ。スペースシャトルについては、宇宙空間から大気圏に再突入する際に大気との摩擦で機体が超高熱を発するにもかかわらず、通算一〇〇回もの再使用が想定されていることの危険性が当初から指摘されていたが、まさにその再突入直後の事故だったことを知れば、なおさらである。二月三日付の「しんぶん赤旗」は「米シャトル、一一〇回の打ち上げ、二回の重大事故」と端的に表現したが、これほどの事故確率性を一般航空機に適用したらどんな数値になるか。事故直後にも「宇宙開発の夢と希望」を語り続ける米政府やメディアは、こんなわかりやすい数字で事態を説明することはない。

いまひとつの重大な問題は、落下してきたシャトル機に積載されていた物質・物資についての詳細な説明がなされていないことだろう。インターネット上では、危惧する人びとが、放射性物質やエンジン燃料ヒドラジンなどをめぐって、推定に基づくさまざまな情報提供を行なっているが、テキサス州をはじめ広大な地域に落下した搭載物資の内容についての説明をNASAはしていない。「有害物質が含まれているから、触れるな。持ち去ったら、処罰だ」。落下地点の住民には、こんな天の声が届くばかりだ。スペースシャトルの機体が疲弊してか打ち上げ時の断熱材損傷かによって分解したのだとしたら、それはほぼ「自爆」にひとしく、その結果得体の知れぬ危険物質が人びとの上に降ってくるのだから、それはテロ（恐怖）であり、これをこそ「自爆テロ」と呼ぶべきだ、と思えてくるほどだ。

飛行士に関する情緒的な報道をも、少し客観化してみよう。インド生まれの女性を除き六人が軍の関係者である。イスラエル人初の宇宙飛行士と言われるイラン・ラモンは、母親と祖母がアウシュビッツ強制収容所の生存者であることが強調されているが、彼は一九八一年イラクが建設中の原子炉への空爆作戦に参加した最年少パイロットであったことがもつ意味こそ報道されるべきだ。海軍大尉デビッド・ブラウン（四六歳）にまつわるエピソードも、その年齢を思えば、甘すぎる。飛行士たちは宇宙で味わった「感動」を家族にメールで送り続けたというが、彼の文章はこうだ。「私が最も心を動かされたのは、ユダヤ人大虐殺の生存者が、死んだ七歳の娘の話をする手紙なんだ。こんな美しい惑星で、そんなひどいことが起きたとは信じられない」。その手紙とは、もちろん、イスラエル人飛行士が機内に持ち込んだものだという関連づけがなされている。四六歳の大人が、ホロコーストに関していまさらこんな感想を？　絶句するしかない。マイケル・ムーアが自嘲的に言う「アホで、マヌケなアメリカ白人」は、本当に、ホロコーストどころか、米国のふるまいによってもたらされているアフガニスタンやイラクの悲劇も知らずに、現代を生きているのかもしれない。

墜落したコロンビア号の名は、一四九二年にアメリカ大陸を「発見」したコロンブスに由来するとの説明も目についた。そこで思い出すのだが、一九九二年スペースシャトル「エンデバー」に搭乗した毛利衛は宇宙から帰還し、成田空港に帰国した時の記者会見で次のように語った。「コロンブスがアメリカを発見してからちょうど五〇〇年目のこの日に、彼が夢見たジパングに帰ってこれて意義深いと思います」。彼としては、透徹した歴史意識を語ったつもりかもしれないが、その一〇月一二日当日「五〇〇年後のコロンブス裁判」を開いて、大航海時代以降の近代が孕む意味を再考したばかりの私たちは、この能天気な発言に呆れた。いつの時代でも、「発見」とか「偉業」とか言われるものの担い手の意識は、この程度のものなのだろうか。毛利衛や向井千秋は、死んだ仲間の追憶に耽るばかりではなく、数少ない非軍人の宇宙飛行士として、スペースシャトル計画がもつ軍事的な意義や、シャトル空中分解後の落下物にどんなものが含まれているのかを明らかにする責任があるのではないか。ジャーナリストも、そんな質問は投げかけようともしない。

閑話休題。数日後、名大と国立天文台の研究チームが近赤外線で撮影した暗黒星雲の姿が新聞に出ていた。暗黒星雲が真っ暗ではなく、弱く光る部分もあるという興味深い写真を見ながら、私も人並みに宇宙への関心を持ち続けるだろうが、それはやはりＮＡＳＡのように一方的な「征服」の対象としてではなく、埴谷雄高のように暗黒星雲の彼方からの視線でわれわれの〈存在〉を照射し、顚覆しようとするほうが好ましいと思ったことだ。

●「派兵ＣＨＥＣＫ」一二五号、二〇〇三年二月一五日

本末転倒の論理で、人為的に煽られる危機感

米国の天然痘騒ぎを読む

二〇〇二年一二月末、米国では天然痘予防接種が始まった。対象は中東への派遣部隊兵士や国内の医療関係者など百万人だという。しかし、「9・11」直後の炭そ菌事件の影響や、「悪の枢軸」イラクがいつなんどき生物・化学兵器を使うかもしれないという宣伝が行き届いた現状では、米国人口の六割が接種を希望していると、二〇〇二年一二月一九日付けの朝日新聞は伝えている。

疫病が、世界史上の出来事で思いがけぬ大きな役割を果たす例は、しばしば見られる。古代ローマがポエニ戦争（前二六四～前一四六年）に勝利したのは、相手のカルタゴ軍に天然痘が流行ったことが遠因だとする研究がある。一五二〇年スペイン人征服者が徴発した黒人奴隷によってアステカの首都テノチティトランにもたらされた天然痘が、多くの先住民の命をうばい、人びとは疫病の大流行に不吉な前兆を読みとって、軍事的に征服される以前に精神的に消耗しきっていた事実もよく知られている。一七七〇年にはインドで三百万人の犠牲者を出したという恐ろしい記録も残っている。その天然痘も、いまから二〇数年前の一九八〇年に、世界から撲滅されたとWHO（世界保健機構）は宣言していた。日本では、すでに一九七六年に定期の予防接種が中止されたという。天然痘ウイルスは米国とソ連（当時）の研究施設にのみ封じ込められ、自然界から一

掃されたはずだった。そのウイルスが一部流出したかもしれないことが懸念されていたり、イラクと北朝鮮が隠し持っているかもしれない可能性のあることが「指摘されている」とメディアはいう。ワクチンの副作用禍への恐れもあいまって、危機感が膨らみ続ける米国社会のパニック現象には、無視しがたい合理的な理由があるように見える。

イラク大統領フセインには、たしかに、生物・化学兵器使用に関しての前科がある。もっとも悲劇的な事態は、一九八八年三月一六日に北イラクにあるクルド人居住地ハラブジャで起こったものだろう。これについては中川喜与志の『クルド人とクルディスタン——拒絶される民族』(南方新社、二〇〇一年)が詳しく述べており、私の知識もそこから得たが、イペリット、サリン、タブン、VXなどを混合したカクテル・ガスの標的にされて、およそ五〇〇〇人の非戦闘員・一般市民が殺され、一万人を越える負傷者が出たという。当時はイラン・イラク戦争の末期で、対イラン国境に近いこの町はイラン軍の支配下にあり、イラク軍はその掃討作戦の過程で化学兵器を使用した。クルド人がヒロシマと重ね合わせて「ハラブジマ」と呼んでいるというこの虐殺犯罪は、今後さらに実態が明らかにされる必要があるが、中川と共に注目しておきたいのは、この犯罪が世界でどのように報道されてきたか(正確には、報道されてこなかったか)という点に関わっている。

中川によれば、イラン政府がフセインの犯罪を世界に暴露するために現地にジャーナリストを招いたこともあって、事件直後欧州メディアでは大きく報道された。しかし、それは長続きせず、いつしか報道の表面から消えていった。その後の湾岸戦争の時も含めて、欧米諸国からすれば、

「ハラブジマ」虐殺はサッダーム・フセインの犯罪を証明するにはもっとも利用価値が大きいにもかかわらず、黙殺された。それは、この虐殺を行なったころのイラク・フセイン体制は、欧米諸国にとって、イラン・イスラーム革命の波及を阻止するうえで密接な同志であり、所詮は国家を形成し得ていないクルド民族をどんな運命が見舞おうと、洞が峠を極め込んでいればよかったのである。またフセインが化学兵器を製造するについては、西ドイツ（当時）の企業を中心に欧米各国の支援がなければ不可能であり、毒ガス事件を追求していけば、自らの身に責任がふりかかってくることも自明のことであった。もっとも重要なことには、長年続いたイラン・イラク戦争は終局に近づいており、イラク政府はすでに戦争後の各種復興事業を国際入札で実施することを明らかにしていたので、「復興特需」に与ろうとする欧米諸国は、イラク政府との関係を思えば、虐殺にも知らぬふりをするほうが得策だったのである。大メディアを手中に収める彼らにしてみれば、ごく簡単な情報操作で済ますことができる。

こうして、フセインの「前科」には欧米諸国に浅からぬ共犯性があることを知れば、一面的な天然痘騒ぎををも、情報操作の一環として複眼的に見ることが必要だということがわかる。戦争を起こさぬための努力をするのではなく、自ら戦争を煽り、「敵」はそれに対して「核・細菌・毒物テロ」で報復するかもしれないと宣伝して人びとを恐怖心で組織する作戦に騙されるのは、あまりに安易にすぎると思える。甘んじて騙された安易な例は、朝日新聞一二月三一日付社説「天然痘テロ――備えあれば憂いなし」だろう。有事法制の根拠を問われた小泉がひとつおぼえよろしくこの言葉を使ったので、「備えあれば憂いなし」という表現は価値を急落させた。この社説の論理水準も目を蔽うばかりだ。「生物兵器は持ち運びがたやすい武器でもある。米国のイラク攻撃が迫れば、イラクがテロ組織を使って米国内にばらまく恐れもある。また、いったん使われれば、地球規模で汚染が広がる危険もある」とする社説は、日本の防疫体制の不十分さを指摘し、在外公館にもワクチンを備え、防疫体制の整備によって生物兵器を無効化することを主張している。本末転倒であり、一九八〇年段階で米ソ二大国にウイルスが保存された根拠を問いただすこともない。

疫病ウイルスの措置にせよ、大量破壊兵器の査察やNPT（核不拡散条約）にせよ、そこには大国優位の原理がはたらいている。国家間・民族間の関係が公正で対等であることに、少しも心を砕くことのない日本と欧米諸国は、何かに怯えて人為的な恐怖を煽るという悲喜劇を続けざるを得ないのである。

●「派兵CHECK」一二四号、二〇〇三年一月一五日

第2章　「9・11」事件と報復戦争を解読する

戦争のなかの文化遺産

「ターリバーンのバーミヤン大仏破壊」報道を読む

バーミヤンの石窟と大石仏は、篠山紀信などの写真を通して何度か見ていた。もちろん平山郁夫の絵も、本で眺めたことはある。一方は高さ五五メートル、他方は三八メートルのふたつの巨大な大仏像の姿もさることながら、八〇〇メートルもの距離をもって左右に離れた両大仏の間を埋める石窟という、まったく既視感の感じられない全体像が、バーミヤン渓谷の風景のなかにごく自然に溶け込んでいる様子が印象的だ。この風景に対する関心は、ここを、アレキサンダー大王が、玄奘三蔵が、ジンギスカンが通ったのだという、歴史の途方もない厚みへの思いも重なって、大きかった。

それでいて、ふとアフガニスタン内戦の現実に引き戻されると、かつて僧侶たちが住居としていた岩山の中の僧房が、難民の住まいとなっていることを伝える写真もあって、いまの現実を生きるしかない人びとの生活上の必要条件と「文化遺産」との親和性が感じられて、悪い気はしなかった。だが、それは当然にも戦乱の悲劇を物語るものでもあって、大仏の足元が弾薬庫と化し、むき出しの砲弾がびっしりと積まれている写真が私の目をうった。これが、一九七九年の旧ソ連侵攻に始まって現在に至る二〇年有余の歳月において、人口二〇〇〇万人のこの国で、死者一五〇万人を出している戦争の現実なのだ。

アフガニスタンの「イスラーム原理勢力」ターリバーン最高指導者モハマド・アマールが、「偶像崇拝は認めない」として、仏像や彫像を破壊する布告を発令した今年二月末以降、国際社会はこれを厳しく非難する言論が溢れた。ターリバーンは、バーミヤン渓谷を占領した一九九七年にも大仏爆破を予告したのだったが、この時は世界的な非難を前に撤回した。だが今回はちがった。三月中旬、爆破時の噴煙に包まれる石窟や、爆破された大仏像の残骸の、無惨な姿が報道された。国際的な非難の声はさらに強まった。「歴史への理解　カケラもなし」「大仏こわし世界から非難　イスラム教信じる集団の一つ」。シルクロード好きな日本社会を覆ったターリバーンに対する雰囲気は、こんな新聞の大見出し文字に象徴されているように思える。

侵攻ソ連軍がアフガニスタンから撤兵して五年を経た一九九四年、この国に突如現われ実効的に支配しているターリバーンの政治・宗教思想に、私は何の共感も持たない。ターリバーン主導による人権侵害や女性に対する徹底した差別と暴行も、おびただしい例が報告されており、それを読むことは心理的に苦しいほどの内容に満ちている。今回のバーミヤン大仏像の破壊も愚かな行為だとしか言いようがないことを前提としたうえで、だが果たして、文化遺産破壊というレベルでの批判を行なうだけでいいのかという問題を考えてみたい。

文化遺産や美術品の破壊と略奪は新しい現象ではない。新大陸に行ったスペイン人たちが、インカやアステカの文化遺産をどう扱ったかを思い起こしてみればよい。大英博物館なるものは、エジプトのファラオのミイラやギリシャ・アテネのアクロポリスの丘にあるパルテノン神殿の大理石装飾をはじめとして、大英帝国時代に旧植民地から奪い去ったり何人《なんぴと》かを篭絡して買い取った「文化遺産」を大量に所蔵していてはじめて、その「権威」を保っている。一九世紀末から二〇世紀初頭にかけてまとめられたハーグ条約は、文化施設、歴史的記念建造物、美術品を「計画的な奪取、破壊、損傷」から保護することを決め、多くの国々がこれに調印したが、人間に対する暴力・殺傷行為が「戦争」として公認されている以上、国を挙げての戦争行為の「武器」あるいは「盾」として下位に従属するほかはない文化遺産が、ひとり無傷でいることなどありえないのだ。

遠い時代の話ではない。ナチスによる文化遺産の破壊と美術品の略奪、それに対する「勝利した」ソ連による報復的な略奪の、恐るべき実態については、アキンシャとロズロワの『消えた略奪美術品』(新潮社)が詳しく明らかにしている。われらが足元を見て、明治新政府の神道国教化政策の下で行なわれた廃仏毀釈や、朝鮮と中国で行なった美術品や書籍の大量略奪などを忘れるわけにはいかない。米国務長官パウエルは、ターリバーンの所業を指して「人類に対する犯罪」と呼んだが、一九六〇年代から七〇年代にかけて己の国が行なった対インドシナ戦争において、ベトナムのチャンパ文明の遺跡やカンボジアのアンコールワットなどを危機に陥れた責任を自覚することもないままに、他者を非難することがどうして出来ようか。パウエル自身が責任をもつ時代で言えば、イラクのシュメール文化の遺産、バビロン遺跡、アッシリア帝国の遺跡などを一部にせよ破壊した多国籍軍によるイラク全土への空爆と地上戦を思い起すだけでよいのだ。また、イスラエル軍による聖地エルサレムのアル=アクサ・モスクの破壊が、どうしてバーミヤン破壊と同じ世界的な関心と非難を呼び起こさないのかという疑問が、私たちの心には生まれる。ここでもまた、何を非難し、何を暗黙のうちに認めるかをめぐる二重基準が作用している。

しかも米国はターリバーンの誕生と発展に、アフガニスタンに侵攻した旧ソ連と同等の責任を負っている。米国がソ連封じ込め戦略のためにイスラーム原理主義勢力にテコ入れし、ソ連崩壊後は石油・天然ガス権益確保のためにターリバーンに肩入れしたことは周知の事実だ。ターリバーンが急速に勢力を拡大し、米国の思うがままにはならなくなった時に、ターリバーンは米国にとって「国際テロリスト」となった。そして国連の経済制裁を受け、民衆は餓死線上をさまように至っている。

それにしても、人びとの生きる現実には無関心なまま、遺跡の保存のためだけには涙を流す連中が、世の中には何と多いことだろう！　それこそが問題の本質である。ターリバーンの一幹部は、ユネスコなどがバーミヤンの石仏を保護・修復するために資金提供を申し出た際に「彫像に資金を費やす代わりに、食糧がなく死んでいるアフガニスタンの子どもたちをなぜ救わないのか」と怒ったという。アフガニスタンの現状をもたらしたターリバーン指導者の責任は大きいが、この言葉は真実の一端を突いている。パキスタンとアフガニスタンで医療活動を続けるペシャワール会の医師、中村哲は言う。「我々は（ターリバーン）非難の合唱に加わらない。餓死者百万人という中で、今議論する暇はない。人類の文化、文明とは何か。考える機会を与えてくれた神に感謝する。真の『人類共通の文化遺産』とは、平和・相互扶助の精神である。それは我々の心の中に築かれるべきものだ」（朝日新聞二〇〇一年四月三日付夕刊）。「本当は誰が私を壊すのか　バーミヤン・大仏の現場で」と題されたこの文章は、事態に関わる無数の報道のなかで、いちばん私の心を打った。

●「派兵ＣＨＥＣＫ」一〇三号、二〇〇一年四月一五日

批判精神なき頽廃状況を撃つ

――聞き手・米田綱路

現代の世界終末思想

――まず、太田さんは今回の事態（「9・11」事件）をどう見ておられますか

太田　九月一一日の事態については、夜一〇時前に入った第一報から明け方までテレビをつけっぱなしで見る、という出会いになりました。その後も関連情報はあふれているように見えますが、アメリカ合州国は明らかに報道管制を敷いていると思います。「容疑者」特定の問題については、次々と逮捕しつつある人びとをウサーマ・イブン・ラーディン氏と結び付ける根拠について米国側は全然説明しないまま、ほぼ彼らを「標的」に据えて「戦争」や「報復」を煽っている。ピッツバーグ郊外に墜落したユナイテッド航空機については、直後の現場映像（写真）が出ていない。ハイジャックを察知した米軍機による撃墜の可能性があるように思えます。二四日になって報道されたことですが、事件後VOA（アメリカの声）放送はアフガニスタンのターリバーン政権最高指導者モハマド・オマール師との電話会見に成功したが、放送直前にこの情報を得た国務省は「税金で成り立っている放送がテロ容疑者を匿う勢力の宣伝に使われるのは不適切だ」と圧力を

かけ、放送は中止されたという。このように、報道管制の下で、私たちからすれば、真相はいまだ藪の中、としか言えないことが多々ある。そのことを前提にしてお話しします。

今回の事態をめぐっては、行為の主体による声明も「宣戦布告」もなされていない。いかなる主体が、どんな目的をもって行なった行為であるのか、私たちはそれを、推測・想像するしかありません。米ソ冷戦構造が崩れて以降の十年間の過程で折々に感じたことですが、そのときどきの暴力的な行動を、仮に何の価値判断もなく「テロリズム」と名づけるとして、いったいこの行為によって何を実現しようとしているのか、どんな未来や新しい社会をつくろうとしているのかが見えづらい出来事が目につくようになってきたと思います。その極限的な形態が、今回の事態だと思います。いままでであれば、民族解放闘争や革命運動などの運動形態で位置づけ、それを拒絶するにせよ賛成するにせよ、私たちは何らかの判断基準をもつことができた。しかし、一九六〇〜七〇年代のベトナム民衆の抵抗戦争に典型的に見られたような、あるいはいくつもの地域の解放ゲリラ闘争に見られたような、暴力それ自体が孕む倫理性を、今回の行為に見ることはできない。二〇人前後といわれる実行者たちは、五〜六〇〇〇人ともいわれる人びとを巻き込んで死んでいったのですが、そこに私は、途方もない、底無しのニヒリズムを感じます。

象徴的な側面で捉える見方ができないわけではない。行為者たちは、WTC（世界貿易センター）とペンタゴン（国防総省）を狙い、その破壊を実現しているわけですから、一方では世界を制覇している経済活動の象徴としてのWTC、他方では世界を制圧している軍事的な管制塔としてのペンタゴンというように、意識的に選びとられた「標的」だと言える。そこにメッセージ性を読み取ることは不可能ではないかもしれない。しかし、繰り返し言いますが、それは「解放」の理念も倫理も欠いたメッセージでしか、ない。

ＷＴＣビルに経済的グローバリゼーションの象徴を見ること自体には根拠がある。しかし、グローバリゼーションの現象の仕方は重層的で、行為者たちが「その罪、万死に価する」と捉えたのかもしれない、世界の金融市場を勝手気儘に操作している経済エリートだけが働いていたわけではない。犠牲になったと見られる五〜六〇〇〇人の死者のなかには、ビルの保全員や掃除人として、あるいはレストランの従業員として働いていた、「第三世界」からの移民労働者がおおぜいいた。たとえばホンジュラスとメキシコのそれぞれ五〇〇人、コロンビア三〇〇人、チリ二五〇人、トルコ一三一人、フィリピンとロシアがそれぞれ一一七人など、八十数ヵ国以上の国々から来たさまざまな国籍の人びとが行方不明になっているという。これも、良い悪いは別として、労働力移動を必然化させたグローバリゼーションのひとつの現象形態です。

そういう場所が攻撃目標になりうると考える、あまりに単純化した論理は、私から見れば、政治・社会的な解放思想ではなく、自分が選捉する行為が「善であるか悪であるか」という思いを超越した地点ではじめて可能になる、世界の終末を願う心理の反映だと思える。オウム真理教の一部の人びとが確信をもって遂行した行為のときにも感じましたが、このような世界終末思想をどういうふうに捉えるかは、現代の文明観に関わる大きな問題だと思います。

さて、この行為に直面した米国の大統領・ブッシュは「これは単なるテロを超えた戦争行為である」という言い方を一貫して行なっていて、「仮想敵」としてのイブン・ラーディン氏を匿っていると米国が規定しているアフガニスタン・ターリバーン政権功撃に向けた米軍の展開が早い段階で始まっています。しかしこれは、やはりあまりにも飛躍があって、とにかくいまの段階では、九月一一日の朝になされたいくつかの行為が孤立してあるだけで、それにいままでの国家間戦争の概念を応用して「戦争」と規定することは、国際法から言ってもまったく不可能だろうと思うんですね。私は国際法に明るくはないが、今回米国が試みようとしている「復仇」としての武力行使は国連決議が禁止していることを、藤田久一氏らの専門家がわかりやすく説明している（九月二〇日付「毎日新聞」夕刊）。ですから、ブッシュにとっては、これは「犯罪」ではなく「戦争」でなければならないのですね。これは国家総動員を実現するために、敢えて使っているブッシュのレトリックでしょう。しかも、米国社会は「一時の激情に駆られて」それを許容し、たとえば下院議会は四二〇対一で、彼らのいう「武力行使」容認決議を行なって予算措置も講じたわけです。そのほか、星条旗が至るところに翻り、「イマジン」など戦意高揚を妨げる曲の「自粛」も始まっているというのですから、一見、米国社会は一丸となって、ブッシュの政策を支持しているように見える。

ここで生まれるのが次の問題だと思います。世界の現状が政治的・経済的・社会的に深い矛盾を抱えたものとして存在している以上、どんな悲劇的な出来事からでも、歴史的な過程と現代社会の存立構造に孕まれる問題を引き出すことが、未来へ向かうかぼそい道です。ハイジャック機を操って巨大ビルに激突するという信じがたい行為に、先ほど言ったように、文明論的な課題（世上よく言われるような、異なる文明同士のたたかい、という意味合いで言うのではありません）を見てとると同時に、米国には、なぜこれほどまでに自国が憎まれるかというふりかえりが必要だと思います。米国社会はいま、深い悲しみに包まれているわけですが、あえて言えば、多くの場合ほかならぬ米国が他の地域で作り出してきた政治・経済・軍事的なふるまいによって、その地に生きる人びとに与えた「悲しみ」と、自分たちがいま感じている「悲しみ」との共通性を感じ取ることができるかどうかに、未来に向けた米国社会の可能性／不可能性はかかっているように思うのです。

このように意見に対しては、今回のテロ行為自体に真っ向から対峙していないとか、問題のすり替えであるという批判があることを知っています。私はその考えに同意しません。これから展開しようとする軍事作戦に「高貴な鷲」だの「無限の正義」などという呼称を与えて疑わない社会が、「建国」以来どんな歴史をたどってきたのかというふりかえりは、今回の事態に限らず現代世界が抱える課題を考え抜くときに、避けることはできません。インディアンに対する征服戦争、メキシコに戦争を仕掛けてカリフォルニア・テキサス・ネバダ・ユタ・アリゾナ・ニューメキシコを割譲させた「講和」、ハワイ占領、パナマ分離独立の煽動、スペインからの自力による独立をまじかに控えた段階でフィリピン・グアム・プエルトリコおよびキューバの実質的な併合――などの「事業」を、米国は、二〇世紀における「宿敵」ソ連邦の成立以前の、同世紀初頭までには、ほぼ終えていました。したがってこれを支えたのは、共産主義に対する対抗イデオロギーはありません。米国国家の膨張は「神によって与えられた明白な天命」だとする、一九世紀半ば以降の支配イデオロギーです。その「明白な天命《マニフェスト・デスティニー》」に従って膨張を続ける米国の支配下にあって、深い「悲しみ」を強いられて生きた他地域の人びとは、数知れません。二〇世紀になってからの事例は、ここで挙げるまでもないでしょう。米国社会が、「人のふり見てわがふり直せ」という、ごくあたりまえの世間智を学ぶことができるならば、今回の事態は、悲劇の果てに生み出すべき結果を産んだ、と後世の評価を得るかもしれません。

日本の場合には、首相・小泉がいち早く「米国が発動する報復措置に対する全面的な支持」を明らかにしました。それを具体化しなければならないがために、非常に焦って、立法機関としてはすでに形骸化している国会の論議すら経ずに、新しい法律をつくって自衛隊の活動範囲を一挙に拡大し、米国の展開を支援するということを米国に「公約」するところまで行ってしまった。小泉は就任以来、検定教科書の問題にしても靖国神社参拝の問題にしても、近隣諸国との良好な関係をつくりだす課題には少しも熱意のない、逆に敵対的な発言を繰り返してきましたが、とにかく事態の本質がまったく見えないままに、ただ信念らしきものを断定的な短い言葉で繰り返す。それが分かりやすいからと、彼は大衆的な人気を得ていったわけですが、私はかねがね、「論座」一〇月号における吉本隆明氏の肯定的な評価と違って、小泉の政治哲学の欠如や現実上の政策提起の貧しさと粗雑さは、相当なものだと考えていました。今回の事態に関するこの一〇日間の発言でも、何を問われても具体的な答えのできないまま、ただ「米国支持」だけを断言している。しかし、断言の根拠は、すでに見たように、いかにも脆いものでしかありません。

批判精神のとめどなき衰弱

――「文明対非文明」、「文明対野蛮」、「民主主義国家対ならず者」といった二項対立的なスローガンを連呼することで、起こっている事態を単純化して対立の構図を描こうとする傾向に拍車がかかっています。事態が不透明であり「戦争」する相手が見えにくいがゆえに、逆に、いっそう事態を単純化して、「元凶ビンラディンを処罰する」というかたちで問題の焦点化をし、「戦争」へと乗り切ろうと焦っています。しかも、限られた情報源に集中しアメリカの政策に翼賛化して、マスメディアはそうした構図をますます増幅している状況ですね。さらに日本は新法を作ってまで、それにのめり込んでいこうとします。「国際貢献」イデオロギーに塗り込められ、湾岸戦争のとき一三〇億ドルにものぼる経済支援をしながら世界からは「汗を流さない日本」というレッテルを貼られた苦い経験からか、拙速なほどに、今回の出来事をめぐる情報を収集する努力を怠り、自衛隊に中東湾岸地域で「情報収集」させるという倒錯がまかり通っています。アメリカから湾岸地域に「日本の旗を見せろ」といわれたことへの強迫観念からか、非常にものごとを単純化したまま、高い内閣支持率をバックにして一気に派兵を推し進め、行けるところまで行って既成事実化を図ろうとする。こうした危険な政治状況、そして民間機がビルに突っ込んでいく強烈なイメージと単純化された事態の構図のなかで、社会は二元化されているように見えます。ジャーナリストや地域研究者、軍事アナリストたちは、それぞれの専門を振りかざしアメリカや日本の「国益」を代弁するかのようなことしかいわず、事態の本質を見極めようとする言論がほとんど聞こえていない。そうした、悪循環的なまずさに加速的に陥っていくように思えるのですが。

太田　ペルーの作家、マリオ・バルガス＝リョサは一九八一年、『世界終末戦争』という優れた小説を書きました（新潮社）。一九世紀末、近代国家への飛躍を遂げようとするブラジルにあって、それまで辺境に押しやられてきた民が、急に国家の枠組みの中に包摂しようとする「近代」に対して、絶望的な終末戦争を戦った史実に基づいた物語です。単純に言えば、〈野蛮〉と〈文明〉の対立を図式化したテーマと言えるが、カヌードスの信徒団に混在する多様な人間が描かれていて、物語が膨らみを帯びているばかりではない。〈文明〉側にも、カヌードスの民を司るのは理性とは異なるものだが、狂気と呼ぶのは不当で、信仰とか迷信とか呼んでは漠然としすぎると捉える、最良の他者認識の入り口に立つ人物がいることが描かれる。つまり、〈野蛮〉と〈文明〉は、固定化されたものとしては描かれていない。両者は、他者を認識し合う。少なくとも、その契機が描かれる。私はリョサの現実の政治思想はつまらないと思いますが、さすがこの小説は複雑な構造をよく描ききっていると思い、単純明快にすぎる二項対立の論議を目にするといつも思い出す、想世界の作品です。

現実に戻りますが、ブッシュにしても、またブッシュを支持しているNATOの首脳達にしても、そしてもちろん小泉もそうですが、なぜ世界政治のトップ・リーダーには、いつの世にあっても、こういう質の悪い、想像力を欠いた連中が集まるのでしょうか。つくづく嫌気がさしますね。ロシアや中国も例外ではありません。就任以来、米国一国の「孤立主義」を気取っていたブッシュが、今回の事態を利用して、世界各国の支持を取り付けようとする動きなどについては、たとえ同じレベルの政治家にしても、せめてそのご都合主義を批判するくらいは、当然のことでしょうに。

　ましてや、私たちは、九月二〇日、上下両院合同会議で行なわれたブッシュ演説を見聞きしました。「米国人は戦争というものを知っていた」「米国人は戦争の痛みを知っていた」「一日にして世界は変わった。自由そのものが攻撃にさらされている」「すべての国はわれわれの味方になるのかテロリストの側につくのか、どちらかを選ばなければならない」「これは米国だけでなく世界の戦い、文明の戦いだ」「今回のテロがわが国に与えた傷を忘れない。国民の自由と安全に向けた戦いで妥協しない」。

　これらの言葉のあまりの嘘・偽りと居直り、要するに「わがふり直さずに」「人のふりのみ言い募る」姿勢は明らかで、いまさら私が言うまでもありません。今回の事件の三日前には、南アフリカ・ダーバンで開かれていた国連の「人種主義に反対する世界会議」が開幕しました。激しい対立に満ちた論議が展開され、パレスチナ問題をめぐる討議が自らに不利になると、米国とイスラエルは退場しました。しかしここでは、奴隷制や植民地支配の責任・賠償問題が、とにもかくにも議題になったのです。現ローマ法王も、数年前から、十字軍の遠征やアメリカ大陸の征服と先住民族の奴隷化に関する、キリスト者側からの「反省」の気持ちを表明するようになりました。必要とあれば、歴史を五世紀でも一〇世紀でも遡って過去を「総括」し、現在の相互関係のために捉え返すというのが、人類が次第に到達しつつある水準です。現在の社会・経済関係にまで結果を引きずっている歴史的過去の問題は、「現代人に直接関係ない」と一蹴するわけにはいかなくなると私は考えています。こんな時代になっても、ブッシュは、テロに対する「十字軍」を公言するのです。アミン・マアルーフの『アラブが見た十字軍』という重要な本が出版されて一〇年を優に越えましたが（シラクが読めるフランス語原書版一九八三年、ブッシュでも読める英語版一九八四年、小泉でも読める日本語版一九八六年リブロポート刊）、それだけに、いまだに「十字軍」をこのように用いる表現それ自体が驚くべき時代錯誤だ、と言わなければなりません。宗教のレベルに問題を引き入れる「挑発」とも言えます。ダーバン会議をせめても支えていた問題意識の片鱗も見ることができないのです。「仮想敵」にされているイブン・ラーディン氏には、「〈十字軍〉への〈聖戦〉」を煽るうえで好都合なものになるでしょう。こうして、一見対決しているかに見える両者は、もちつもたれつの関係です。

政治家たちの、目を蔽うばかりの低水準の言動を補強しているのが、これに無批判的なマスメディアの圧倒的な力ですね。あの事件から一週間くらい経ってからでしょうか、次第に事態が見えてくるようになったとき、テレビや新聞のようなマスメディアでも、米国内の反戦的な動きを伝える人が出てきた。「報復戦争はすべきではない。テロは確かに痛ましく、許すわけにはいかないけれども、だからといって、なぜ一気に戦争になるんだ」と公園で討論したり、集会やデモをし、インターネットに意見を流したりなどという、いろいろな動きを伝えようとするジャーナリストが、少数ながら、いる。その対極に、ＮＨＫのワシントン総局長に典型的なように、ブッシュが記者会見や議会で話したことを、きわめて情緒的な形で繰り返し、「こういうアメリカの問いに対して、日本はどう答えるか」などと、決まり文句のように言うジャーナリストが、多数派として、いる。

これは湾岸戦争の頃から目立ってきたことだと思うのですが、ソ連の崩壊がもたらした一つの大きな社会現象がある。ソ連がなぜ無惨な崩壊を遂げたかということは別途考えるべき問題で、いま触れることはできませんが、それまで体制批判的な立場で、あるいは柔軟なリベラル派の立場で行動・発言してきた人びとが自信を喪失し、発言も控え、自分の立場をなしくずし的に変えていく画期になった。一方、左翼／社会主義を批判してきた側にとってみれば、自分たちが戦ってきた相手が惨めな敗北をしていったことで、ますます居丈高になっていった。この一〇年間は、日本一国的に見ても世界規模で考えても、この過程が始まり、深化した時期だったと思う。マスメディアの言論状況はここで一元化し、支配的な言論に対する批判的な言論やまっとうな異論が聞かれなくなった。それが、今回のメディア報道のなかで、いっそうはっきりしてきました。

テレビに登場する軍事評論家やコメンテーターなるものは、ペルシャ湾岸戦争のときもそうでしたが、自爆決行者と米国によって作り出されている「現実」をなぞって解説するだけで、なぜそういう事態が起るのか、こうした事態を防ぐためには、あるいは戦争に拡大しないためにはどんな人間的な努力が可能なのかという問いを発する人がほとんどいませんね。「テロ」をめぐる文明論がない。世界貿易センタービルとペンタゴンに突撃し炎上させた人たちの行為を楯に取って、ブッシュが推し進めようとする戦争策動をそのまま図式化して、現実に近未来に実現するであろう戦争をあれこれ「予測」する。これをもたらしている現実に対する批判精神を失ったところで展開されている予想ゲームでしょう。現実に対する批判精神の衰弱というのは、もう非常に恐ろしいところまで来ています。

私がこれと対照的だと思うのは、この一〇年間に高スピードで私たちの日常生活に入り込んできているインターネット上で展開されている呼びかけや意見だと思います。日本国内においても、米国を含めた世界規模で見ても、今回の事態を受けての意見の交換がかなりの量で行なわれているわけですね。そのなかでは、マスメディアの影響力を断ち切って自分の頭で考えて、どう思うかを真剣に書き込んでいる人びとがおおぜいいます。ところが、マスメディアの報道だけを見ていると、米国社会では「イブン・ラーディンをやっつけるためにトマホークを飛ばせ」「パキスタンの了解が得られたんだから、地上軍を投入してターリバーンを殲滅しろ」といった意見が、あたかも全面的に飛び交っているかのように思えてしまう。日本社会でも「自衛隊は残念ながら武器を補給できないけれど、とにかく自衛隊をインド洋まで派遣して、輸送業務ならいくらだってできるじゃないか」というような意見が充満しているように見える。米国が言う「無限の正義」に満ちた「テロに対する戦争」が、現実にアフガニスタンを戦場として展開されたならば、長年にわたる戦争とターリバーンによる抑圧支配下で呻吟する人びとがさらにどれほど傷つくかということも考えずに、これに単純に翼賛する議論が、世界中にあふれているように見える。けれどもインターネット上では、こうした動きに対して非常に厳しい批判と警戒心をこめた共同声明や個人の心情、思いの表明が数多くされている。インターネットを通じての交流だから、それは易々と国境を超える。しかも、その思いは、インターネットと世界を抜け出て、反戦集会や街頭での反戦デモという具体的な形をとりつつある。

マスメディアの報道が、こうした草の根の人びとの気持ちをきちっと報道していくならば、いまの世界と日本の世論状況はずいぶん変わると私は思いますね。インターネットの力にすべてを託すのはもちろん幻想ですが、そこを見ていると、マスメディアで流される主流の意見とは異なる考えをもつ人が層をなして、存在する。世界でも日本でも、そうなんだということが言えるように思います。私がここで述べている考えは、マスメディア上でほとんど見聞できないが、インターネットの世界ではめずらしくもない、ごくふつうに行き交っている考えです。ですから、これはもう時間の競争になるでしょうけれども、そうした声が、どれほど現実的な力へと転化し、ブッシュが呼号する戦争を阻止し得るか、愚かな小泉が、「旗を見せろ!」とか言う米国首脳の恫喝を唯々諾々と呑み込んで、米軍の展開地域にまで自衛隊を派遣するという、目論まれている戦後史の大転換をどう阻止することができるのか。私たちが直面するのは、この問題だということになります。

大国の政治指導者の傲慢

――日本も「対テロ」と称して、「自衛隊は米軍基地や原子力発電所などの国家的重要施設を守れるか」「守れないなら自衛隊法を改正する」といった議論にさほど抵抗もなくエスカレートしています。そして、「報復」「正義の戦争」が振り回す威勢のいい言葉は、攻撃される国や地域においてもっとも被害を被る草の根の人たちに対する想像力を失わせます。衝撃的な映像の向こうで、命を奪われた世界貿易センタービルなどで働く人々を悼む気持ちと同様に、その同じ広がりをもつ想像力が、そうした草の根の人たちに届かねばならないと思うのです。

いま日本では「国際貢献」「後方支援」あるいは「周辺事態」「有事」といった抽象的な単語に、人殺しに他ならない戦争へのイメージが回収され無害化されてしまうような言論状況が生み出されているように思います。この貧困さをこそ、恐ろしいと考えるところにまで立ち戻らねばならないと思うのです。「日本人にも犠牲者が出た」「日本は当事者に他ならず、責任ある行動をとらなければ国際社会で取り残される」といったかたちで軍事化へ向かう論理の回路を断たなければいけないのではないか、そのことを痛感します。

太田　私はこの事件が起こる直前に、「湾岸戦争から一〇年」を特集した雑誌「外交フォーラム」の九月号を読んでいました(都市出版株式会社)。湾岸戦争のとき外務省北米局北米第一課長であった岡本行夫氏などが書いています。当時の外務官僚の古傷になっているのは、湾岸戦争における「恥かしい思い」ですね。つまり日本は、結局はキャッシュ・ディスペンサーであり、一三〇億円の軍資金は出したけれども軍事的貢献をしなかったことで、ずいぶん軽く見られ、肩身の狭い思いをした、という。次にこんな事態が起るときには、どう恥かしい思いをしないかということが、外務官僚の最大の関心事なわけですね。じゃあどうするかといえば、まずは日本社会の平和ボケをなくす。次に、行政の縦割りと権限意識をなくす。最後に、危機対応の法整備を行なう、ということになる。岡本氏が目の敵にしているのは、厳密な法解釈で「憲法の番人」を標傍する内閣法制局です。そんな妨害は、首相の政治決断で乗り切ればよい、という主張になる。

岡本氏は米国の「強引さ」「身勝手さ」にも触れている。だが、当時の日本の在り方を見る視線は、唯一米国からのものです。米国政府に認められた／認められなかった／助けてくれなかった、などという思いです。湾岸戦争のときの当事国は多数存在しました。米国だけではない。イラク、クウェートだけでもない。他にも中東諸国は数多くあり、なかには多国籍軍に参加した国もあれば、反米の一点でフセインに共感したり支持したりした国もある。為政者たちの、いわくありげな態度とは別に、自分たちの土地に産出する天然資源が自らの手の届かぬところで〈国際取引〉される現実を眺めるだけのこの地の民衆がいる。民衆の生活を蔑《ないがし》ろにした、このような力関係に基づいた国際政治・経済の在り方が、その地における社会的に不安定な情況を生み出しているのかもしれないという内省は、大国の為政者にはどんな場合にも、微塵も見られない。「不穏な」情勢になったら、軍事介入して収拾すればよい、としか考えない。したがって、「テロ」や「暴動」と、それを鎮圧するために発動される「国家テロ」の関連性についての問題意識すら生まれない。

岡本氏の議論も、その枠内のものですね。だから、米国をしか見ていない。アラブ地域の民衆の思いを考えてみるどころか、アラブ諸国の政治指導部の複雑な思惑すら視野に入らない。対米外交だけで「外交」が成り立つものだと、意図的な誤解をしている。

日米安保体制を固守することに全力を注いできたエリート外務官僚の責任は重大ですね。冷戦終結後の一〇年間を見ても、何も新しいものを創り出してはいない。彼らにとっては、戦後五六年が相も変らずのぺっらぼうのまま続いているだけです。もし、上のような視点でアラブ地域全体の社会・政治・経済の在り方を重層的に捉える方法をもつなら、湾岸戦争のときでも、米軍の戦費を調達するなどというのとは違う、この地域の将来的な安定に寄与しうる関わり方を見だし得たはずです。一旦緩急の際は軍事介入すればよいとする米国のカウボーイ外交しか念頭にないから、岡本氏らは、「軍事的な参加」ができない日本の憲法上の制約を呪い、肩身の狭い思いをすると曲解するのです。

今回の事態についても、「日本人も二四人が行方不明になっている。だから、日本も当事者である」という人たちがいる。この程度の当事者意識から生まれるのは、よってきたる由縁を顧みることもないままに、ブッシュのひとりよがりな「反テロ」キャンペーンに乗って、自衛隊の海外派兵の規模を拡大するという、軍事的な道筋だけです。現代史において、「国家テロ」の発動をもっとも迅速に行ってきたふたつの突出した国——すなわち米国とイスラエルにおいて、なぜ、いわゆる「テロ」行為が多く見られるのか、と冷静に見つめることこそが、いま必要なのです。

政治家や官僚ばかりではない。マスメディアに登場する研究者や言論人なるものも、これらをいっさい問題にせずに、石油が絡んでいるから日本は当事者であるとか、世界が一丸となってテロに立ち向かおうとしているのだから日本だけが外れるわけにはいかない、と言う。しかし、世界が一丸となって見えるときには、そこから少し身を引いて冷静にものを見るのが、何らかの問題を考えようとする人間の当たり前の態度でしょう。世界中が一丸となること自体、それはおかしいという考えが湧いてこずに、どうして、そこに合流しようと焦るのか。ましてや、一緒になろうとする相手は、京都議定書やダーバンでの世界人種差別会議などさまざまなところで「我が道を行く」「一人でやるんだ」と言ってきた米国のブッシュ政権です。ところが、今回のような事態が起こったら、「世界のみんなと相談する」「世界中がみんな我々に味方しているんだ」というような、そんな見え透いたかたちで態度を急変させる。民衆レベルで生じた甚大な犠牲を、あたかも「国難」であるかのように言って問題をすり替える傲慢な大国の政治指導者に、いったいどんな信頼がおけるのか。そう考えるのが、当たり前すぎる判断だと私は思います。ところが、マスメディアのなかの言論がただ一つの流れしかなくなってしまった時代において、登場する人間たちには批判的な精神のかけらも見られない。この退廃を、私はなにより痛感しますね。

（インタビュー日＝九月二一日夕、加筆・訂正＝九月二四日夕）

●「図書新聞」二〇〇一年一〇月六日

「善意」をすら気取る、底知れぬ悪意

「9・11」事件とその後の展開をめぐる報道を読む

ついに、米英軍がアフガニスタンへの空爆を開始した。この国の公共放送は、注意深くも「ビンラディン氏とタリバンの軍事根拠地への空爆」と表現している。そうか、ようやくテレビの画面にも登場するようになったアフガニスタンの「無辜の民」に、この攻撃は及ばないための繊細な心遣いがされていることを、NHKは言いたいのか。ブッシュとブレアは、何というありがたい慈悲心の持ち主なのだろう。「アメリカ合州国国民より」と上書きされた人道援助品なる袋も、爆弾とは別に投下されているそうだ。人は、どんな苦しいときでも、尊厳や自尊心を失わずに生きていたいと思うものだろうが、飢えのあまりに、ほかならぬ爆弾を落としている人間たちから投下されてくる食糧・医薬品入りの袋にとびつく人びともいるだろう。必死のその行為を嗤うわけには、もちろん、いかぬ。それを奪い合う貧しいアフガニスタン民衆の姿を世界に向けて映し出したいのか。それが、ターリバーンの圧政の証明になるとでもいうのか。「善意」をすら気取っているらしい、米国政治指導部の悪意の底知れぬさまに、言葉がない。それに無批判に追随するNATO諸国・日露中などの大国首脳と「国際世論」なるものにも。人間としての想像力を決定的に欠いたこの連中のやり口を日々見聞きしていると、平常心が失われてくる。

この事態のなかでやるべきこと／言うべきことはたくさんあるが、ここではまず、「9・11」から今日に至る過程でなされたいくつかの言動を記憶しておきたい。主として、この社会において、報復戦争に加担し、これを煽った言動を、である。ペルシャ湾岸戦争と地下鉄サリン事件、そしてペルー大使公邸占拠事件などの経験を経て、ああここまで「好戦的な」言論が幅を利かすようになったかとの思いが深い。誰にせよ、個人の力の範囲では見過ごすものもあるだろう。さまざまに記録されたものを集積して、今となってはせめて、来るべき「戦後」のために役立てたい。

もっとも目立つのは、「相対論」（＝「どっちも論」）こそ危険だとする考え方である。この論者からすれば、「テロも悪いが、それを報復戦争で迎え撃つのも悪い」とか「ターリバーンもひどいが、だからといって米国が正しいわけではない」という議論に苛立っているようだ。この手の立場を表明した文章は枚挙にいとまもないが、毎日新聞一〇月三日付「タリバンも米国も悪か？」（論説室・高畑昭男）や同七日付「相対論に決別を」（外交評論家・岡本行夫）などが典型的なようだ。相対化の議論は「テロ」を正当化するものではないが、高畑の議論は混乱をきわめており、相対化は正当化だと捉えている。だが、「テロは絶対悪だから、相対化できる主義も倫理も価値もない」。高畑は、テロとは何かを考えることもなく俗論を展開する〈論説委員〉である。ニューヨークの摩天楼を破壊した行為がテロだとすれば、イスラエルがパレスチナ人の土地で繰り広げている行為は何なのか、米英軍がいまなおイラクに対して断続的に行なっている空爆は何なのか。いままさに、最貧国のアフガニスタンに対して、より高性能な殺戮兵器の開発・生産と販売で、経済力の少なからざる一部を賄ってきた超大国が行なっている暴行は何なのか。

国家ではないある集団が行なう暴力の行使を「テロ」と呼び、国家主体が行なう暴力の発動をそう呼ばずに、先験的に「反テロ」とする基準はどこにあるのか。「テロ」という暴力行為と「反テロ」という暴力的な対応は、因果の関係で結ばれているのではないのか。もっとも先鋭な「反テロ」国家を標榜する米国とイスラエルで、なぜ、かくも「テロ」行為が頻発するのかを考える視点をもたない人間が、この国では大新聞の〈論説委員〉や外交評論家を務めて、大きな言論スペースを与えられている。

イスラーム専門家・山内昌之もいくつもの発言を行なっている。西欧とイスラームの「文明の衝突」にするな、という当たり前のことも随所で言っている。だが、その言論の基本を貫くのは、国際テロルに対し「日本の国民は政府とともに」対決しなければならず、日本の首相が米国大統領の言う「報復」を「理解する」といった人ごとの姿勢に終わらず「支持する」と述べたのはよかったという立場である（九月一六日付毎日新聞「米同時多発テロと日本」および九月二一日付読売新聞「世界の危機と日本の責任」など）。山内が肯定した首相の言動の延長上に、自衛隊のパキスタン派遣や「テロ対策特別措置法」があることは言うまでもない。一定範囲の歴史的・論理的な展開を行なう文章も書きつつ、他方でデマゴギーを駆使して世論を悪煽動するという二重基準をもつ立場は、この男のなかで定着した。ペルー大使公邸事件でフジモリが行使した「国家テロ」の発動を、何の留保もなく全面的に支持した山内らしい〈現在的末路〉だと言える。

朝日新聞の混乱も目立つ。船橋洋一の立論のごまかしには、もはや触れる必要もないだろう。米国の軍事作戦について「報復が報復を呼び、事態がさらに悪化する」ことを憂えていた当初の立場から、徐々に微妙な変化を見せはじめた社説、社会面における煽情的な報道姿勢、反戦・非戦の運動の紙面化の少なさ、などが異常なまでに際立つ。

最後に、マスメディアのなかにも、上に見た主流とは違う立場の発言も、少数ながらあったと言っておくべきだろう。TBSラジオ毎土曜日放送の「永六輔その新世界」では、「9・11」以降、コーランを流したり、イスラーム教徒だった故ロイ・ジェームスの思い出を語ったり、精神科医・北山修が「いまは戦争をしたくないという気持ちが言えない。報復しなくちゃという怒りの情緒ばかりが出てくる」と言ったりもしていた。衝動的な映像の力に頼ることのない、ラジオのこの内省的な力に注目したい。また活字メディアでも、いくつかの記事が光った。一〇月七日付東京新聞はアラブ・イスラーム世界の「日本観」を取材し、「米軍の信頼を得るために、失う恐れがあるもの」について伝えた（カイロ発島田佳幸）。名前は逐一挙げないが、現地事情をよく知るペシャワール会の中村哲医師が米軍の武力行使や自衛隊派遣を批判する発言や、世界各地における反戦・非戦の運動を丹念に追う報道もあった。このような報道を行なう人の数は、あまりに少ないがゆえに、記者の名前を覚えてしまうほどだとしても。

●「派兵ＣＨＥＣＫ」一〇九号、二〇〇一年一〇月一五日

罌粟《けし》とミサイル

「9・11」とその後の事態をどう捉えるか

1

「一種の残酷な興奮を覚えた」と、旅先のミラノで「9・11」の現実をテレビで観たという松浦寿輝は書いている（毎日新聞一〇月二日付夕刊）。正確に引用すれば、「地に溶け入るように崩れ落ちてゆくワールド・トレード・センターの映像を繰り返し見つづけながら、脱力感や恐怖と同時に、一種の残酷な興奮をも覚えたことを私は隠そうと思いません」。私もまた東京にいて、はるか遠いニューヨークとワシントンの出来事を、それが起こっている同時刻にテレビで見ていて、言葉にはならない興奮をおぼえていた。世界貿易センタービル北塔へ一機目の航空機が激突したときはテロップで流れただけで、咄嗟には意味がわからなかった。一五分後、聳え立つ同ビル南塔に二機目が突入したときに、これは大変なことが起こっているのだと思い始め、さらに四〇分後、三機目の航空機がペンタゴン（国防総省）に突入したというニュースが流れたときに、明らかに政治的・社会的目的をもった連続的な行為なのだろうと思い始めていた。米国の軍事政策の管制塔と言うべきペンタゴン突入のニュースには、思わず「やったなあ！」という気持ちがしたことも隠さないほうがいいだろう。

時間の流れの順序は、いまとなってはよくわからない。だが、世界貿易センタービルの上層階からまっさかさまに落ちてゆく人の姿や、崩れ落ちてゆく高層ビルの様子が目にとびこんでくるにつれ、映像の衝撃性と逆行するように、だんだんと醒めて、蒼褪めてくる自分を自覚しないわけにはいかなかった。「いったいどれほどの人がそこにはいたのだろう」

こうして、大事件の発生を告げる最初のテロップが画面に映し出されてから一時間を超えない時間の流れのなかで、私の意識は、好きではない昨今のハリウッド製アクション映画を見ているような非現実的な空間から、起こりつつある事態のあまりの重大さや事件現場での人びとの存在を実感する現実的な地点へと移っていった。人が天から降るように落ちるさまや崩壊してゆく二層ビルを眺める私が「醒めて、蒼褪めて」いったのには理由がある。

冷静にこの事態の意味を捉えようと思うにつれて、私は、一九七四年八月三〇日、東京丸ノ内の三菱重工ビルで起こった事件を否応なく思い起こさずにはいられなかったのだ。

2

東アジア反日武装戦線「狼」部隊は、二七年前のその日、三菱重工本社前に時限爆弾を設置した。「狼」はそこを「戦前・戦後とも死のメーカーとしての代表企業であり、戦時中は朝鮮人民を強制連行して多数を酷使し、広島と長崎では五千人におよぶ彼らを被爆させながらその補償も行なわず、いままた韓国に経済侵略を行なっている日本の中枢企業」であると規定していた。[1] しかし「狼」は、三菱重工に働く人びとを殺傷する意図はもたなかったから、事前に同ビルに電話し「避難せよ」と警告した。たしかに彼らは、人身の殺傷ではなく、あくまでもビルそのものの象徴的な損壊のみを意図していたと私も考えている。だが、生じた結果はちがった。仕掛けた爆弾の威力は、設置者たちの思惑をはるかに超えており、一一階建ての同ビルの窓ガラスは一枚残らず砕け落ち、爆風も強烈だった。ビルに働く人びとや通行人のあいだに、死者八人、重軽傷者三八五人が出た。

この無惨な結果に、実行者たちがどんなに打ちのめされるような思いをいだいたかについては、現在死刑確定囚として東京拘置所に在監しているふたりの行為者たちの手記と、彼らの生き方を実録風に客観的に描いた松下竜一の作品に詳しい。[2] 茫然自失となるほどの衝撃をうけながら、しかし実行者たちは、自ら開始した闘争の「士気を阻喪させないために」居直りの声明を「狼通信第一号」として発表した。「三菱は、旧植民地主義時代から現在に至るまで、一貫して日帝中枢として機能し、商売の仮面の陰で死肉をくらう日帝の大黒柱である。今回のダイヤモンド作戦は、三菱をボスとする日帝の侵略企業・植民者に対する攻撃である。〝狼〟の爆弾に依り、爆死し、あるいは負傷した人間は、『同じ労働者』でも『無関係の一般市民』でもない。彼らは、日帝中枢に寄生し、植民地主義に参画し、植民地人民の血で肥え太る植民者である」

「狼」のメンバーは、のちに、三菱重工ビルでの行為はもとより、この声明文についても、厳しい自己批判を深める。

「いつか結びつくべき人々、そして権力の弾圧から防衛すべき人々を見失い、殺傷してしまった。ぼくらの誤りは、厳しく糾弾されなくてはなりません。ぼくは、繰り返し自己批判を深めています」

私は、「狼」をはじめその後生まれる「大地の牙」「さそり」などから成る東アジア反日武装戦線の思想と行動に大きな関心をいだき続けている。彼らは、一九七〇年代前半という早い時点で、近代日本による植民地支配と侵略戦争の責任と補償をめぐって、深い問題提起を行なった。その彼らを、「象徴たる昭和天皇の暗殺計画をたてていたこと」「三菱重工爆破事件で殺意を有していたこと」などを理由に、死刑や重刑に処するのは不当なことだと考えている。それだけに、私は、ニューヨークでの出来事をテレビで観ながら、三菱重工ビル爆破に始まり、翌年の彼らの逮捕を経て今日に至る二七年間に起こった、いくつもの関連する出来事を次々と思い起さざるを得なかったのだ。

三菱重工の死者の存在が重くのしかかった彼らは、「死者への償いはできないが、せめて自分たちも死を賭して活動する」との思いから青酸カリのカプセルを所持した。そして、新旧の植民地主義支配と侵略戦争の責任を問うとして、その後も一連の企業爆破行動を続けた。その行動形態については賛否の立場が厳しく分かれようが、少なくとも彼らの行動を支えた思想の意味は、近代日本による植民地支配と戦争犯罪、そしてそれが償われてこなかったという現実に照らして検証されなければならないと私は思い続けている。

だがマスメディアには、初期報道の段階から、「狂気の無差別テロ」「人間の仮面を被ったオオカミ」などの煽情的な表現があふれかえった。恐怖と憎悪と報復のみを煽る報道がなされたことによって、どんなに衝撃的で悲劇的な出来事であっても、それを社会的・政治的な文脈において冷静にかえりみるという態度は、社会総体に共通のものとはならなかった。今回のニューヨークとワシントンの出来事をめぐっても同じような経過をたどるのだろう、しかも世界的な規模で、との暗い予感がしていた。

3

米国における目前の出来事に、日本での二七年前の出来事を瞬間的に重ね合わせて考えた私は、その数時間後には、ふたつの行為の実行者のあり方には大きなちがいがあると考えるようになった。先に触れたように、「狼」のメンバーは、三菱重工ビルにおける自分たちの行為によって死傷者が生まれたことに、それが意図しないことであっただけに、深い衝撃と痛みを受けた。上に触れた手記からそのことはわかる。また、それから七年間の時間が経過した段落での次の事実にも、そのことははっきりと表わされている。一九八二年一〇月二九日、七年前に逮捕されていた彼らに対する東京高等裁判所での控訴審判が下された。第一審に続けて、ここでもふたりのメンバーに対する死刑判決が下りたのだが、予想されたこの判決に抗議するためか(行為者のメッセージが発せられていないので、真偽のほどは正確にはわからない)東京南部集中郵便局で偽装小包爆弾が爆発し、二名の局員が重傷を負った。メディアは一斉に「控訴審判決に抗議する無差別報復テロだ」との報道を行なった。獄中でそのことを知った死刑囚のひとりは、三菱における自分たちの痛ましい失敗が教訓化されていないと自責して下血し、病舎に移された。

「狼」は或る行為を実行し、それが意に反する思わぬ結果をもたらしたときも、自らの行為は正しかったとする「居直りの」声明文を公表した。やがて逮捕され、もろもろの事実が明らかにされるにつれて、真意と自らの過ちについて語るようになった。どんな失敗も成功も、ギリギリの地点まで人びとの前に明らかにされることによって公的に議論は起こり、関心をもつ者は、さまざまな角度から「事件」の全貌に接することができるようになった。共感、批判、判断停止――いずれの立場をとるにせよ、そこで提起された問題の意味を考え抜く条件は、誰にとっても成立している。

それに比べると、世界貿易センタービルやペンタゴンにハイジャック機ごと突入した一九人の人びとは、もう生きてはいない。その行為の目的を公然と語ることもなければ、それが自分たちの立場から見て成功だったのか失敗だったのかを人びとに明らかにすることもない。もし首謀者なり共謀共同正犯者がいるとして、その人びとも沈黙を続けるならば、真相は永遠の闇に包まれたまま、終わる。私たちは、世界史的に見ても重大なこの事件の意味を、憶測と想定によってしか、捉えることができないのか。

他方で、中枢部に重大な攻撃を受けた米国の政府は、早い段階から「犯人」集団と首謀者を推定し、やがて特定した、と語った。「すべての国はわれわれの味方になるのかテロリストの側につくのか、どちらかを選ばなければならない」（九月二〇日、上下両院議員会議でのブッシュ演説）と居丈高な恫喝を行ないながら、その証拠なるものは、世界全体に対しては示されていない。英国政府が、おそらく米国政府の意を体して一〇月四日に公表した「九月一一日米国テロの責任」なる報告書を読んでも、「犯行はアルカーイダとイブン・ラーディンによるものらしい」とする状況証拠が山積みされているだけである。しかも米国大統領は愚かにも、「テロリスト」集団に対する「戦争」を、米国内ばかりか全世界に煽動した。

米国社会はいま、たしかに、深い悲しみに包まれているのだろう。とりわけ無数の犠牲者たちの家族・友人たちの、心の痛みは深いだろう。それでも、長く続く喪の時間のなかで、人びとは次第に心を癒す機会を得るだろう。そして「犯行者たちは許しがたい」という思いは当然消えないにしても、いつか事件の客観的な全貌を知るときもあるだろう。そのときこそ米国社会の人びとが、抱えてきた自分の苦しみや悲しみや怒りは、世界各地の人びとが戦火のなかで抱えた苦しみや悲しみや怒りと同じであること、しかもその戦火の多くが米国政府の自己本位の外交政策によって人為的に生み出されてきたものであること――を知るときもあろう。不幸な事件が、人びとの心のなかで「解決」の時を得るのは、長い過程であり、それはどうにも仕方のないことなのだ。

だが、米国の大統領は、喪の時間は一刻ももたないようだ。否、もちたくないようだ。彼にとっては、自ら言う「イブン・ラーディン一派による狂気のテロ功撃」は、「西部開拓史」以来「戦争！」というと興奮して挙国一致となる米国社会の特質を生かして「戦争」にまでもってゆき、軍需産業も振興させ、この際だけは孤立主義政策を止めて全世界を「反テロリズム」で結束させ、かくして、不振をきわめていた支持率を飛躍的に上昇させることを可能にする〈神風〉だったのではないか。

4

東アジア反日武装戦線の人びとの救援活動の現場にあっては、ときどき、激烈な議論が起こった。獄中の人びとが三菱爆破に関わる自己批判を行なうと、在日アジア人のなかからは、「日本帝国主義本国人は、その罪万死に価するのだし、ましてや三菱ビルなどに出入りしている人間が犠牲になっているのだから、自己批判の必要はない」という意見が救援集会の場で語られたこともあった。その場は凍りつき、誰もが発言できなくなる。何度かにわたるそんな経験を経て、私は一九八六年に「運動の論理のなかで相まみえるために」という小さな文章[3]を書いた。人間が、状況のなかで／運動のなかで可変的であることを信じないかぎり、植民地支配や侵略戦争の問題をめぐる被害者—加害者の関係は固定されて、討論の契機すらつくりだすことはできない。上の言葉のような「報復」の論理がそれ自体として固定化されてしまうと、批判者と被批判者の間に新たな関係性が生まれる可能性が断たれてしまうと主張しつつ、しかしこの問題についての日本社会の無自覚状況を見ると、私たちが「運動の論理を媒介に」と力強く主張できる道は遠い——と自戒する文章だった。この文章を書いて以降、自らが関わりうる範囲で、この問題意識を理論的・実践的に深めたいとは思い続けてきた。

今回の米国での行為主体は、「米国人であるかぎり、その罪万死に価する」という「議論」の枠内に自らをおいているように見える。その行為が、論理的に／運動論的に／倫理的に、「人間解放」に向かいうる可能性を孕むものであるか否かという問題意識を、そもそも持たぬ地点で生まれた行為だと思える。世界各地に経済的な歪みを生み出している「グローバリゼーション」の頂点に位置するものとして、世界貿易センタービルは、おそらく象徴的な「標的」に選ばれたのであろう。入居企業一覧で見ると、ここにオフィスを構えるとは背伸びしているなと思わせる企業名も散見されるが、たしかに世界の金融市場を自らの経済力にまかせて牛耳るトップクラスのエリートたちが大勢いただろう。同時に、巨大ビルには通例のことに、保全管理人・清掃人・レストラン従業員・地下街のホームレスの人びとなど、外国人の移住労働者や米国内の最貧層の人びとが多数いることも自明のことだ。行為者たちは、米国の一元的な世界支配によって抑圧されていると自分たちを位置づけていたと推定してよいと思われるが、そうだとすれば、彼らが、産業先進国のエリート層の可変性についても、自分たちと他地域の貧困層との連帯可能性についても、思いをめぐらせた痕跡が見えないことが無惨なことだと思える。

私が、米国の大統領によって「イスラーム原理主義者」による犯行だといち早く断定された今回の行為に、(主体が誰であれ) 終末論的な底知れぬニヒリズムを感じざるを得なかったのは、死者を伴うこともある暴力的な政治・社会闘争を選択するにあたって、上に見たようなふりかえりを彼らがまったく行なっていないと思われるところからくる。ＦＢＩ(米連邦捜査局)によって犯人だと断定された、男ばかり一九人の人びとは、自らの死をも前提にした作戦を実行したが、自分たちの行為がハイジャック機の乗客を含めて数千人の人びとを「道連れ」せずにはおかないことは、理性的な理解の範囲内にあったと思われる。それを知りつつ、なおその行為を選択できるためには、私の価値観からすれば、人は「善悪」の判断を超えた地点で発想する境地に自分をおいていなければならない。「9・11」の事態を捉えて、私が、オウム真理教に属する一部の信者たちが行なった行為、とりわけ地下鉄サリン事件を発想し実行できた人びととの類似性を思ったのは、その地点において、である。それはいったいどのような境地であるのか。人によっては、それを現行秩序に対する「絶望」から生まれた行為と名づけるかもしれない。仮にそれに同意するとしても、私は、その絶望感が、世界の終末を自らの手によって引き寄せようとする「強烈な意志」によって裏打ちされていたと思うほかはない。

5

だが、ここまで徹底したニヒリズムには、仮に否定的な媒介としても何か大事なことが秘められていると、私なら考える。それは、オウム真理教に対する社会を挙げての非難や排斥からは離れて、私がオウム問題を考えようとしてきたこととも関わっている。

こうして、私が「9・11」の行為者にいくつもの疑問点をもつとしても、一九人のアラブ地域出身の若者たちが抱えこんでいたニヒリズムには、その内面は知らずとも、客観的には根拠があると思える。一九人のうち一四人はサウジアラビア王国の民であるか、少なくとも地域的な特徴をもつ名を有しているとされている。この特権的な王侯を支えて、社会の非民主主義性にも目を瞑ってきた米国は、湾岸戦争以降サウジアラビアに軍隊を駐留させている。軍事力を背景に石油資源を担保するというのがその政策路線だが、王族の安定した豪奢な生活は、「異教徒」たる米国の存在によってこそ確保されている。それを批判するにも、反対勢力そのものの存在が許されない体制下にあっては、批判活動は必然的に地下に潜る。サウジアラビア王国で地下に潜った運動やニューヨークの事態と、イブン・ラーディンその人がどれほどの関係を有しているかは不明としても、イブン・ラーディン的な反米姿勢が、現状に不満を持つ民衆の見えざる支持を受けるというのは、見え易い道理である。イブン・ラーディン個人の身柄を「生死を問わず」確保することをひとつの目標としている米国は、今回のアフガニスタン爆撃という行為によって、第二、第三のイブン・ラーディンを、ほかならぬサウジアラビアで生み出すことになりかねないことを、知らない。

イブン・ラーディンの閲歴とふるまい方を見るかぎり、アラブの民衆が彼を偶像視したり、過大な期待を寄せても、それは幻想に終わるのではないかというのが、私の正直な見方である。「十字軍」を呼号するブッシュ（すぐ取り消したらしいが）と、「聖戦」と叫ぶイブン・ラーディンは、互いに相手を必要としていて、持ちつ持たれつの関係のように思える。

6

一〇月七日、米英の「富国同盟」軍が「反テロリズム」の名目で、最貧国アフガニスタンを爆撃し始めた。イギリスは近代植民地支配史の過程で、米国は現代の政治・経済・軍事的ヘゲモニー争いの過程で、この地域一帯に社会的・経済的に不安定な状況を生み出したという大きな責任を有する国である。NATO諸国はもちろん、イスラームとの関係では脛に傷もつロシアも中国も、無批判的にこの「富国同盟」に加担している。重慶爆撃、真珠湾奇襲、（現首相の好きな）

特攻隊、七三一部隊など、「無差別大量殺戮」「テロ」「生物・化学兵器」などの分野で、その時代の新しい軍事技術をめざましく開発してきたこの国は、それらの戦争犯罪の清算も済ませないままに、新しい戦争に踏み出した。

心落ち着かぬまま、無性にアフガニスタン関係の本を読みたくなる。歴史家・岩村忍、ペシャワール会の医師・中村哲、画家・甲斐大策などの本を日々読む。一八五七年に書かれたエンゲルスの「アフガニスタン」論なる古証文まで出てきた。今年『カンダハール』という映画を作ったイランの映画監督、モフセン・マフマルバフによれば、アフガニスタンは「映像のない国」だというが、テレビには少しだけ、人びとの顔と荒涼たる大地が映るようになった。この理不尽な爆撃をきっかけに、ようやく。

このわずかな映像と本から、見知らぬ人びとと土地の様子をさまざまに想像してみる。標高の高い山々、「壮大な」とまで言われる民族的多様性、国家意識なく自然体で住まう人びと、チャイハナ（茶館）でチャイ（茶）を楽しむ人びと、仏像亡き後のバーミヤン渓谷、楽器、音楽、ごく自然に嗜《たしな》まれるハシッシュ……。阿片がとれる罌粟《けし》も多く、米国、トランダ・インドなどで消費されるという。これらすべての「生」の上を、ミサイルという名の「テロ兵器」が飛び、落される。

コロンビアの麻薬マフィアの首領はかつて「コカ栽培と麻薬の輸出は米帝国への復讐戦争」と嘯《うそぶ》いた。「テロ兵器」＝ミサイルと「無差別大量殺戮」としての空爆に「復讐」するためには、「死に至る毒」＝麻薬を米国に送り届けるしかないと考える人が、万一生まれたとしても、それを原理的に批判しうる倫理の基準を、私たちは持ち得るだろうか。最貧国の民をなぶり殺すような「富国同盟」の一方的な戦争が現実化し、私たちがそれを阻止できぬままに傍観している以上、その基準は失われていると、私は思う。

註

（1）東アジア反日武装戦線ＫＦ部隊（準）著『反日革命宣言』（鹿砦社）

（2）大道寺将司著『明けの星を見上げて』（れんが新房新社）。片岡（現・益永）利明著『爆弾世代の証言』（三一書房）。松下竜一著『狼煙を見よ――東アジア反日武装戦線狼部隊』（河出書房新社ほか）。これ以降の文章での引用も、基本的に『明けの星を見上げて』からなされている。

（3）私の著書『鏡としての異境』（影書房）所収。

●「インパクション」一二七号、二〇〇一年一〇月

「自衛隊が外国へ行くのは、外国を知るよい機会」

学生たちのアフガン戦争論を読む

このところ、若い人びとを前に「いま世界で起こっていること」について話す機会が立て続けにあった。最初は某大学の学部学生と院生四〇人ほど前に、二度目は某予備校学生一三〇人ほどを前に。ふだんの私にはない経験で、面白くも複雑な思いがした。大学ではチェ・ゲバラの話がテーマだったが、最後には米国主導のアフガニスタン戦争の不当性と自衛隊の海外派兵の重大な過ちに触れた。質疑の時間になって、ひとりの学生が発言した。米国生活が長く、米国の多くの若者が軍隊経験をするのを見てきたという彼は、その知見に基づいて、自衛隊が外国へ行くのは、個々の隊員が外国をよく知る機会になっていいのではないかと、悪びれることもなく言った。

底意地の悪い質問なら、それなりの対応の仕方はある。彼は、見た目、そういうタイプではない。心底思った気持ちを率直に言っている。まともに答えるべきだと思った。「ここにいる四〇人ほどの人間は、意思的に人殺しをすることはできない。軍隊に入る、君たちと同じ二〇歳前後の若者も、日常の感覚そのままでは意思的な殺人者にはなれない。軍隊は、〈敵〉と認めた相手なら意思をもって殺すことを厭わない人間に、兵士を育成しなければならない。軍事的な訓練だけでは、それはできない。精神的な訓練をしなければならない。米国海兵隊への入隊経験がある人が語っているように、例えばどんな人にとってももっとも身近な、親しい存在である女性としての母親を侮蔑できるような言葉を吐き、ふるまいができる人間へと変えること。〈あいつを犯せ〉とまで言えるまでに。そのように他者を侮蔑し、その生命を蔑ろにできるまでに鍛錬された兵士が、異国のどこ構うことなく爆弾を落とし人を殺すために派遣されているときに、それがいったいどうして〈外国をよく知る〉契機になるだろうか。アフガニスタンで行われている戦争や、これに参戦するための自衛隊派兵の問題を、そのような具体性に基づいて考えてみてほしい」。当の学生がどう受けとめたかはわからない。

予備校では、今回の戦争を推進している側の本音として見え隠れする「文明と野蛮の対立」という捉え方をどう見るかについて話した。米国大統領と英国首相の言動を見聞きしていると、自分のこころの内に否応なく頭をもたげてくるアングロサクソン人に対する〈人種的偏見〉とたたかいながら、話した。受験をまじかに控えた高校生も多く混じる学生たちは、人前での質疑の時間にはあまり発言せず、講義が終わった後の個人面談の列に大勢並んだ。戦後五六年間、戦争に直接関わるような国軍の海外派兵を幸うじて行わないできた日本が、なぜいまになって行うのか。南北問題に関心があるが、アフガニスタンの人びとにむかって、いま何ができるか。報復戦争は間違っているとして、「テロ」にはどう対応すべきなのか。自分の周りには今度の戦争に賛成している人はほとんどいないのに、どうして政府やマスコミが言うことは正反対になってしまうのか——疑問は次々と沸き起こってくるようだった。軍事・政治・社会の評論家たちの好戦的な言動に呆れ果てている身には、十代後半の若者たちとの問答は楽しかった。もちろん、四年前にぺルー大使公邸人質事件について同じ予備校で話したときのように、「テロリスト・シンパの太田が、わが予備校に来た」とネット上で報告するような学生が、今回もいたにちがいないが。

さて、こんな経験をした後で、例によって諸々の月刊誌を読む。私とちがって毎日のように若者たちと接している幾人もの大学の教師が「9・11」とその後の出来事について書いたり語ったりしている。「中央公論」一二月号では「学生たちの米国テロ論争」と題して、橋爪大三郎が東工大の学生と、阿川尚之が慶大の学生と討論している。他のメディアでも冷静な米国批判を行なってきたイランからの留学生、アレズ・ファクレジャハニをはじめテロの定義をめぐってまっとうな疑問を提起する学生に、橋爪は「テロは悪」「テロに対する戦争は善」という捉え方を自明の前提として譲らない。論議が深まるどころか、改憲論を主張する橋爪は「国会の憲法調査会が、改正を前提に、地道に議論している」などと、調査会の真相を知る者は白けるほかはない台詞を堂々と吐く。『海の友情――米国海軍と海上自衛隊』（中公新書、二〇〇一年）という奇書の筆者、阿川の言動も予想どおりで、「テロの犯人の引渡しに応じない国があるときに、戦争以外の解決の方法があるか」と学生相手に息巻くばかりだ。ペルー前大統領フジモリの日本居座りを批判する私たちのあいだでは早くから、犯人引渡しのための武力行使が国際法上認められるならば、ペルー政府がフジモリの引渡しを要求して国軍を動員し、同人を匿うに功ある曽野綾子、石原慎太郎、徳洲会の徳田などの屋敷や皇居・国会を爆撃したり、特殊作戦に長けた地上部隊を上陸させて、紀尾井町の最高級マンションに潜むフジモリを逮捕することも可能になるな、と話し合われていた（哲学者で、鳥取環境大学学長の加藤尚武が、同じ趣旨のことを「ＳＥＮＫＩ」一一月一五日号で語っており、共感する)。

阿川はほかにも、学生が提起するまっとうな疑問を、およそ論理的な水準を外れた「反論」で圧し潰す。「アメリカがいつも正しいとは思わないが、今度ばかりは全面支持しかない。そう思うのは、少数派なのだろうか」と、マスメディア報道のあり方に反して、少数派を気取る。学生との、見せ掛けの「対話」方式は、客観的に崩壊している。殴りかかる学生がいなかったものか、と訝しく思われるほどだ。

「論座」一二月号には、神戸大の五百旗頭真が「狂気と破壊を超えて」を書いている。「テロ」攻撃に対し「国際公益を体して戦う時のアメリカ」を讃え、米国無条件支持を当初から打ち出した小泉を評して、「明快な表現力のある首相を持っていたことに、日本は救われた」とする論文である。「日本政治外交史」を専攻する大学教師の論理と倫理の水準はこういうものか。「軍隊が外へ行くことは、兵隊が外国を知るいい機会ですね」と言う学生がいても、この連中は「そうだとも」と言って済ませるのだろうな、と思ったことだ。
●「派兵チェック」一一〇号、二〇〇一年一一月一五日

人を傷つける現実よりも、武器の「精度」を報道するメディア

BBC放送の自主規準

立教大教員で、メディア論を専攻する門奈直樹は、いまロンドンにいる。彼は、9・11米国中枢攻撃とアフガニスタンに対する報復戦争をめぐるイギリスのメディア事情について、興味深い報告をしている（『しんぶん赤旗』二〇〇一年一二月一三日付）。米国に同調して報復戦争に一貫して積極的な関わりをしているイギリス首相ブレアは、当然にも、メディアの報道規制を考えたが、BBC放送は機先を制して自らガイドラインを公表した。敵意を煽るような報道はしない、政府の情報が信頼しうるかどうか常に確認する、軍人専門家には将来の軍事行動を予測させる発言をさせない、感情がこもるテロリズムという言葉は使わず「攻撃」という表現を用いる、「わが軍」ではなく「英国軍」を使う――などの項目から成るものらしい。また、ジャーナリスト労組は「戦争反対メディア労働者」という組織をつくり、毎週、戦争報道を考える討論集会を開いているという。これは、よく言われるように「戦争の最初の犠牲は真実だ」との自覚に基づくもののようだ。

実際になされているBBCの放送がどういうものかは知らない。だが、このような自主的ガイドラインが設定された以上、イギリスにおける「9・11」攻撃／アフガニスタン戦争報道は、米

国や日本の視聴者・読者が否応なく向き合っている報道とは、その質を大きく異にしていると思われる。異様なまでに好戦的に高揚しているブレア政権とは違う顔をした、もうひとつのイギリス社会をそこに見ることができる。インド洋に派遣された自衛艦隊を「わが軍」と呼びかねない勢いのこの社会から見れば、イギリスにおいて自己を対象化しうる呼称「英国軍」を使うこと自体が、人びとが国策と安易に一体化しないための、ひとつの歯止めになるかもしれないことが実感される。

ひたすら煽情的な報道に明け暮れた当初に比べると、少しは落着いてきたかと見える日本のマスメディアの報道だが、たとえばNHKニュースに典型的なように、米軍が洞窟攻撃に使用している燃料気化爆弾（別名「デイジー・カッター［雛菊刈り］」）を、兵器としての残虐性には触れずにもっぱらその「効率性」において解説するあり方は、相変わらず続いている。イスラマバードには日本のジャーナリストも大勢行っているが、一一月二二日付の現地紙が報じたクラスター爆弾の悲惨さを伝えたのは、前出「しんぶん赤旗」だけだったと思う。同紙によれば、アフガニスタン北西部ヘラート村に落とされたクラスター爆弾によって「まきを集めていた一二歳の少年が同爆弾に触れ、左腕の骨と指がこなごなになり悲鳴をあげながら帰ってきた」（一一月二三日付）。メディアにとって重要なのは、兵器の「精度」であって、人を傷つける悲惨な現実ではないのだろう。「9・11」報道との温度差を感じざるをえない理由である。

その延長上には、一一月下旬、「北部同盟」が制圧したマザリシャリフの捕虜収容所で起きた暴動に対して、米軍の空襲を含めた「鎮圧作戦」が行なわれ三〇〇人以上の死者が出た事実についてのきわめて軽い扱い方がある。そこには、戦争における勝者と敗者（捕虜）、三〇〇人以上の「テロ加担者」の死とひとりのＣＩＡ要員の死の対比、悽惨だったであろう鎮圧作戦の現場を撮影しようとするジャーナリストに「撃つぞ！」と脅す米軍兵士など、戦争と戦場をめぐるいくつもの重要な問題が孕まれていたと思われる。当時マザリシャリフに入っていたジャーナリストは相当な数に上っていたはずだが、詳細な報道はなされていない。米軍の報道管制が厳重をきわめたことも考えられるが、一連の報道姿勢から見ると、（現場にいた個々の記者の思いはともかく）制度としてのジャーナリズムの価値観が如実に現われていたのだと思われる。

朝日新聞朝刊に断続的に掲載されている「テロは世界を変えたか」は、世界各地のさまざまな声を伝えて貴重だ。報復戦争をめぐって社説がぶれ、社会面での戦争煽り報道が目立っただけに。一一月二八日付ではチリの作家、アリエル・ドルフマンが「米国はなぜ嫌われるのか」を語っている。ドルフマンらしく、もうひとつの「９・11」から語り始めているところに共感する。米国の支援を受けたチリの軍人ピノチェトらがアジェンデ社会主義政権を倒した一九七三年九月一一日のクーデタのことである。ラテンアメリカの人びとの多くは、この時以降なされた大量の殺人・行方不明・拷問の傷を記憶している。ニューヨークの事件が起こった日付である「11」という数字の形に、ツインタワーの形を重ね合わせて、かつての「11」を思い起すというのは、彼の地ではごく自然なあり方だった。米国人が、他にも数多くの「９・11」の悲劇があることを理解することが大事だと語るドルフマンの言葉は、容易には現実の米国社会に届かないだろうが、問題をそのような視角から語り続けることが重要だと思える。

一二月一一日付では、エジプト国立社会犯罪研究所顧問のアハメド・マグドゥーブが「アラブの足元にテロ原因ないか」と語っている。前半部でなされている米国批判は当然としても、彼は、アラブ諸国の政府がいずれも武力や不正な選挙で権力を握っており正統性を欠いていること、貧富のひどい格差をなくすためにも民主化が必要なこと、機会不均衡をもたらしているコネを根絶すること、海外投機に向けられているアラブの金を国内投資に向けるべきことなど、きわめて重要なことを内省的に語っている。

他にはごく最近では、一二月一五日付毎日新聞夕刊の古館伊知郎の「TV的職業病」の文章が光った。今回は米国の政策にほぼ世界中がつき合わされているが、個人レベルでは疑問ももって当たり前だという古館は、「かくまう奴はぶった斬るっていうのじゃ、ますます戦争がヤクザの出入り化するじゃねえか」といい、ブッシュをそっくりそのまま真似してアラファトの官邸やガザ地区を爆撃しているイスラエルへの危惧を語っている。米国にここまで付き合わされて、一向にストレスがたまった様子もないこの国も不思議だとする彼は、「もしかしたら我々日本人は、その反逆心の刃を自分の方に向けてしまう自虐性で、アメリカの逆鱗に触れる危険を回避しているのかもしれない」と自己省察する。

ここに引用した三者に見られる自己批評こそ、米国社会に決定的に欠けていることである。だが、ここにしか、この悪夢のような時代を乗り越えてゆく態度はないように思える。

●「派兵CHECK」一一一号、二〇〇一年一二月一五日

微かな希望の証し

二〇〇一年におけるマフマルバフの映像とテクスト

二〇〇一年、モフセン・マフマルバフはふたつのアフガニスタン論を発表した。ひとつは映画で、ひとつはテクストで。これらは、米英軍によるアフガニスタン攻撃という、思いがけない現実の出来事のなかで、特別な意味を帯びることになった。『カンダハール』という映画では、ターリバーン政権下の現代アフガニスタンを描き、社会習俗・衣裳・登場人物の会話などを通して、この社会の歴史的奥行きにも触れている。「アフガニスタンの仏像は破壊されたのではない　恥辱のあまり崩れ落ちたのだ」という文章では、ターリバーン政権によるバーミヤンの仏像の破壊という二〇〇一年の出来事を独自の視点で解釈して、アフガニスタンの社会構造と歴史過程の全体像を簡潔に示している。映画とテクストというふたつの表現方法は見事なまでに一体化し、目前に展開するアフガニスタンの悲劇を解読する一方法を、世界中の人びとに提供した。

マフマルバフは、アフガニスタンの人びとを苦しめている内戦・飢餓・餓死・旱魃などの現実に、世界が無知であり無関心を決め込んでいること、そしてこの現実を前にした隣人である自分もまたなすすべもなく無力であることに、同時代人としての苦悩を感じている。私たちも、苦しみのなかにあるアフガニスタンの人びとの頭上に、人を殺傷するという意味において精巧をきわめた爆弾が大量に落とされるという現実を前に、やはり無力感に苛まれながら、その映画とテクストを参照している。

私は、この間マスメディアの中で流された対照的な映像を思い出す。ターリバーン政権の崩壊後に、アフガニスタンの要衝には米英軍兵士が地上展開している。重装備したその姿は「文明」そのもののように見える。他方、敗残兵としてのターリバーン兵はボロボロの衣服をまとい表情もやつれていて、伝統的に描かれてきた「野蛮」の姿に酷似している。ターリバーン部隊の壊走が始まると、残存兵と最高指導者が潜んでいるかもしれない洞窟の捜査状況が報道される。「捕捉」「捕獲」「殺す」「殺戮」「生きていても死んでいても捕える」などという言葉が、当たり前の顔つきでニュース報道のなかで使われる。目標の洞窟入り口までコンピューターで誘導され、内部に奥深く入った段階で爆発し、効果的に人を殺すという新型気化爆弾の高性能ぶりが、こともなげに報道される。これは、「9・11」事件直後に開発が手懸けられた兵器だという。確かに痛ましい悲劇である「9・11ニューヨーク」事件は「野蛮な」イスラーム原理主義者によって引き起こされたが、それに「報復」するために開発される兵器は、「文明」の粋を集めているという価値観が、そこにはある。二一世紀初頭の現代に、「文明」と「野蛮」がここまで対照的に描きだされる映像と言葉を見聞きするとは、予想だにしなかった。

米国のふるまいと言葉遣いの傲慢さを見ていると、二百数十年に及ぶ米国建国史に刻まれてきたいくつもの歴史的な出来事を思い出す。先住民族インディアンに対する征服戦争、カリフォルニア、テキサスなどのメキシコ領土の戦争による取得、フィリピン、プエルトリコなどの植民地化、ハワイの併合――これらの膨張政策は、一九世紀半ばからこの国で唱えられている「神によって与えられたこの大陸にわれわれが拡大するという明白な天命《マニフエスト・デステイニー》」なる精神的な基盤の上に成立している。この天命を実現できるのは、世界各地に派遣している軍事力によって、である。米国が自信に満ちているのは、経済的な繁栄は軍事力を行使してでも獲得すべきだとする物質主義にも、ほかの国が持たない天命をわれわれは授かっているとする精神主義にも、何の迷いもないからである。これは、他の地域の人間からすれば、迷惑この上ない「使命感」なのだが、政治・経済・軍事・社会・文化的影響力など、どの面でも圧倒的な力を有して世界に君臨する超大国は、自らの実際の姿を映しだす鏡を持たない。

米国社会の人びとが、他者の悲しみや痛みを理解するような次元へと、転生を遂げること。「9・11ニューヨーク」は、別な名称をもって世界各地の各時代に存在すること、それには米国の対外政策が大きく関与していることを知ること。そうなるまでには、まだ長い時間が必要なのだろう。だが、待ってはいられない。人それぞれが、独自の方法で、自分と無数の他者が共にいる世界の来し方・現在・未来をふりかえる表現を見いださなければならない。

想像してみるといい。九月一一日のニューヨークでの出来事を報じる過剰なまでの情報のなかに、マフマルバフのこのふたつの表現が介入しなかった場合を。私たちは、内容的にきわめて一方的で、貧しい情報によりいっそう取り囲まれて、身動きがとれなくなっていたかもしれない。

もしこの世界が破滅に行き着くことなく永らえることができたとして、後世の人びとは、マフマルバフの映像とテクストを通して、二〇〇一年という危機の時代の本質を捉えることができるだろう。それは、微かな希望の証しなのだ。

●映画「カンダハール」パンフレット（オフィスサンマルサン）、二〇〇二年一月一二日

驕り高ぶる者の最低の悪意

「カンダハール発→グアンタナモ行」輸送機が孕む問題を読む

アフガニスタンのカンダハールから、キューバのグアンタナモへ。思いもかけない航空路が二〇〇二年一月一〇日、突然のように開かれた。飛んだのは、しかも、米空軍C17輸送機である。中には、アフガニスタンで米軍に「捕捉」されたターリバーン兵やアルカーイダのメンバー二〇人が乗っていた。彼らは目隠しをされ、手足をロープで縛られたうえ座席にも縛り付けられ、立つことも許されず、食事は米兵が口に運んで食べさせたという。続けて一三日には、三〇人のアルカーイダ兵を乗せた第二便が同じ航路を飛んだ。ここで「尋問」を本格化させ、「テロ」組織の全容を解明し、できることならイブン・ラーディンの居所を突き止めたいのだという。

米国国防長官ラムズフェルドは、昨年一二月末から、アフガニスタンに対する報復戦争で拘束したターリバーン兵やアルカーイダのメンバーをキューバにある米国のグアンタナモ軍事基地に移送する方針を語っていた。ここを選んだ理由は、ラムズフェルドの言によれば、「最悪を最小限にとどめる場所」であるからである。それ以上の詳しい弁明は、なされていないようだ。推測してみよう。米国政府としては、米国本土がいつ／いかなる攻撃（捕虜奪還作戦も含めて）にさらされるかもわからないという緊張した社会的雰囲気を持続させたうえで、万一の場合の被害が自らに及ばぬ地域を巧みに利用したい。その意味では、キューバにある基地は格好の場所である。キューバの世界政治における位置を思えば、アルカーイダといえども、キューバの領土内にある米軍基地を攻撃対象にして、カストロを窮地に追いやることは、よもやすまいという計算も働こう。

キューバ側の事情も忖度《そんたく》してみる。ロシアはソ連時代の一九六七年以来使用してきたルルデス基地からの撤退を昨年末に表明した。米国の衛星・軍事通信の傍受を担当するこの基地の使用料としてロシアは年二億ドルを、その多くを石油製品と機械部品の形で支払ってきたが、それが消える。「9・11」事件以降の世界的な観光旅行の手控えで、観光収入への依存度が高いキューバも大きな痛手を被っている。昨年一一月、革命後最悪の規模と言われるハリケーン被害を受けたキューバに対し、米国は食糧品の人道援助を申し出たが、キューバはこれを断ったうえで、食糧・医薬品を購入することを打診し、経済封鎖下では初めて民間食料会社からの穀物購入契約が成立したばかりである。これらの事情は、キューバ側には米国との緊張緩和に向けて、信頼関係を醸成するための積極的なサインを送る理由があることを証している。キューバ側が、アルカーイダ兵のグアンタナモ基地収容をめぐって、これを非難するどころか、「医療や不測の事態が起きた場合など、必要ならば協力する用意がある」とし、一五〇〇人の米軍兵士が増派される動きに関しても「わが国を脅かすものだとは考えていない」との政府声明をわざわざ発表した（二〇〇二年一月一一日）のには、上のような背景があると見るべきだろう。米国とキューバの政府レベルでは、第三者を媒介にして、関係改善に向けての秘密交渉が始まっているのかもしれない。

キューバ側にもそのような事情があるかもしれないと推測するにしても、ひとのこころを逆撫でするような米国の仕業である。世界中が注視しているアルカーイダの「捕捉」兵を、よりによって、四〇年間以上も敵対している国の内部になぜか確保している自国の軍事基地に輸送し、そこで「裁く」ということ。自分を絶対的に優位で安全な場所において、他者がもつ痛み、苦しみ、悔しさ、恥の部所をことさらに痛めつけること。米国のこのふるまいに、驕り高ぶった者の最低の悪意をしか、私は見ない。

カンダハールからグアンタナモへと向かう米軍輸送機のニュースを、マスメディアはどう報道しているだろうか？　一月一一日付け毎日新聞は「捕虜移送」を報じる記事の末尾に「グアンタナモ米海軍基地」という解説記事を付している。「米フロリダ州マイアミ南東約一三〇〇キロに位置する。米西戦争（一八九八年）で、スペインから独立したキューバが、独立闘争への米国の支援に謝意を表するため一九〇三年に米国に租借を認めた。米軍は租借料として年四〇八五ドル（約五四万円）をキューバに支払っているが、カストロ政権は返還を要求している。返還には両国の合意が必要」。以上がすべてである。私がたまたま見聞きしたテレビやラジオの複数の番組におけるグアンタナモ基地に関する解説も、大同小異の内容だった。短くても、仕方がない、本当のことが述べられているならば。

しかし、「独立闘争への米国の支援に謝意を表するため租借を認めた」だって？　いったい、この文言は、どんな歴史解釈から生まれてくるのだろう？　一九世紀末キューバ独立闘争の先駆けとなったホセ・マルティは、単にスペイン本国からの独立をめざすばかりか、「暴虐の北アメリカ」に抗してラテンアメリカ地域が「われらのアメリカ」として起つことに希望を賭けた。彼の死後も、独立闘争は続いた。同じくスペインの植民地であったフィリピンにおいても、独立闘争は高揚していた。米国がこの情勢を読み込んだうえで、スペインに対して宣戦布告をしたことは周知の事実だ。わずか四ヵ月で勝利した米国は、独立のためにたたかってきたキューバ人やフィリピン人を排除して、スペインとの講和会議を開いた。両国は、独立の準備ができるまで米国がキューバを軍事占領下におき、フィリピン、グアム、プエルトリコは米国に売り渡すことで「合意」した。米軍政下で、下からの独立をめざすキューバの諸勢力が解体され、独立が上からお仕着せのように与えられる形になったことは、言うまでもない。一九〇〇年、米国議会は、キューバに対する米国の内政干渉権、キューバが諸外国と自由に条約や債務契約を結ぶことの禁止、キューバが米国に海軍基地を提供することなどを定めた「プラット修正法」を可決し、これらの条項をキューバ憲法に付加するよう強制したのである。主権侵害だと抗議するキューバ民衆に対して、受け入れないなら軍事占領を継続すると脅して米国が「獲得」したのがグアンタナモ基地である。それから百年後、両国の政治体制・国際情勢・両国関係などが大きな変化を経ながら、超大国が小国に押しつけた軍事基地のみが、変わることなく存在している。

「カンダハール発→グアンタナモ行」という不思議な航空路を飛ぶ輸送機には、解明されるべき問題がいくつも孕まれている。アルカーイダ兵に対する驚くべき処遇も、軽視してはならない問題のひとつとしてそこに含まれている。

●「派兵CHECK」一一二号、二〇〇二年一月一五日

人びとのこころに内面化する戦争＝暴力

少年たちの路上生活者暴行事件報道を読む

去る一月二五日夜、東京、東村山市にあるゲートボール場に暮らす五五歳の路上生活者の男性を、中学二年生の少年四人と、これに加勢した高校生二人が殺害するという悲劇的な事件が起こった。被害者は死に、加害者は逮捕・補導されている以上、当事者からの説明を聞くことはできず、警察発表に基づく被疑者の供述と、記者による周辺取材によって得られた経過に関する報道が先行している。だが、事件の性質からいえば、尋問されている少年たちの供述として伝えられていることに、警察によるデッチ上げの要素は少ないと思われるので、報じられている事件の経過と少年たちのいくつかの言葉に注目したい。

警察発表によれば、少年たちは前日公立図書館で騒いでいた自分たちを注意した人物を翌日偶然に見かけ、後をつけて寝泊りしている場所を突き止め、夜になってみんなで語らって現場へ行き、一時間半にわたって暴行をくわえたという。暴行は、時間をおいて三度にわたって繰り返されたが、その理由は「(おじさんを) 一度ぼこぼこにしたのに、その後、平然とたばこを吸っている姿を見て腹が立った」からだ、と伝えられている。隣で生活していた路上生活者によれば、現場に来た少年たちは「てめえ、起きろ」と叫びながら被害者を小屋から引きずり出し、持ってきた角材で殴ったという。

逮捕後の少年たちはいずれも、「他の五人と比べたら、それほどやっていない」とか「軽く二、三発しか殴っていない」と語って、暴行における自分の役割が小さなものであったことを印象づけようとしているらしい。対照的な証言もないではないが、少年のうちのひとりの両親や同級生、教師の話を総合しても、彼らはいずれも「ごく普通の子」であり、「おとなしい少年」で「とてもあんな事件を引き起こすとは思えない」「殴るより殴られるタイプなのに」などと語っている。学校長は「いじめなども把握しておらず、誇りをもって」きており、「命の大切さ、弱者に対するいたわりは徹底してきたのだが」「このような事件が起き、呆然としている」と語っている。

マスメディアでの報道は、ほぼ、以上のような問題意識の周辺で展開されている。週刊誌のなかには、またしても、「新聞が書かない少年たちの家庭の事情」などという形で、個別家庭の問題に還元して、ひたすら煽情的な報道に走るものもある。

自分の経験に基づいて思い出しても、少年期とは、純粋な気持ちが横溢していると同時に、自分にも説明できない粗暴な想念にも捕われたりする時期である。ひとりの少年のなかで、この相異なるふたつの要素は紙一重で同居している。後者が、いつどんなきっかけで爆発するのか、自分にも、周りの人間にも客観的にわからないから、それは危険に満ちた時期とも言える。少年が、とくに路上生活者のような弱者を狙って暴行をくわえ、死に至らしめるという事件は、悲劇的なことには、これまでにもいくつもあった。上に見たマスメディア報道の問題意識と、少年期特有の生理と心理に着目する程度の枠内で、今回の事件を解明しようとする方法はこれからも多いだろう。

だが、この事件の報道に最初に接したとき、私にはひとつの思いがあった。それは、(二〇〇一年)「9・11」以後の世界的な政治・社会・思想状況を、事件の背後にある「雰囲気」として挟み込まなければならないという思いである。私が見聞きしたかぎりでは、TBSテレビ「筑紫哲也NES23」の佐古記者が、東村山市からの現場中継のなかで、そのことに触れた。報復戦争という名の下で大勢の人びとが殺されている現実が正当化されている状況が一方にあるなかで、子どもたちに、ひとを殺してはいけないということをどうやって教えていけるのか、という趣旨のことを彼は述べたのである。私の腑に落ちた、マスメディア上での唯一の発言であった。

私がそう考えたのには、ダグラス・ラミスのかつての発言の影響がある。「戦争が帰ってくる」という小さな文章のなかで、彼は、米国社会に充満する暴力と犯罪の要因として、米国が「あまりにもしょっちゅう戦争をしているから」という理由を与えた(『英語で考え、日本語で考える』、晶文社、一九九五年)。「政府が『敵』として選んだ人を殺す限り、人殺しは許されることであり、あっぱれなことでさえある」。「いったん人々が国外で人殺しに慣れてしまったら、国内で人殺しをする者も出てくるのではないだろうか」

ダグラス・ラミスのこの考え方を、私なりに翻案してみる。対外膨張主義的な戦争それ自体が他者との関係性において深刻な問題を孕むものであることは当然だが、同時にそれを繰り返して行なってきている米国で、暴力を伴う犯罪が、とりわけ若年層を中心に多発しているのは、その社会にあっては戦争=暴力が内面化しているからだという主張である。この仮説は、自分たちの社会の経験に即して、十分に成立しうると私は考える。それは、日本の学校において、一九六〇年代の高度経済成長期を通して完成した、教師の暴力をも伴った厳格な管理主義教育の徹底化に対して、子どもたちがどう反応したかをふりかえればよい。時間に刻まれた秩序の枠内で行なわれる現代的な工場労働を支える価値観（＝産業社会の価値観）が社会の隅々まで浸透し、それが家庭と学校における子どもたちの日常生活をも律する規範として定着したとき、子どもたちの世界では、一方ではいじめ、暴力沙汰、「荒れる」生徒たち——という現象が現われ、やがて他方には不登校という形で学校教育を（無意識的にか意識的にか）拒否する者が現われた。社会的に生じた新しい変化が、自分にも御しがたい粗暴な衝動と柔らかいこころの狭間で生きる子どもたちに、いかに敏感に感受されるかを、それは物語るものであるように思える。

米国が強行している昨年一〇月七日以来のアフガニスタン爆撃と、米国のその政治路線と軍事作戦のひとつひとつを、まるで異論を許さないかのような雰囲気を醸成しながら、支持して形成している国際的な「反テロ」同盟と、それを支えているマスメディアによる世論操作を見ながら、思いがけない時期に、思いがけない規模で、世界は試練にさらされているなという感じがしている。もはや米国だけの問題ではない。「報復戦争」「爆撃」「殺害」「高性能の気化爆弾」「追い詰める」「捕捉する」「生きていても死んでいても捕まえる」などの言葉が肯定的な意味合いで大声で語られて当然とする世界では、いつかその価値観が人びとのこころのなかに内面化しよう。軍隊＝暴力＝戦争が否応なく露出していくであろう今後の日本社会において、犯罪の質と量は大きく変質してゆくのかもしれない。

きょうのニュースも語っている。「アメリカの無人偵察機はアルカーイダ兵らしき一団を察知してミサイル攻撃し、何人かを殺害した。その現場に数十人の特殊部隊員を派遣し、遺体の一部など法医学的な資料を採取した」。これが、アフガニスタン復報支援国際会議なるものが「成功裏に」開かれて半月が経ち、その国への爆撃を止めようとしない国では「平和と友好のスポーツ祭典」が開かれているのと同じ時期の、現実である。

●「派兵CHECK」一一三号、二〇〇二年二月一五日

テロル――「不気味な」アジテーションの根拠と無根拠

「9・11」の事件を見届けた後の世界では、「反テロ」を言わなければ人にあらず、との雰囲気が生まれている。私は、事件直後に受けた「図書新聞」のインタビュー（「批判精神なき頽廃状況を撃つ」）で（表現したことば遣いが違うが）語ったように、この「テロル」の根拠と無根拠を考え抜くことなしに、事態の本質に迫ることはできないと思う。

1

「9・11」直後、その解釈をめぐって世界と日本にあふれているマスメディア上での発言のなかで、私にもっとも深い印象を与えたひとつは、放送作家・永六輔のそれだった。時間がしばらく経過した後のことを言えば、他にも見るべき発言はいくつかある。直後の発言で傾聴に値するものは極端に少なかった。TBS系ラジオで毎週土曜日の朝に「永六輔その新世界」という定時番組をもつ永は、「9・11」の直後の放送で、他のメディアではいっさいありえなかった内容の情報を伝えた。

時すでに、世界全体に、異様なまでの社会的な雰囲気が生まれていた。「9・11」攻撃をうけた国の大統領は、受けた打撃の大きさを覆い隠すように「これは戦争だ！」と叫んで、国じゅうに「報復戦争必至」のムードを作り上げていた。攻撃の実行者は「イスラーム原理主義者」だと特定され、その背後に潜むという首謀者も名指しされた。イスラームの信徒は、全体として、他者の理解を絶するような恐ろしい世界に生きる人間だとみなすような空気がつくられたのだった。

そんな雰囲気のさなかで、永の番組は次のように展開した。

第一に、「9・11」の事件はイスラーム教信者と結びつけて語られているが、その信仰の元をなすコーランのことを私たちは知らないといって、コーラン朗誦の音声を流した。朗誦されていることばの意味はわからずとも、その美しい響きは、この宗教が、一定の人びとのこころをしっかりととらえていることを実感させるものだった。イスラームを「恐ろしいもの、不気味なもの、得体の知れないもの」として描きだす大方のメディアのあり方とは対照的で、聞く者の耳とこころに深い余韻を残した。

第二に、永はかつて放送や舞台の仕事を共にした故ロイ・ジェームスが「敬虔なイスラーム教徒」であったことに触れ、その立ち居振る舞いから多くのことを学んだと語った。ある世代までの人であれば、流暢な日本語で、バラエティ番組の司会などをしていた「陽気なアメリカ人」の典型ともいえるロイ・ジェームスの記憶が残っていようが、その彼がイスラームの信者であったという、思いがけない側面を永のことばを通して知ると、人というものの多面性、翻って豊かさが感じられるのであった。また、私たちの日常的な生活空間に、いまごく自然に存在しているかもしれない、未知のイスラーム教徒のことを思ったりする契機となった。通勤の行き帰りでもレストランや酒場が立ち並ぶ道々でも行き交うイランやバングラディッシュの人びとの顔が思い出されたりする。それらの地から来ているからといって、すべての人がイスラーム教徒であるはずはないにしても、こうして人は、生身の人間を通してイスラームという信仰のあり方に出会う可能性があることを実感できたのだった。

第三に、永は、これは「9・11」事件とは関係のないことですがと繰り返し断りながら、石川啄木の詩「ココアのひと匙」の全文を朗読・紹介した。一九一一年六月一五日の日付をもって書かれた、啄木のこの詩作品は、こう謳う。

われは知る、テロリストの
かなしき心を…
言葉とおこなひを分かちがたき／ただひとつの心を、
奪はれたる言葉のかはりに
おこなひをもて語らむとする心を、
われとわがからだを敵に擲げつくる心を…
しかして、そは真面目にして熱心なる人の常に有つかなしみなり、

はてしなき議論の後の
冷めたるココアのひと匙を啜りて、

そのうすにがき舌触りに、
われは知る、テロリストの
かなしき、かなしき心を。(1)

啄木はロシアの革命家・クロポトキンの著作に親しんでいた。帝政ロシアの圧政下に生きたナロードニキの青年たちが、個人テロによって皇帝の殺害を試みたいくつもの企ての切実さを知っていた。そしてこの詩が書かれる前々年、朝鮮の青年・安重根がハルビン駅頭で韓国統監・伊藤博文を射殺したことも、またこの年の一月には「大逆事件」で幸徳秋水ら一二人が死刑に処せられたことも、もちろん、啄木の視野には入っていただろう。啄木は、世の中から「テロリスト」と指弾される人びとの心根を救いとろうとする立場に身をおいていたようにみえる。青春期にこの詩との出会いをもった人は多いだろうが、あろうことか「反テロ」ムードが充満しているあの時期に、ラジオから流れてくる詩句をあらためて聞くことで、「9・11」も含めて「テロ」の意味や根拠を考えようともしないままに「反テロ」の空気に飲み込まれることだけはしまい、と私は思ったことだ。

第四に、永はその日、放送スタジオに、もとフォーク・クルセイダーズのメンバーで、現在は精神科医の仕事に就いている北山修を招いていた。ふたりの話は、おのずと、米国がいまにも始めようとしているアフガニスタン爆撃の可能性へと及び、北山は「報復戦争に賛成しないと、それはおかしな奴だ」と言われかねない社会の雰囲気はおかしいと云い、これを怖れる発言をした。

当然あってしかるべきことばなのだが、当時のマスメディアからはほとんど聞かれないことばだった。

「9・11」直後の永の番組で語られたのは、以上のことだった。現代社会のなかで人びとの意識にもっとも有効に働きかけるテレビは、当時、ハイジャックされた旅客機が高層のビルに突っ込み、やがてビルが瓦解してゆく映像を繰り返し放映していた。テレビ放送は全体として、映像的な衝撃性にのみ依拠し、アナウンサーにせよキャスターにせよインタビューを受ける人にせよ、語るどの人も、ことばを吟味することはなかった。映像の衝撃性に見合う興奮したことばと、じっくりと考える過程を経ていない即興的な表現のみが飛びかっていた。

永の番組は、このようなテレビの対極にあって、ことばに依拠するしかないラジオ放送の特質をよく活かすものだった。早口の永のことばはすぐに消えてゆくが、語ろうとした内容は人びとのこころに残る。永は、何らかの結論を聴取者に押しつけているわけではなかった。あくまでも考える糸口を提供することに留めていたと言える。「9・11」以後の社会が、もしこの番組で語られた程度の「余裕」をもって事態に向かい合っていたならば、ずいぶんと違った状況が生まれたはずだと、いまあらためて無念に思える。

2

この番組の内容に導かれて、次に考えるべき問題の糸口を摑もう。引用された啄木詩をきっかけにして、ある地域の、ある歴史的な状況の下では、「テロル」の行為や「テロリスト」自体について、共感なり同情なりの感情をもつ人びとがいたことを知ることは大事なことだ。私の場合は、今回の事件を契機に、かつて繰り返し読んだ埴谷雄高や高橋和巳、サヴィンコフ（ロープシン）などの懐かしい本を取り出し、「テロル」や「革命的暴力」をめぐって考察したそれらを読み返すという作業に少しの時間を費やした。ビデオを借りて観ることまではしなかったが、映画『アルジェの戦い』⑵のいくつものシーンを思い出しながら、一九六〇年前後フランス植民地からの独立をめざすアルジェリア解放闘争の最終局面で用いられた「テロル」の戦術（たとえば、カスバの居住区から市街区に出る一女性が、買い物篭の底に爆弾をしのばせてフランス植民地軍の検問をくぐり抜け、幼子をまじえたフランス人植民者の家族が食事を摂る瀟洒なレストランに爆弾を仕掛ける、一瞬の後の爆発によって、アイスクリームをなめようとしていた幼子も吹き飛ばされる）を描いたシーンの意味をあらためて考えようともした。

それは「反テロ」の合唱だけが聞こえる風潮のなかでは一種の解毒剤にはなるが、しかし、これらの材料にのみ依拠して、いまさら「テロル」の問題を考えても今日の現実に迫ることができないことは、あまりに明らかなことだ。それは、牧歌的な、ロマンティシズムの匂いが漂う懐旧談に終わる。「ココアのひと匙」の詩句を思い出すことは大事なことだが、それに終わるわけにはいかない時代に私たちは生きている。その後の歴史過程のなかに、ボリシェヴィキ独裁・赤色テロルの発動の時代を経て収容所列島と化したソ連、毛沢東の絶対的な権威の下でなされた大躍進政策での二千万人の餓死者や文化大革命時の夥しい死者など累々たる屍に囲まれた中国革命、数百万人の同胞の虐殺に終わったカンボジア共産主義の試み、連合赤軍の同志殺し、私が先に書いた「曙栗とミサイル」で触れた東アジア反日武装戦線による爆弾闘争による死者など、社会運動・社会革命とテロリズムの関係を考えるうえで避けることのできない現代的な問題が山積していることを私たちは知っている。

「革命的な正義」の観念の下でふるわれた「革命的な暴力」がどんな惨劇をもたらしたかという問題意識なくして、現代の「テロル」について考えることはできない。私としては、その意味を再考するためにも、このかんチェ・ゲバラの武装闘争戦略の再検討を行なってきた。武装闘争に起ったメキシコのサパティスタ民族解放軍が展望している「兵士消滅」の未来像や、東ティモール独立闘争の指導者のひとりシャナナ・グスマンが一時展望していた、独立後の東ティモールが「国軍を持たない」という方針に大きな関心を寄せてもきた。それというのも、日本社会の前面に露出し始めた自衛隊という名の国軍の存在を根底から批判し、国軍解体の展望を摑むためには、これに対抗するものとして、私自身の中で限定的にせよ暗黙に了解している存在であった「ゲリラ」「人民軍」「解放軍」「革命軍」や、戦術としての「テロル」「暴力の行使」などの内実を再審にかけることなくしては、それは不可能だという思いからきている。(3)

現実の国際政治の過程を潜り抜けなければならないシャナナ・グスマンが、思いどおりの夢に至る道は険しいと予感しながらも、私がなお、彼が語る夢の意義を前向きに捉えるべきだと考えたのも、かつての武装闘争の担い手が「国軍不保持」の方針を語ること自体に、未来への予感的な指針を感じたからである。グスマンはその後、国軍創設の必要性を語り、先日来日した折りにも東ティモールＰＫＯ（国連平和維持作戦）への日本自衛隊の参加を訴えたが、このねじれは、彼の「転向」というよりは、過渡期が強いる困難さとして私たち総体に関わるものだと捉えられるべきなのだろう。

このような問題意識のなかに、「9・11」攻撃をおいてみる。作戦の実行者は、米国連邦捜査局によって一九人のアラブの青年男子たちだったと断定されているが、自爆行為であったために全員が死亡している。どんな思いと目的をもって、あの行為を選択したかのことばを、私たちは永遠に聞くことはない。

朝日新聞は「テロリストの軌跡――アタを追う」と題して長期にわたる連載記事を掲載した（二〇〇一年一一月二六日から二〇〇二年二月一一日までの朝刊紙に、全五二回にわたって断続的に連載。その後、草思社から単行本として刊行）。世界貿易センタービルに突っ込んだ航空機に乗っていた、エジプト生まれの三三歳のモハメド・アタは、世界各地にさまざまな足跡を残している。複数の記者が、ドイツ各地、シリア、スペイン、サウジアラビア、チェコ、米国、エジプト、イギリスなどを尋ね歩き、アタらの軌跡をできるだけ克明に記録しようとしたものである。断片的なエピソードはさまざまに明らかにされているが、ひとつの人間像を結ぶには至っていない。

他の材料も参考にしながら、彼らのイメージを想像してみる。全員が男である。女はいない。これが何を意味するかを「文化的な」問題として究明することが、大事だと思える。一九人全員が、これから行なう行為の内容を知っていたわけではない。最後の段階で、「こんな作戦だったのか！」と思ったメンバーが、何人かは知らないが、いたように思える。自らが関わる重大な行為の中身を知ることもなく、あの現場に立ち会った若者がいたことについては、ことばもない。

これから選択する行為が、航空機乗っ取り→ビルへの激突→自爆であることを知っていた者は、宗教性を仮装した超越的な存在の誰かに対して、精神的に屈伏していたのだろう。自分の命を喪うどころか、一般の乗客やビルで働く大勢の人びとを巻き添えにして死んで行くという可能性にも怯むことのない精神は、それが神の道であり、死後に栄誉が得られるということを超越的な存在によって徹底的に教え込まれてはじめて成立するように思える。彼らの思いからすれば、政治・社会的な解放思想に要請される倫理的な基準にこだわることはそもそも問題外であり、絶対的な存在としての自分たちのなすことは、現世的な善悪の価値基準を超えた地平の問題だったのだろう。現象的な見え方とはちがって、啄木の意識のように、「社会革命とテロリズム」の問題として捉えること自体が、この場合は倒錯なのかもしれない。

私が、地下鉄サリン事件を起こしたオウム真理教のあり方と共通するものを彼らに感じるのは、この点においてである。彼らもまた、絶対的な存在としての麻原彰晃の命令に基づいて、自分たちとは無関係な人びとが大勢乗っているラッシュ時の電車内で、人を死に至らしめるサリンを撒くことができた。事後的にそのことをどんなに悔やむ人物がいるとしても、「あの段階では」彼らは宗教的な確信をもってその任務を遂行しえたのである。

4

実行者たちの意識としては、おそらく人間解放・社会革命の意義づけをもたない「9・11」の「テロリズム」は、しかし、社会的・政治的に大きなアジテーション効果を発揮した。それは、もちろん、あの「テロル」の圧倒的な規模から生まれたものだ。

このアジテーション効果を不気味に利用した者がふたりいると私は思う、ひとりは、テロルの背後の首謀者だと米国に名指しされているウサーマ・イブン・ラーディンである。公刊されている限りの資料でイブン・ラーディンの半生をたどると、彼は社会革命の理念をもって社会運動に関わっている人間ではない。一時はCIAとも密接な関係をもっていた富豪である。その後の情勢や米国の態度の変化によって、現在は反米に徹しているだけの人間である。CIAに養成された彼は、当然にも戦争を好み、人の生命を軽ろんじ、金の力で人を操る。ある宗教の敬虔な信者を装って、彼が住む地域の人びとに対して侮ることのできない影響力をもつ宗教を利用する。だから、いたずらに「聖域」とか「十字軍との戦い」と言ってみたりする。イスラエルによるパレスチナ占領の不当性を言い、パレスチナ独立国家樹立の必然性を唱えたりもする。今回のアフガニスタン戦争において、米英軍＋北部同盟軍の急速な勝利とターリバーン政権のあっけない瓦解は、イブン・ラーディンにとって誤算だったであろうが、そこに至る過程は彼が思い描いたとおりの展開になっていたのだろうと想像できるような気がする。

この「テロリズム」からのいまひとりの受益者は、米国大統領ジョージ・ブッシュである。大統領就任以来不人気に悩んでいた彼が、「9・11」に対して「報復戦争だ！」と叫んだとたんに米国は一致団結し、大統領支持率は急進した。現代に生きるキリスト教国の政治指導者としては失格の発言「これは十字軍の戦いだ！」も、さして問題になることはなかった。彼にとっては思いがけないことに、世界中の多くの国々の政治指導者がきわめて易々と「反テロ国際同盟」に加担した。米英軍の重爆撃によってアフガニスタン情勢は急速な展開を遂げ、一部の軍事評論家が危ぶんだ「山岳部での泥沼の対ゲリラ戦」に米軍が陥ることなく済んだ。米英軍の烈撃で死んだアフガニスタン民衆の死者の数を数える者は、いない。ましてや、ターリバーン兵の死者などは歯牙にもかけられない。ターリバーン兵のどんなふるまいも、常に「野蛮」の象徴だ。一方、米軍の無人偵察機から発射したミサイルが撃ち殺した兵士のなかにイブン・ラーディンらしき人物がいるとの情報を得て、地上部隊を現場に派遣し、遺体から「資料を採取」しても、それは「DNA鑑定のための法医学上の資料」なのだから、「文明」的な行為であるかのように報道される。こうして、世界では、まるで、米軍の介入が抑圧的なターリバーン政権の崩壊に寄与し、それによってアフガニスタンの平和がもたらされたかのような情報操作が行なわれている。

「9・11」攻撃の背後には、物言わぬ第三世界民衆の叫びや怨念が秘められていると語った人もいる。上に述べた、私が理解するかぎりでのこの「テロル」の基本構造を見るとき、この行為と「物言わぬ第三世界民衆」との間に、きっぱりとした切断線を入れる必要を感じる。基本的な共感をもつことはないにしても一九人の死んだ若者についての判断は留保したい点はあるが、ウサーマ・イブン・ラーディンについては何の幻想ももつことはできないだろうと私は思うから。

註

(1)『啄木全集』第二巻(筑摩書房、一九六七年)

(2)埴谷雄高「目的は手段を浄化しうるか」など(『幻視のなかの政治』所収、中央公論社、一九六〇年)

高橋和巳「暗殺の哲学」（『新しき長城』所収、河出書房、一九六七年）
ロープシン『蒼ざめた馬』（現代思潮社、一九六七年）
サヴィンコフ『テロリスト群像』（現代思潮社、一九六七年）
ロープシン『黒馬を見たり』（現代思潮社、一九七六年）
（3）私の著書『「ゲバラを脱神話化する」』（現代企画室、二〇〇〇年）、『〈異世界・同時代〉乱反射』（同、一九九六年）、『日本ナショナリズム解体新書』（同、二〇〇〇年）などを参照。

●「インパクション」一二九号、二〇〇二年二月

戦争行為をめぐるゴリラと人間の間

二〇〇二年前半の考古学的発見報道などを読む

二〇〇二年前半の内外のニュースのなかで私の関心を引いたもののなかに、ふたつの考古学上の発見にまつわるものがあった。ひとつは、現在の高知県土佐市居徳遺跡で出土した二五〇〇年前（縄文時代の晩期）の人骨に、金属器によると推定される傷や矢じりの貫通穴が確認され、鑑定した奈良文化財研究所は「国内最古の集団同士の戦闘行為の痕跡」と発表したというものである（三月二九日以降の各紙）。いまひとつは、現フランス東西部の遺跡が見つかった三万六〇〇〇年前のネアンデルタール人の頭蓋骨の化石に、仲間から武器で襲われたと見られる傷跡があることを、フランス・スイスの合同研究チームが突き止められたというものである（四月二三日以降の各紙）。

いずれも、戦争の起源をめぐって、従来の「定説」に異論を提起するものとなる。異説もあったにせよ、前者は「集団問の戦争は、農業が始まった弥生時代に起源をもつ」という定説へ問題提起を行ない、戦争の起源を遡らせるものとなる。後者は、最古の集団的暴力の痕跡を、一万四〇〇〇年～一万六〇〇〇年前のアフリカ・ヌビア地方、ナイル川上流のジェベル・サバハ墓地で見つかった五八体中二四体の人骨の殺傷痕および凶器として石器に認めてきた定説に対して異説を唱え、戦争の起源は一気に二万年ちかく遡ることになる。

人類がチンパンジーから分かれて以降の進化史を五〇〇万〜六〇〇万年前後のものとして捉えると、戦争を是とし／あるいは避けがたいものとして暮らしてきたのは、（仮に今回の新説が認められるとしても）たかだか最近の数万年が数千年のことでしかない。動物行動学のコンラート・ローレンツも『攻撃——悪の自然誌』において、武器の発明が、人間に本来的に備わる「殺戮能力と本能的な抑止能力とのバランス」を崩したことを、説得力をもって展開した。だが、戦争に明け暮れた二〇世紀の歴史を見届けた人びとは、「戦争は人間の本能の所産なのだ」と、無理にでも信じたがっているように思える。それは、ついに戦争をなくすことができないでいる人間に対する諦めに似たニヒリズムの表現でもありうるし、またきわめて安易な「戦争不可避論→軍備必要論」へと直結もする。それだけに、戦争の時代的起源とその理由についてはもっと大きな関心がはらわれてよいと考える者には、上の考古学上の「発見」と新説は、揺るがせにできない問題を孕んでいる。

事実、上の報道を知って「同種間の殺し合いは人間の特徴だから、詳しく研究すれば、彼らの人間らしさが明らかになる」との感想を述べる、あまりに「伝統的な」人類学者もいる（江原昭善）。他方、「戦争の歴史は六〇〇万年の人類史のなかではごく新しい出来事であること、つまりヒトの歴史を六メートルとすると、戦争の歴史は一センチ強にすぎないこと」を人間が生きていくうえでの基本的知識にしたいと願う考古学者、佐原真（「しんぶん赤旗」三月二日）は、新説を鵜呑みにせず慎重な検討が必要だと主張する。佐原は、霊長類学、民俗学、生物学、自然人類学、考古学、歴史学などの学際的な研究グループの代表として『人類にとって戦いとは』と題する意欲的な三部作（東洋書林、一九九九～二〇〇〇年、二〇〇二年にさらに二巻が出版され、全五巻となった）をまとめたが、私たちも専門家に一任しないで、人類と戦争の歴史に関する視点を定めていきたいものだ。

これらの記事に大いなる関心をいだいたのは、ほかでもない、同時代の事柄として進行する日本と世界の、戦争をめぐる政治的最高責任者の言動の軽薄さに、いたたまれぬものを感じ、奥行のある歴史的眺望の下に「人類と戦争」の問題をおきたかったからだ。じっさい、有事法制制定の根拠を問われて「備えあれば憂いなし」とか「今まで存在しなかったことがおかしい」としか言わない首相の愚かな言動を見聞していると、上のような考古学的論争に示唆をうけ、またたとえば同じ頃に読んだ次のような文章に心が和む。人類学者、山極寿一は、自らが撮ったドラミング（胸たたき）するゴリラの写真を説明して言う。「長い間、威嚇と攻撃の象徴のように見なされてきたゴリラの胸たたきも、実は特定の相手に向けられるものではなく、闘わずに自分を主張する平和な行動であることがわかってきた。胸をたたくのは、相手に自分の殺意を伝えているのではなく、集団の長としてその状況に大いなる不満の意を表明し、相手の抑制を引き出そうとしているのである。集団同士の出会いでは、オスが交互に胸をたたき合った後、なるべく対等の別れを演出しようとする」（朝日新聞、四月一二日夕刊）。

山極は「テロを抑止するために暴力を是認する」最近の風潮に、人間はかつてない不気味な精神世界に陥っていると感じて、「殺戮しない類人猿」の知恵を、最新の知見に基づいて紹介するのである。この後に、米国の独立記念日の七月四日、退役軍人を前にした大統領演説の一節をおいてみる。「米国はさらなる攻撃から国土を守る。敵がどこに隠れ、計画を立てていようとも、米国は戦いに勝利する……我々は、米国が脅威にさらされるほど米国をいっそう愛する……米国は恐ろしい邪悪と対決しているが、邪悪に打ち勝つ」。この言葉に重ねるように、「アメリカの戦争拡大と日本の有事法制に反対する署名運動事務局」が発行した翻訳資料集「アメリカはアフガニスタンで何人の人々を殺したのか⁉」もおいてみる。米軍のアフガニスタン爆撃開始から二ヵ月の時点で、ニューハンプシャー大学のマーク・W・ヘロルドが行なった調査報告書の翻訳である。私たちが予感してきたように、これが、人種差別に根をもつ戦争であることが具体的に顕わになる、恐ろしいが必読の文献である。眼前の戦争と戦争体制の準備に対して具体的にたたかいつつ、ひろくヒト類の歩みをふりかえること。避けられない、私たちの課題である。

●「派兵ＣＨＥＣＫ」一一八号、二〇〇二年七月一五日

外部への責任転嫁論と陰謀説の罷り通る中で

アラブ社会の自己批判の必要性を主張する文章を読む

アラブ政治の研究者で、アラブ・欧米の双方のメディアに寄稿するというマームーン・ファンディーの議論を教えてくれたのは、アジア経済研究所研究員で、イスラーム政治思想史を専攻する池内恵の「アラブを読む――拒絶と反駁の中に埋もれる自己批判」という文章である（「論座」九月号）。ファンディーは、「9・11」直後に、「しかし、と言う勿れ」というコラムを執筆し、「テロはいけない」と言いながらも必ずそのあとに「しかし……」と続け、米国に責任を転嫁するきらいのある（と、ファンディーが判断する）アラブ世界において主流をなす論調を戒めたという。だが、その種の論議はアラブ世界に溢れ、ファンディーはやがて「ビン・ラーキン団」と題するコラムを書いたらしい。「テロは悪い」と言いつつ「しかし（ラーキン）」を連発するアラブ知識人を、「ビン・ラーディン」（「ラーディン家の子息」の意）をもじって「ビン・ラーキン団」と形容して、痛烈に風刺したのだという。「〈しかし〉一族の子息たち」とでも言うのだろうか。

池内は、そこで、アラブ世界は自らが抱える苦難を常にイスラエルと米国など外部勢力の責任に帰して自分を「犠牲者」として捉えてきたが、9・11事件でアラブ世界の一勢力が「加害者」

となり、その対処を外部から求められるに至ったときにどう対応しているかを問題としている。外部への責任転嫁論と陰謀説が罷り通るなかで、共感をもってアラブ世界を研究しているらしい池内が一条の光を見いだしているのが、ファンディーのような自己批評的な言説である。

池内は先に『現代アラブの社会思想――終末論とイスラーム主義』(講談社現代新書、二〇〇二年一月)を刊行している。知識人の思想書から、街角のキオスクで売られている際物出版物、テレビ番組からヒットソングに至るまでの言説を渉猟し、現代アラブ世界の時代精神を切り取ろうとしたと自負するこの書で、池内が強調するのも、アラブ世界が知的に極端な閉塞状況にあり、世界認識の視座が狭隘化しているという点である。その例証として一九九六年に「シオニズムの宗教的論拠を否定し、ホロコーストの存在を疑問視し、ユダヤ・ロビーによるフランス政治への影響を問題にした」著作を発表した元フランス共産党員ロジェ・ガロディ(日本語版は『偽イスラエル政治神話』、れんが書房新社、一九九八年)が熱狂的にアラブ世界で受け入れられていく状況を、実際の見聞に基づいて描く導入部は興味深い。すべては「イスラームと反イスラームの戦い」として解釈され、「イスラエルとそれに支配された米国の陰謀の発見とそれへの対抗」への関心が異様に突出しているという、現代アラブ世界の思想状況の一端を伝えているからである。

私は、十年前のペルシャ湾岸戦争の際に、秘密警察の手で独裁体制を確立し、クルド民族の闘争を残忍な方法で弾圧し、対イラン戦争で民衆に多大な犠牲を強いた独裁者=イラクのフセインが「横暴きわまりない米国と対決しているという、ただそれだけのことで、被抑圧者たちの英雄であるかのように自ら振る舞い、寄る辺なきアラブ民衆はその彼に、はかない希望を託している」愚劣な構図に触れたことがある（「ガッサン・カナファーニーに戻って――湾岸戦争への一視点」「インパクション」六八号）。たまたまＰＦＬＰ（パレスチナ解放人民戦線）の情勢分析を読んで、すべてを知り尽くしているはずのＰＦＬＰがその構図をぼかし、明快な形でフセイン批判を行なわず、米国との矛盾を主要課題にしてしか語ろうとしないことが、アラブ・パレスチナの闘争主体が本来もち得る力を殺《そ》ぐのではないかという思いが、そこにはあった。

「9・11」以降の状況においても、私自身には、同じような思いがある。米国やイスラエルの役割にはほんとうは無視できない／無視すべきではない「環境要因」がある。だが、ここではあえて触れず、イブン・ラーディンなる人物が形成された過程にも、ターリバーン政権やアルカーイダ組織の成立過程にも目を瞑るとする。そのとき、アラブ世界は、9・11攻撃を行なう青年たちを生み出した背景、歓待と友愛の精神に欠ける非寛容なイスラーム原理主義の抬頭を前にしたアラブ社会の無力性……など、内在的に抉り出さなければならない多数の問題に直面している自らに出会うはずなのだ。それらを直截に議論することが、アラブ・パレスチナ社会の転生のためには必要不可欠なことだと思える。日本社会の中で、解決が容易ではない多くの問題に直面している私は、アラブ世界の思想状況を指して「〈しかし〉一族の子息たち」などと揶揄的に呼ぶ場所に自分をおくつもりはないが、池内や（池内が紹介しているかぎりで知る）ファンディーの主張には聞くべき点が多いと考えるのは、こうして、「敵」と対峙するいま／ここにある「主体」のあり方の問題に関わっているからである。

池内の文章が掲載されている「論座」には、「日本で徹底討論する――戦争の効力とテロ抑制の道順」と題する大澤真幸と橋爪大三郎の対談もある。橋爪は、このかん、米国の対アフガニスタン戦争を徹底して擁護する言動を展開してきた。ここでも次のように語っている。「この作戦は、アフガニスタンの人民を攻撃しているわけではない。あくまでもタリバーン政権を目標にし、軍事目標に限定して、制服の軍人が攻撃を行っている。そして周辺諸国や同盟国が反対しないように、支持を取りつける手続きを踏んでいる」。「国際法としてテロに対抗して戦争を起こしていいという先例になったわけですから、その意味では成功ですね。日本にとっては、外国が日本にテロ攻撃を仕掛けたら自衛戦争で対抗していいというコロラリー（推論系列）が得られた。セキュリティーのために、よかったんじゃないですか」。新刊の『この先の日本国へ』（勁草書房）においても橋爪は、上で触れた「環境要因」をすべて挙げたうえで、自覚的に米国主導の戦争を支持している。若いころ自分はマルクス主義者であった、などと思わせぶりに回顧しながら。

核兵器も含めた対テロ「先制攻撃」の可能性を公言する米国国防総省報告や、国費で生活が保障されている国立大学教授・橋爪の恥知らずな言動を見聞きすると、この文章で書いたことと矛盾することには、「われは知る、テロリストの、かなしき、かなしき心を」と謳った啄木の真意が、心情的にはこころに沁みてきてしまう。そのまま感情的に傾くのを踏み止まり、アラブ世界でも、米国社会でも、日本社会でも、それぞれの社会に生きる者が、自己批評・自己批判を基軸に、自己中心主義に陥らない道を探らなければならないことが明らかなのだが、それにしても、現代世界を制圧している欧米中心主義の傲慢な力を目前にすると、そう並列して自己責任を問うことに躊躇の気持ちが残ることは、隠しようのない事実ではある。

●「派兵CHECK」一一九号、二〇〇二年八月一五日

選ばれたる者の、倨傲と怯えの中に佇む米国

「9・11」一周年報道を読む

新聞・テレビ・ラジオの報道記事・番組から耳目をそらすようにして、九月一一日前後を過ごした。「9・11テロ犠牲者追悼」一色の報道から少しでも遠ざかるためには、そうすることが必要だった。

一年前の報道とて、多くの場合、けっして質の良いものではなかった。それでも熱心に見聞きしたのは、何が、いつ、どこで、誰によって、どんなふうに、そして何よりも「なぜ」起こったのかを知りたかったからだ。だから、量としては圧倒的に少なかったが、アルジャジーラなどがわずかに報じるウサーマ・イブン・ラーディンの、心に訴えかけるところの「少ない」メッセージにも、熱心な関心を向けたのだった。同じく、深い哀しみに浸るでもない、己れの国の歴史を内省的にふりかえるのでもない、二〇〇一年の「9・11」をただただ特殊化して「報復」を呼号するだけの、格調なき米国大統領の度重なる演説にすら、忍耐をもってじっくりと耳目をそばだてたのだった。

一年後のいま、事情はずいぶんと異なっている。証拠をもって明らかにされているわけではないことも、もちろん、まだ残ってはいるが、「9・11」をめぐる状況はほぼ見渡すことができるよ

うになっていると思われる。米国の政治・軍事上の象徴的な中枢部を攻撃したアラブ地域出身の青年たちには、自分たちの行為にどんな道義性があり、それが自分たちのもつ目標に関わっていかなる積極的な効果を発揮しうるかという関心はなかったように見える。地下鉄サリン事件に関わった一部のオウム真理教信者と同じく、宗教的な外皮をまとったひとりのカリスマ的な教祖の「迷妄な」指令のままに、現世における善悪の判断基準を越えた地点で、彼らは行動した。そのことは、もちろん、現世に生きる私たちの、厳しい批判の対象となるべき／なりうることがらであると言える。

だが、この「迷妄な」行為の背景には、宗教的な意味合いだけでは推し量ることのできない、アラブ地域における政治・社会・経済過程の問題が孕まれていることも、多くの人びとが感じたように、否定できるものではない。「攻撃された」米国が、その過程に大きな関わりをもち、したがって責任を有していることも、自明のことだ。何よりも自分たちだけが「9・11」の悲劇に見舞われたのだと故意に勘違いし、自分の責任において世界各地に作り出してきたいくつもの「9・11」の責任を自覚すらしていないことは、許されることではない。ましてや、この一年間に、米軍などが行なう爆撃によって、世界の最貧国＝アフガニスタンの、その数すら正確には知れないおおぜいの人びとが殺され、その土地が廃墟と化してゆく現実を私たちは目撃していたのだ。「9・11」をふりかえる視点があるとすれば、それは、これらの総体を捉えようとする試みの過程にしか、ない。

だが、一年目の「9・11」を契機にマスメディアに溢れでたのは、「世界めぐる追悼歌」「NY

祈り包む」「レクイエム世界にこだま」などのコメントであり、大見出しであった。死者に親しかった人びとがひっそりとその死を悼むという当然の営みとは無縁な、組織された追悼行事には、いつも生者の側の利用主義が、したがって精神的な頽廃の臭いがする。この場合、米国がもてる圧倒的なメディア網によって、世界じゅうを追悼ムードで覆い尽くすことには、何の難しさもない。この一方的な「追悼情報」の洪水に溺れまいと思ってみても、いくつもの情報が自分の中に溢れた。誰の発案なのか、「ローリング・レクイエム」と称して、モーツァルトの「レクイエム」が世界各地で合唱されたらしい。各地の現地時刻で、ニューヨークの世界貿易センタービルに一機目のハイジャック機が突入した午前八時四六分に合唱を始めるというそのプログラムには、二六ヵ国・地域の一九〇団体、一万五〇〇〇人が参加したという。

しかし、皮肉なことだ。この「美しい」行事を伝える記事のそばには、「厳戒下祈る9・11前夜の米国」「首都、ミサイル配備」の見出しが見える。「反テロ戦争」と命名すればどこにでも戦線が拡大できるという、身勝手で愚かな選択をしている以上、米国は絶えず「テロ」攻撃の緊張感に怯え続けなければならないのだ。世界じゅうが一年前の出来事を哀悼しているという雰囲気を作り出している当該国の為政者が首都ワシントン周辺に地対空ミサイルの実戦配備を命令し、大統領に万一のことが起こった場合にはすぐ代理の最高責任者として事に当たらなければならない副大統領は公式行事をキャンセルして公表されていない某施設に身を潜め、いくつもの地域の米在外公館を一時閉鎖したという一連の記事ほど、ブラック・ユーモアに満ちたものはない。選ばれたる者の、倨傲と怯え、ふたつ我にあり、の心境に彼らはいるのだろう。

さて、米国政府が作り出す追悼ムードと、次なる攻撃目標イラク戦に向けた戦意高揚煽動に対する翼賛記事のきわめつけは、九月一〇日付け朝日新聞の「私の視点」欄に載った米国防長官ラムズフェルドの「9・11の教訓――惨事防ぐ責任ある行動とは」であろう。最近の朝日新聞には、何事かをめぐって両論並記するという、あらずもがなの「配慮」が目立つが、この日の扱いはそれですら、ない。米政府要人に寄稿を依頼し、論理構成から見てきわめて低レベルの内容のものを麗々しく掲載するところに、現代ジャーナリズムが行き着いている地点が見えてしまう。

「9・11」の犠牲者の遺族のなかには、アフガニスタンを訪れて米軍の爆撃による死者の遺族と交流し、「見舞い金」など一顧だにされないアフガニスタンの人びとのためにカンパ活動なども する動きが生まれている。それは、当然にも、「9・11」の死者を利用して「反テロ戦争」を繰り広げ、さらにそれを拡大しようとしている米国政府の政策に対する批判にまで及びつつある。一面的な「追悼」一色に染められた報道のなかに、物事を総体において把握し報道しようとする記者が、テレビにも新聞にもわずかなりとも存在したことは、ひとつの救いであった。

●「派兵ＣＨＥＣＫ」一二〇号、二〇〇二年九月一五日

一年後の「九月一一日」と「テロ」

——聞き手・米田綱路

世界の最貧国に対する爆撃

——昨年お話をおうかがいしてから、早くも一年が経過しました。この一年間をどのように見ておられますか。

太田　昨年のインタビューは、九月一一日の出来事から十日ほどたった段階で受けたものでした。当時は情報が一気に溢れ出たともいえるし、私たちがそれをどこまで信頼してこの問題を判断していくかという意味では、わかりづらい状況にあったと思います。あの行為について私は一年前、それが社会的・政治的な理論に基づいて民衆解放をめざす行為というよりは、オウム真理教信者の一部の人たちが行ったような水準の、独自の宗教的な信念に基づく行為ではないかと推定しました。一年たって、この推定自体は間違っていなかったと思ってます。

やはりあの行為を見て思い出すのは、一九九八年八月のケニアとタンザニアのアメリカ大使館に対する爆破攻撃です。これも当時から、アルカーイダの仕業であると言われていたのですが、私なりに考えても、それと九月一一日の出来事とを重ね合わせざるをえないところがある。そこでは二二四人の人が亡くなりましたが、そのほとんどがケニアとタンザニアの現地の人です。自分たちが攻撃目標に据えた場に居合わせた人びとは、無差別に殺傷しても構わないと考えなければ成立し得ない行為ですね、いずれもが。そこに共通するのは、世界に現存する貧困や差別に対してやむにやまれず立ち上がった行為であると、第一義的に捉えることはできない、ということです。山崎正和氏の所論に対して、私はふだんは大いに異論をもちますが、九月一〇日付毎日新聞に掲載された「現代のテロとは何か」の中で氏は、「九月一一日」の実行者とオウムに共通するのは「どちらも標的は権力を持つ個人ではなく、大衆社会とそれを象徴する都市と建築であった」と述べており、私の共感を誘いました。

行為自体に倫理性がない。政治的な効果についての、責任ある思いもない。象徴的な建物をただ壊せばいいという、非常にニヒルな行為に対する疑問を、私は一年前のインタビューでお話ししたと思います。

この一年、さまざまな情報が伝えられ、突入した一九人の中心人物であるアタという人物の軌跡などがかなり明らかにされてきました。そこであらためて思うのは、池内恵氏などの指摘（毎日新聞九月八日付け「21世紀の視点――イスラームから見た9・11」）がすでにありますが、アラブ世界のなかでも彼らはドイツやアメリカに留学できるようなエリートであり、個人的な意味ではグローバリゼーションの恩恵に与った人たちが担った行為であったということです。彼らの行為が、貧しい地域の人びと総体の意思を代弁してやむにやまれず行われたものであるというふうには直結はしない。やはりそれは、潤沢な資金をもって人びとを動かすことができ、宗教的なカリスマ性も演出しうる一個人のもとに寄せ集められた若者たちが、主観的には現世における事の善悪を越えて選択した行為であった。九月一一日の行為を考えるときに、一年後のいまの段階ではそこから問題を出発させることができると思います。

しかし、こだわりたいことがあります。オウム真理教の一連の事件のときのことを思い出してみても、警察と検察、マスメディアと一般世論なるものが、よってたかって「犯罪行為者」に襲いかかりました。私はそれに付和雷同して自分の立場を定めようとはまったく思いませんでした。彼らの行為は実際には、宗教的な外皮を伴った、敢えていえば「迷妄的」な行為に見えるのはたしかですが、だからといってそれが百パーセント悪であり、我々が百パーセント善なのだというふうには思わない。でも、世の中の出来事は「善悪」の二分法で考えると明快ですから、社会に通有する思考法は、すぐそうなりますね。私自身さまざまな拒絶反応や違和感を持ったあのオウムの行為を捉える上で、しかし現実に起こってしまったあの行為から、どれだけの意味を引き出すことができるか、それをせめても後知恵で考えたいというのが、私の基本的な立場でした。河野義行さんは、松本サリン事件の被害者でありながら警察・検察・マスコミ・世間によって被疑者にでっちあげられようとした方で、お連れ合いが意識不明のまま病床にあるのですから、私と違ってきわめて困難な場所におられるのですが、「加害者＝オウム」に対するあの方の対し方は見事ですね。及ばずながら見習いたい、といつも思います。

そのことは、九月一一日の出来事を考える上でも同じです。実行者に対しては、冒頭で述べたような批判と違和感をもちながらも、宗教・政治・経済・社会・文化などさまざまな側面から、あの事件を成り立たせた要素を考え抜かなければならないのです。それが、どんな不幸で悲劇的な出来事からでも未来へと向かい得る、か細い道の意味です。ところが、ハイジャック機が巨大ビルに激突し、やがてビルがもろくも崩れていく姿を、映像を通して全世界の人びとが見てしまったわけですから、その衝撃性は誰にとってもあまりにも大きかった。そこで思考停止をして、これはとんでもない凶悪な行為であり、もう許すことはできないという、冷静さを失った世界のなかに、全世界が迷い込んでしまった。「報復戦争」を呼号した米国政府には、願ってもない展開でした。だから、その後に展開し現在もなお続いている、世界の最貧国に対する爆撃が、少なくとも当初は世界各国の政治指導者たちの支持を得て遂行される事態になってしまった。民衆的な世論が、それを批判し戦争を阻止するだけの反発力を持てなかったというのは事実です。

軍事用語の「日常化」

――この一年行われてきた「報復戦争」は、貧困に喘ぐアフガニスタンに、大量の爆弾とともに食糧を投下するということが、「人道的」であるかの如く平然と行われてきました。圧倒的な物量と貧富の格差、そして「報復戦争」を進める人間の意識のありようといった問題が、そこには顕著に表れていると思います。この一年間、大量に溢れた対アフガニスタン情報によって、その地域の人々の生活に対する私たちの認識は深まったといえるでしょうか。

太田　深める契機を摑んでも、それを引き戻す一方的な情報の洪水の中でのせめぎ合いが続いていると思います。先ほど、彼らの行為を宗教的な外皮を伴った「迷妄さ」の結果であるといいましたが、一年前のインタビューで、私はバルガス゠リョサの作品『世界終末戦争』を引きながら、「文明と野蛮」というかたちで対比していくことの愚かさに触れました。とりわけ、そうする時の「文明」側の度し難い自己中心主義について。しかし米国大統領はもちろん、それにほぼ従った「文明世界」は、全面的に「文明と野蛮」の対比でこの間の問題を考えてきたのではないでしょうか。そこには、相互に理解しあうとか、相互浸透がありうるという思いはまったくなかった。「九月一一日の攻撃を行なった者たちは、アフガニスタンを根拠地として活動している、そこでは地域的軍閥の群雄割拠のなかで一時的に政権を得たターリバーンなるイスラーム原理主義者たちがおり、テロリストを匿っている、これは爆撃して潰すに如くはない」という考え方が、何のためらいもなく出てきた。

九月一一日事件の背景には、一個の問題には還元できない、いくつもの要素が重層的に重なり合っている。宗教的な要素は、すでに触れたように大きいと思いますが、それだけに単純化できるものではない。アラブ世界で積み重ねられてきた政治・経済過程、そこにおける米国・英国などの関わりと責任——を無視することはできない。仮に、イブン・ラーディン、ターリバーン、アルカーイダなどの個人と組織の形成過程に問題を限定しても、米国の存在を抜きにして、考えることはできない。ですから、実行者たちの企図からは相対的に自立した地点で、グローバリゼーションの問題も、パレスチナ問題も、この事件の背景として浮上するのです。先の山崎正和氏は「後にアルカイダと推定された集団の主張も曖昧だった。パレスチナ問題への抗議から、自由市場の繁栄への憎悪にいたるまで、解釈は局外の評論家にまかされたままになっている」と言って、「テロリストの大義に喝采を送る」などという誇大な表現まで使って「反抗好きの評論家」を揶揄し、皮肉をとばそうとするのですが、その点で、私の考えとは大きく食違ってきますね。

この複雑な構造の問題を前にしてその後に行なわれてきたことは、その困難さににじり寄ってどういうふうに解決していけばいいのかを試行錯誤するのではなく、もっとも富める国が物量によってもっとも貧しい国の民を叩きのめす、そのことに何か快感を覚えているのではないかとすら思えるような言葉が溢れる状況が生み出されたことです。南北格差は、こうして、問題の背景としても、結果としても、浮かび上がるのです。

今日まで行なわれているアフガニスタン爆撃の実態を見れば分かりますが、それは強烈な人種差別意識がなければなし得ないような攻撃です。特にアルカーイダの兵士たちを空爆で追い詰めていくやり方を見て思うのですが、山岳地帯でイブン・ラーディンがなかなか捕まらないと、その山地奥深くにまで到達するような気化爆弾を使い始めた。そういう軍事作戦が始まったときに、どんな言葉遣いが世界中を覆ったかというと、「捕捉する」「追撃する」「生きていても死んでいても、捕まえる」といったもので、それはテレビなどでもしょっちゅう聞かれるし、新聞では黒々とした活字で見出しを飾るわけですね。こうした軍事用語が、当たり前の顔をして私たちの日常生活のなかに入ってきた。それはこの一年の、忘れることのできない特徴のひとつといっていいと思います。

私たちはこうして、戦争に対する慣らし（馴致）訓練を受けているのではないか。

すごいなと思うのは、たとえば爆撃をする前にコンピュータが、どこかの山岳部を歩いている

五、六人のグループの姿を捉える。これを追撃して、爆撃が行なわれる。その動いている人のなかに、オマールに似た人影があった、あるいはイブン・ラーディンに似た人影があったということになると、爆死死体が散乱するその地帯にただちに米軍の地上部隊が派遣されて、DNA鑑定のために死体から髪の毛を採取したり、身体の一部を採取したという報道がなされました。どんなふうに行なうのかという具体的な描写がなかったのですが、辺見庸氏は雑誌「世界」九月号で、指などを植木鋏か何かで切り落とすのだと語っていましたね。

あれだけ家族の多いイブン・ラーディンの一族のDNAをどこかで採取して、それと照合して鑑定するというのは簡単なことなのでしょう。DNA鑑定という現代医学の最先端の用語が使われると、それが恐ろしい行為であるというふうには受け取れない。実はそういう感性に、私たちがだんだんと慣らされ、摩滅させせられていっているのではないか。マスメディアの記者たちも、DNA鑑定のための頭髪や遺体の一部の「採取」を、平然と、当たり前のように語っていました。その異常さというのは際立っていましたね。

国家と軍隊への根源的な疑いを

――その問題は、国家によって主導される戦争に私たちが同化し、疑問を持たないという現在のありようともつながります。ブッシュや小泉など、政権中枢にいる人々が、すごく「身近な」ものに見えてしまう。その意味では、国家や政権の表に出てくる人たちの変化は見えても、貧困のなかで暮らしているアフガニスタンの人たちの暮らしは昨年九月一一日以後も一貫して見えていない。この一年、変わらない「報復戦争」の視点が「身近な」ものであり続けたと思います。私たちはその視点から身をはがし、それをどう転換していくのか。国家と個人という問題が、九月一一日とそれ以後のアフガニスタンに対する攻撃を通して先鋭化してきているように思います。

太田　仮に九月一一日の行為を、マスコミ用語と同じように「テロ」と呼ぶとします。そのときに、オウム真理教のときも考え、一九九七年のトゥパック・アマル革命運動のペルー駐在日本大使公邸占拠のときも考え、そして一年前から今日にいたる過程のなかでも私が考えたかったことというのは、個人なり小集団なりが行う「テロ」行為なるものと、国家の名のもとに行う戦争を最頂点とする「テロ」行為とを、いったいどういうふうに区別して、あるいは総合して、捉えるのかという問題でした。国家が行う戦争そのものにせよ、そのなかでのひとつひとつの軍事行為にせよ、それがどんなに残酷なものであっても「正義」を体現しているわけですね。国家が、国を挙げて行っている「当たり前」の戦闘行為であるから、それこそ無辜の民を何十人、何百人殺そうと、それはたしかに気の毒ではあったけれども止むを得ないとされる。あるいは、戦功として顕彰される。国家の暴力というのは、そういうかたちで免罪されてしまうのです。それから先ほど話したように、DNA鑑定のために死者から冒瀆的なかたちで遺体の一部を切り裂いたとしても、それは当然の行為であるとされる。戦争における国家の行為というのは、そのように多くの場合免罪される装置を持っています。

しかし、「テロ」行為・殺人行為を個人なり小集団なりが行った場合には、もうあらかじめ非難の言葉が予約されており、逮捕・裁判・服役、場合によっては死刑が待っているわけですね。それこそサリンを製造・使用したりすることを含めて、なぜ個人や小集団には許されないことが、国家であれば許されるのか。自衛隊や米軍はサリンを持っているわけだし、国軍なるものがそれらを独占したり行使することがなぜ許されるのか。

これは自分たちも持ちたいとか、行使したいから言うのでは、もちろん、ありません。私たちが形づくっている社会・国家のしくみの問題として、そういう問いかけが可能であり、必要であるということです。

この十年間ほど、私が日本のなかで感じるのは、マスメディアに登場して大声で話す人たちは、国家である以上軍隊を持つのは当たり前だというところから出発するわけですね。しかし私は、その前提から疑って、私たちが共同でつくりあげている社会のあり方として、軍隊（国軍）の問題も考えていきたいと思っています。そうすると、憲法九条に依拠しようとしまいと、問題の立て方がまったく違ってくる。先ほどお話したような、軍事用語がふつうの顔つきをして溢れ、いったん「文明と野蛮」といったかたちでさまざまな装置が施されるならば「文明」側のいかなる暴力的な戦争行為も許されてゆくという状況が、ここまで露わになっている以上、また「建国」後の二百数十年の歴史を、とりわけ一九世紀半ば以降は戦争に次ぐ戦争を通して版図も経済力も伸張させ、いまや世界唯一の超大国となっている米国のあり方を顧みるなら、国家であれば軍隊をもつことが当然であり、国家であれば戦争による殺人行為も許されるという、いままで根拠を問われることも少なかった「思い込み」自体を、疑ってしかるべきだと思います。

好機を生かすことがなかった日本

――国軍の存在根拠そのものを突き崩していく視点は、とりわけ昨年九月一一日以降の「有事法制」化に向けた現在なされているさまざまな議論には欠如しているように思います。小泉首相のいう「備えあれば憂いなし」がまかり通ってしまう状況は、その最たるものだと思うのですが。

太田　戦後五七年間の日本というのは、ずいぶんいびつなかたちを伴っているけれども、海外に自国の軍隊を戦闘部隊として派遣したことはなかった。それは、G7のような国のなかでもきわめて稀なことです。その意味では、日本は非常に貴重な位置を世界の戦後史のなかで占めていたと思います。現実には、自衛隊は世界でも有数の軍隊として成長しているし、日米軍事同盟の制約の下で巨大な米軍基地も各地にあって、米軍はそこを発進基地として対外侵略の軍事作戦を展開してきている。しかし、少なくとも自衛隊が海外で戦闘行為をするという事態は免れてきた。その経験は、東西冷戦構造が崩壊して「戦争と平和」の問題をめぐる新しい状況が生まれた十年前の段階や、九月一一日以後の事態の中でこそ、生かすべきものをもっていたと思います。

しかし、この十年間、国連平和維持作戦への度重なる自衛隊の参加を経て、ついに自衛隊はインド洋上で、アフガニスタン爆撃を行なう米軍への補給作戦までするに至っています。

好機を生かすことなく、逆向きの政策を実行しつつあるのですから、日本の首相は有事立法について「備えあれば憂いなし」などという、何をも意味しない言葉で国会論議を切り抜けるべきではない。野党議員が「有事立法がなぜいまさら必要なのか」という質問をしたら、「いままでなかったのがおかしいんだ」というような答えで切り抜けるべきではない。この「答弁」の異常さは何なのか。小泉は具体的な言葉でこの法律の「必要性」を説明することができず、その議論を断ち切る仕方で乗り切ろうとしている。こんな安易なことばで、これだけ大きな時代の変化がつくられてしまう。本当にとんでもない話だと思いますね。

――「一国平和主義」ではもうすまない、「普通の国」であるために国軍が必要だという、そのような前提に押し切られてしまうほど、戦後民主主義における反戦平和運動や、暴力の廃絶を希求し積み重ねられてきた思想や言論は、敢えて言うとすれば「脆い」ものだったのでしょうか。

太田　それが全面決壊しているとは思わないので、まるごと否定的な言い方は避ける方がいいと思います。

ただ、つい先日も、七三一部隊が一九四〇年から四二年にかけて細菌戦を実際に行っていたことが東京地裁の「七三一部隊訴訟」で認定されるということがありました。日本の国家責任に関わる原告の請求は却下されましたが、政府が細菌戦の有無についての認否を明らかにせず、責任をとってきていない以上、大きな意味があります。また、黒龍江省に放置されたままになっていた旧日本軍の化学兵器の廃棄作業が、去る九月上旬にようやく始まりました。完全処理に十年はかかると見られている作業です。最大集積地、吉林省の遺棄化学兵器は手つかずです。つまり、こうした問題を、私たちの戦後史は戦後五七年間という途方もない歳月のあいだ放置してきたわけです。最後に触れたい植民地支配の事実をどう捉えるかという問題とも関わってきますが、私たちの社会は、侵略戦争の傷跡をどう償うかということに関して、自分自身の問題意識のあり方も含めて、ふりかえるべき不十分さをあまりに抱えてきているとあらためて感じます。

植民地問題の浮上

——その意味では、九月一一日とそれ以後の状況は、歴史的問題を含めて、私たちが取り組まなければならない課題を改めて露出させたといえるのではないでしょうか。

太田　少し迂回した答えになるかもしれません。先ほど、米国が行なっているアフガニスタンへの「報復戦争」は人種差別戦争だと言いましたが、私はあらためて、いま植民地問題が大きく浮上してきたと思います。歴史的に省みても、一九世紀半ばに書かれたエンゲルスの論文には、アフガニスタン支配をめぐるイギリスとロシアの角逐が描かれていますし、コナン・ドイルのフィクションですが、誰もが知るように「シャーロック・ホームズ」に登場するドクター・ワトスンは、アフガン戦争の戦場から負傷してイギリスに帰ってきたところでホームズと出会うわけです。ソ連時代のアフガニスタン侵攻や、今回の米軍のもっとも忠実な「友軍」はイギリス軍であることを媒介項にすると、二一世紀初頭の現在、アフガニスタンの地に繰り広げられている悲劇的な現実は、あのエンゲルスやワトスンの時代の痕跡とまっすぐに繋がっていることが、いま改めて浮き彫りにされてきているように感じます。

今回の事態のなかでもっとも印象的なことのひとつは、アメリカ軍が捕まえたアルカーイダの兵士五百人ほどを、キューバのグアンタナモ基地に移送したことです。カンダハールからグアンタナモへの航空路が開かれたわけだけれども、このことは本当に典型的な植民地主義者の傲慢な振る舞いです。百年の歴史を貫いて、キューバは米軍基地を国内に押し付けられてきた。革命後はもちろん基地撤去を要求してきたが、両政府の合意に基づいてのみ改変されるという規定に依拠して、米国は撤退しない。四十数年間、敵対する国の軍事基地が自分たちの国内にあるという痛みに、キューバは耐えてきた。その傷口に塩をすり込むように、アフガニスタンの捕虜をグアンタナモ基地に連れて行って、国際法上からすれば信じがたい処遇をして今日に至るわけですね。

それを恬《てん》として恥じない米国防長官のラムズフェルドは、「いちばん安全だからそこでやるしかない」と公言する。しかも立会人もない軍事法廷で、いったいどんな裁判が行われ、最終的にどんな処遇がなされるのか。テキサスであれほど死刑を行った人間が大統領の国なわけですから、そうした問題に関する感度の鈍さが際立ちます。人権問題ひとつ考えてみても、アルカーイダの囚われた人びとが、現実にどんな犯罪を犯したのかということは、審理されなければわからないわけですね。そういう近代法的な筋道を一切かなぐり捨てた軍事作戦が総体として称揚され、きちっと批判されることがない。それはなぜか。

この間、欧米からときどき聞こえてくるのは、仮にアフガニスタンやスーダンのようにもはや支配層すら統治能力を失った国は、「もう植民地にしてしまった方が簡単である」あるいは「危険な芽を摘むことである」といった声です。そこには、そのような国々がどんな歴史過程を経て、いまのような圧倒的な貧困と圧制を抱えた状況になっているかという、北の先進国の責任を伴って形成された複雑な歴史過程に対する反省がまったくない。その上に、植民地時代を懐かしむような言論が抬頭してきている。特定の地域と人びとに対する徹底的な蔑視です。

ここに問題の本質があると思います。七三一部隊や遺棄化学兵器の問題で見たように、私たちと無縁な問題ではありません。

――「脱植民地化」というような言葉を軽々に使うことなどできない状況に私たちは直面しているわけですね。日本においても、北朝鮮との国交正常化交渉が、首脳会談というかたちで動き出すところに来ています。「朝鮮半島有事」や「不審船」といった言葉を氾濫させて有事法制化を進めようとしてきた日本が、果たして植民地時代の歴史過程に対する責任と反省を真摯に示せるのか。五七年という長い歳月にわたって放置してきた問題に直面しているという認識をどのくらい持てるのかが、交渉の質を規定するように思います。

太田　今回の首脳会談の結果はまもなく明らかになりますが、見通しからすれば、ある程度の「成功」を収めるように思います。日本政府がほんとうの気持ちでこういう交渉を行なおうとすれば、それは当然のことながら、有事立法や靖国参拝とは相反します。それとは本来的に矛盾するのだという認識に立たなければできない政治交渉であるということ、その認識が果たしてあるのか。それがいまの日本の姿勢に対する根底的な疑問ですね。本来外交というのは、武力でもってなんらかの解決を迫られるという、近代国家が当たり前の顔をしてやってきたことを避けて、そうではないかたちで真に友好的な関係を結ぶにはどうしたらいいかという、日々の外交努力の問題であるわけです。

その道を、遅かりしとはいえ双方が選択したのですから、真に新しい道が開かれなければならない。メディアのなかでは、比較的良質の報道記事が載る東京新聞九月一一日付には「米国追随から『自立』狙う日本外交」と題する記事がありました。日朝首脳会談をめぐる分析です。国交正常化交渉再開の合意がなれば、「北朝鮮の攻撃を念頭においた有事法制関連三法案や、テロ・不審船対策の法整備も緊急性は低くなり、安保政策の変更につながる」と観測しています。当然の観測なのですが、でも、どうでしょうか。

国交正常化促進と有事法制定は別と考えて自己矛盾を何ら感じていないという、不思議な人たちが政権の中枢部にいる。「あれはあれ、これはこれ」でやっていけるというふうに思っている。しかも「拉致」問題の進展いかんでは植民地支配に関わる謝罪・賠償問題などいっさい吹き飛んでしまう雰囲気がこの社会には充満するでしょう。

問題はさきほど触れた地点に戻ります。植民地支配、侵略戦争などの基本問題から、戦略爆撃・原爆投下・化学兵器使用・他国人拉致・スパイ船による軍事挑発などの個別問題に至るまで、「国家」の名の下に行われる行為ならばその正当性を疑わないという、日本だけではない、世界にあまねく行き渡っている「信仰」を突き崩し、「国家」なるものから身を剝すチャンスを、私たちはいま手にしています。

●「図書新聞」二〇〇二年九月二八日号

第3章　右派言論徹底検証

新しい衣装の下に透けて見える守旧的立場

河野雅治著『和平工作——対カンボジア外交の証言』

河野雅治著『和平工作——対カンボジア外交の証言』という本がある。一九九九年一二月、岩波書店から刊行された。本に巻かれたいわゆる帯の惹句には「冷戦後の国際社会の風向きを読み、戦後初めて日本が仕掛けた和平外交。外務省のキーパースンが明かす舞台裏の真実」とある。また「時代の風を読みとれ。外交ゲームの本領」とも言う。著者は外務省の現アジア局参事官であり、参考までに記すと、現在五一歳。

ここまで書けばおわかりだろう、東西冷戦体制の崩壊を大きな契機にして起こった国際環境の変化を受ける形で、長いあいだ内戦に苦しんできたカンボジアに平和をもたらすという目標の下に一連の国際的な試みがなされた時期があったが、本書は、自らそのプロセスに関わり、日本が画期的な役割を果たしたと考える外交官の手になる回顧録である。時代は、和平プロセスが開始された一九八九年から、和平協定の成立、国連カンボジア暫定行政機構の設立、日本国会におけるPKO（国連平和維持作戦）法案成立、自衛隊のカンボジア派兵などを経て、一九九三年のカンボジア制憲議会選挙の実施にまで至る数年間である。団塊の世代に属する著者は当時四〇歳代前半、外務省アジア局の南東アジア第一課長の任にあった。

前天皇の死、天安門事件、東欧社会主義国の崩壊の始まり、イラクのクウェート侵攻、ベルリンの壁崩壊、湾岸戦争、ソ連崩壊……と続いた、私たちにとっても忘れることのできない激動の日々と同時代に、このカンボジア和平の試みはあった。当時を思い起してみると、確かにたとえば一九九〇年六月、日本政府のイニシアティブで開かれた「カンボジアに関する東京会議」の際には、米国の影に隠れて顔の見えないと言われてきた日本が、初めて独自の外交政策に乗り出したという肯定的な評価がメディアでは一斉になされた。カンボジア和平について各国関係者が次々と記録を書き始めている時に、日本が後手をとって競争に負けると、またしても「日本外交には顔がない」と批判されるのでそれを避けるために書いたと著者は明け透けに語っている（朝日新聞九九年一月一八日付「カンボジア和平――日本の工作舞台裏は」）。

自信と自己肯定に満ちたこの本から、いくつかの重要な特徴を読みとることができる。

（1）河野は、カンボジア和平をめぐって日本独自の動きを模索し始めた時に、米国を出し抜いてはその逆鱗に触れると心配する周辺の声を聞いている。その後の経過は、いくらか自慢めいた、米国高官との友情・信頼物語として薄められて書かれているが、米国の傲慢な在り方から考えると想像に難くはない。防衛協力のための新ガイドライン策定の過程に見えるように、まったく主体性を欠いた対米交渉の局面はいまだ多く見受けられるにはせよ、団塊の世代が主要な部署を占めつつある官僚機構や企業の戦略部門に、「対米追随」を問い「日本が自画像を描く」ことが必要だと考える潮流が生まれていることは確実だと思われる。朝日新聞は二〇〇〇年一月一九日付の「日米安保調印四〇年」を記念する特集記事でその潮流に触れ、社説でも「したたかな

（対米）交渉力」を持つことを提言している。河野は外務省という対米追随の目立つ省内で、いち早くそこを抜け出た先例の意味合いをもつ人物なのかもしれない。企業内部に同じ例を探ると、昨今メディアへの登場が目立つ三井物産戦略研究部長・寺島実郎を挙げることができる。いずれにせよ今後は、この「自立した」親米派の抬頭が徐々に目立つものになるだろう。私たちはその意味で、新たな状況に直面しているのだと言える。

（2）河野の新しさは、しかし哀しいかな、米国にいくらかは物怖じせず、自分のイニシアティブで動いた、という地点に留まる。彼が自ら「外交ゲーム」を楽しんだ様子は、確かに本書から伝わる。それすらもが、日本の官僚世界／政府機構の中では、不思議なことに従来は見られなかったあり方かもしれないが、それ以上ではない。カンボジアがあの内戦に陥った歴史過程、それを招いた大国の責任、和平に関わる国際社会（国連）や周辺諸国の責任——本書で、この肝心の諸問題が問われることはない。日米軍事同盟を堅持することも、ＰＫＯに日本が参加することも、河野にとっては自明の正しい前提である。問いは、したがって、ゲームにふさわしい程度の浅いものになる。せっかく先駆的な努力をしてきたのに、肝心な詰めの段階では国連常任安保理事国に委ねなければならなくなり悔しい、やはり日本は安保常任理事国にならなければならない、という結論が導かれる。「対米自立」という新しい衣裳の下には、現代世界が抱える問題の根には届きようもない、無惨なほど守旧的で、大国主義を当然と見なす態度が澱《よど》んでいることを見抜くことが必要である。

●「派兵ＣＨＥＣＫ」九〇号、二〇〇〇年三月一五日

他山の石としての「ハノイ・敵との対話」

東大作著『我々はなぜ戦争をしたのか』

一九九八年八月二日NHK総合テレビで放映されたNHKスペシャル「我々はなぜ戦争をしたのか——ベトナム戦争・敵との対話」を、私は都合で後半の一部分しか観ることが出来なかった。それでも深く印象に残り、いつか全体を観たいと思っていたが、その機会もないままに時間は過ぎた。ところが、そのテレビ番組を企画したNHKのディレクターが、この番組の製作に至る過程と論議の内容を明らかにし、補強取材を行なって一書にまとめたことを知って、さっそく読んでみた。東大作著『我々はなぜ戦争をしたのか——米国・ベトナム　敵との対話』（岩波書店、二〇〇〇年三月刊）である。

NHKという大組織の中で、一地方局で仕事をしていた著者が、この番組を具体化するに至る過程で生じた、人びととの出会いの偶然と必然を語る冒頭部分が、まず面白いが、それはともかく、ソ連崩壊という衝撃的な事態の後で始まった「仇敵間の対話」が孕む問題こそが大事であり、私たちに語りかけるところが多いと思える。ペレストロイカ期のソ連と米国の間では一九八七年に、両国の研究者と政策立案者が集まり、一九六二年のいわゆる「キューバ・ミサイル危機」をめぐる討論が行なわれたこともあった。それは、いわば当事者であるキューバを除外したふりかえりの場であった。だがソ連崩壊後には元米国国防長官マクナマラもハバナへ赴き、カストロも参加してハバナ会議が開かれ、「ミサイル危機」に至る経過をそれぞれの立場からふりかえり、相手の証言と付き合わせるという作業が行なわれた。冷戦構造終結後の世界では、こうして、かつての「敵」同士の対話が思いがけない形で実現している。一方か、あるいは双方が、もはや政治・外交・軍事の現場にはいないという条件がそれを可能にするのだろう。

ベトナム戦争に関してこの気運が生まれたのは、ベトナム戦争遂行の最高責任者のひとりであった人物が回顧録を書いたことに始まる。『マクナマラ回顧録――ベトナムの悲劇と教訓』である（原書一九九五年四月刊、日本語訳は共同通信社から一九九七年刊）。マクナマラはここで、ベトナム戦争は米国が犯した過ちだったと認めた。これに対しては当然にも、「ベトナム戦争における五万八千人もの米兵の死は、誤った目的のための無駄死にだったというのか」という、日本社会でも馴染み深い論難が数多く浴びせかけられた。私は、（米国内左派も批判しているようだが）彼が自己批判したとはいっても、自らの過ちをヨリ良く見せかけようとする詐術がはたらいていることを感じとらざるを得なかった。

だが、この本の刊行を契機に事態は動いた。折りしも原書刊行から四ヵ月後の九五年八月、ベトナムと米国は国交を樹立した。マクナマラは、ベトナム戦争はなぜ起き、それぞれの局面で双方はどう情勢を判断しており、戦争を回避する手立てはあったのかをベトナム側の指導者と話し合いたいと考え、側近を介してベトナムにはたらきかけていた。一方、ベトナム政府高官はマクナマラ回顧録を輪番で読み、彼の「反省」の率直さに驚いた。やがてベトナム語に翻訳された同書は、ベトナムの一般の人びともこぞって読むベストセラーとなった。ベトナム側はこれらの情勢を見ながら、最重要課題である経済の発展のためには米国の高度な技術と資本を必要としている現状に鑑みて、対話に応じることにしたようだ。九五年一一月マクナマラのハノイ訪問を手がかりにして、九七年六月、両国の当時の政策決定者が一堂に会しての「ハノイ対話」は行なわれた。

この対話には学びとるべきことがたくさん含まれているように思える。たしかに、マクナマラ回顧録に感じたように、米国側の「反省」なるものが、時に盗人猛々しい物言いになる傾向は隠しがたい。それはマクナマラ自身の「ベトナムの指導者は、同胞の命のことなどまったく考えていなかったのではないか。同胞の死傷者の数を減らすことなど念頭になかったからこそ、戦争を早期に終結させる話し合いも拒否したのではないか」という発言で頂点に達する。瀬踏み交渉のなかでも北爆を続行しておいて、「これを認めなければ爆撃を続けるぞ」という物言いが、一方的に戦場にされている側から見てどう捉えられるかが、マクナマラにはついに理解しがたい地点なのだ。軍事行動を増大させつつ交渉のチャンネルを開こうとすることに、合理性をしか見ないところにマクナマラたちはいる。ベトナム側の憤りは当然にも強いが、対話を続けようとする意志によって辛うじて彼らは冷静さを保つ。著者自身もこの発言には驚き、対話が終わった後でマクナマラに本意を質問している。だがマクナマラは動じない。「もし私が北ベトナムの高官であったなら、米国の提案について交渉を開始し、和平達成の努力をしただろう」と断言する。かつて自らが関わった対ベトナム政策を「反省」しているマクナマラにしてこの水準の認識なのだということを確認することは大事なことだ。イラクやコソボの例を思い起こしてみても、一方的に「われわれの提案を認めない限り、爆撃を続ける」と言うに等しい対外政策を、米国は採り続けているからだ。

にもかかわらず、このハノイ対話の意義は大きい。対話は、両者がいかに「敵」のこと（歴史・現実・意志）を知らなかったかを明らかにしている。過去の失敗をそれぞれ語り、その原因を究明し、（米国側はいまだ無自覚だとはいえ）責任のありかを明らかにする努力が、ここでは行なわれている。一見敵対している者同士の間でも、水面下では対立解消に向けての努力がなされる時期があることは、韓国・北朝鮮首脳会談の決定の報を見てもわかる。アジア太平洋戦争という歴史的過去に関して、そして現在の平和に関わって日本社会がどうするかという意味で、ハノイ対話は他山の石だと言える。

●「派兵ＣＨＥＣＫ」九一号、二〇〇〇年四月一五日

漫画を使わず「言葉を尽くした」本の、ファン向け専用トリック

小林よしのり『「個と公」論』

小林よしのりが『「個と公」論』（幻冬舎）を出した。四月下旬から書店に出回っている。すぐに読んだ。小林の作品それ自体に対する私の評価と関心は（部落差別問題やＨＩＶ訴訟の初期段階の作品を除けば）いまも低い。好き嫌いで言えば、嫌いだ。内容は杜撰きわまりなく、資料批判を欠いたまま、彼が先験的に望む結論に強引に行き着く資料操作が目立つ。読まずに済むなら、それが望ましい。だが、周知のように、「小林現象」とでも言うべき事態がある。漫画一般が現代の精神文化の中心に位置し、ましてや小林のイデオロギッシュな作品は、若者を中心に多数の読者を得ている。この社会・文化・政治「現象」に無関心ではいられない、と思う。作品それ自体の魅力に惹かれてではなく、「現象」を読みとるために……とは、私が小林を読む動機は、かくも〈不純〉である。

私たちが真っ向から対峙すべき開明的な保守本流の立場を忖度するならば、小林のウルトラ・ナショナリズムは、彼らにとってずいぶんと迷惑な存在ではないかと思ってきた。世界を席捲しつつある「グローバリゼーション」は、私の立場から簡略にまとめると「弱肉強食」を基本原理としており、私たちはそれへの抵抗も放棄するわけにはいかない。だが、このグローバリゼーシ

ョンの流れに沿いつつ今後の日本の進路を考えようとする保守本流からすれば、基本的に「他者存在」を欠いた小林の戦争論は、その民族主義的偏狭さにおいて世界基準に合致しない。それは、「不法入国した三国人、外国人が非常に凶悪な犯罪を繰り返しており、大きな災害が起こった時には大きな大きな騒擾事件すら想定される」と語った都知事や、「日本の国はまさに天皇を中心とする神の国であるということを国民にしっかりと承知していただく」などと語る現首相の発言に、ヨリ「まっとうな」保守潮流がいささか困惑している状況に対応しているように思える。

『「個と公」論』では、「十全に言葉を尽くして論破し説明するために、『漫画』の手法を一切封じた。『漫画』でわかりやすいからずるいとか、『似顔絵』を描くからイメージ操作だとか、甘えた批判の余地を除去してみせるのも面白い企みだろう」と小林は「あとがき」で言う。確かに漫画は一枚もない。四六判・四〇〇頁の語りが延々と続く、言葉の本である。だが、その漫画と同様、小林ファン向け専用のトリックはある。インタビュアーの時浦兼（彼は、ある時は「日本の戦争冤罪研究センター所長」を名乗り、またある時は小林を「お師匠」と呼んで、ゴーマニズム・シリーズにたびたび登場する）が、小林の『戦争論』を批判した知識人ひとりひとりの言説をおおまかに、あるいは読み上げて詳しく説明し、それに対する小林の意見を聞く。小林はそのすべての質問に対し、哄笑か罵倒か嘲笑かをもって、あるいは呆然、憮然たるさまで答える。小林批判に入る以前の言説に対しては、ごく稀に、「いいねえ」とか「素晴らしい」とか言って、相手をたてる余裕をもって応じる。いずれにせよ、質問者と批判者に対して、一段と高い位置にいることを印象づける態度を決して崩すことはない。元々「ゴーマン」を売り物にする人間だが、批判者たちの本は売れても高々数千部から一万部以下にすぎないが、自分の本は六〇万部も売れたという事実が、その居直りを支えているらしいことがうかがえる。

取り上げられている小林批判の原文のすべてに私が目を通しているわけではないが、本書での引用が妥当なものだとすれば、批判する側にもずいぶんと杜撰な論理があるように思える。小林自身の論理のデタラメさはともかく、小林作品とその人格に対する支持基盤は、戦後左翼主義と進歩主義の理念と実践の敗北の上にある。それが「廃墟」と化していることを本能的に見届けている若者たちのニヒリズムが、小林が行なう「左翼・進歩派に対する嘲笑」や、オウム教団との対決やＨＩＶ訴訟の時に見られたような小林の「行動主義」に対する共感として表現されている。そのことに自覚的でない小林批判は、少なくともファンを前にしては有効ではないことが、もっと真剣に考えられるべきだと思う。

美術史家・若桑みどりは、嫌悪感に耐えてゴーマニズム作品を読み込み、すぐれた図像学的分析を展開してきたひとりだ。彼女は今回、「小林マンガの図像分析と受容の理由」（上杉聰編著『脱戦争論』所収、東方出版）において、彼の漫画の本質を面白く分析した。物語の枠外で繰り返し登場する巨大な自画像のサブリミナル効果、事実「らしき」ものとまったき虚構を自在にはめ込んで構成されるひとつの物語……などの視点で。漫画を使わず「言葉を尽くし」た今回の本でも、その手法は使われているように思える。インタビュアー・時浦と小林の問答のあり方それ自体の中に。私が言う「小林ファン向け専用のトリック」とは、そのことを指している。

小林作品は熱病にうかされたようなファンを作りやすいが、それだけに、読者が冷静になる時間を得た時には、小林が資料を処理する時の恣意性や論理展開のデタラメさにも容易に気づきうる性格のものである。人間のそのような知覚力に確信をもって、「まちがったことを言ったら謝ればよい、たかが漫画家」（誤解なきよう、小林本人がよく言う居直りの言葉である）の作品に正面から向き合い、地道な批判活動を続けるべきだと思う。

過去の歴史に対する小林の捉え方にしても、先に触れた石原や森の発言にしても、グローバリズム時代の保守本流がめざす基本路線にはならないだろう。だが、捉えどころのない現代社会の空虚感や、現実政治への絶望感が漂っている社会にあっては、狭い愛国主義の穴に入り込み、異質なものを嫌うこれらの言葉は、いつどんな具体的な形で、人びとの底暗い本音に火を点けるかわからない恐ろしさがある。「傍流」が挑発の炎を点火し、それによって不気味な社会的雰囲気が醸成され、それら総体の上に、傍流に眉をひそめて見せる「本流」が君臨するという構造全体を問わなければならない。

●「派兵ＣＨＥＣＫ」九二号、二〇〇〇年五月一五日

「現実的とは何か」をめぐる、大いなる錯誤

高良倉吉らの「沖縄イニシアティヴ」

首相在任中の小渕も出席した「アジア・パシフィック・アジェンダ・プロジェクト」沖縄フォーラム（三月二五日～二六日）において、琉球大学の高良倉吉（歴史学）、大城常夫、真栄城守定（いずれも経済学）が行なった提言を読んだ。「アジアにおける沖縄の位置と役割」と題されたその提言には、「『沖縄イニシアティヴ』のために――アジア太平洋地域のなかで沖縄が果たすべき可能性について」との副題が付されている。

日米同盟を評価する立場から米軍基地の存在意義を積極的に認めたうえで、「日本尽き、アジア始まる」地であると同時に「アジア尽き、日本始まる」地でもある沖縄を、日本とアジア太平洋を結ぶ知的な交流センターとしようと提唱するこの主張については、すでに朝日新聞（五月一五日～一七日）で紹介され、沖縄タイムスと琉球新報では賛否両論の激しい論争が続いている（私もすでに、高良らの論旨に対する批判的な文章を両紙に書いた）。この論議は広く共有化される必要があると考え、ここでもう一度触れてみる。

歴史家としての高良の仕事のすべてを知るわけではないが、いま思えば、彼の単著『琉球王国』（岩波新書、一九九三年）にはすでに、今回の「イニシアティヴ」に至る基本的なモチーフが見

られたと言える。教師としての彼は、学生の次のような思いに直面する。「父母から聞く沖縄の歴史は、いつも苛められてきた話ばかりで、暗い。もっと大らかに生きた歴史を知りたい」。確かに、学生に歴史用語の意味を尋ねると、特設授業のおかげで沖縄戦に関する用語の知識は豊富だが、他の時代についてはまったく無知なことに彼は気づく。いつまでも被害者の視点に拘束されたままでは、県民は卑屈になるしかない、沖縄の歴史の全体像を描くことが必要だと考えた高良は、もっとも希薄な分野である前近代史を解明するために「古琉球時代」を中心に琉球王国の歴史を描いたという。それは、東アジアや南アジアとの「大交易」によって琉球が生きていた時代で、確かに活力に満ちていたように描くことができる（藤岡某が、かの「自由主義史観」を主張し始めた時に引いたエピソードによく似ているが、だからといってこの段階で、高良の論議をその範疇に入れてしまうのは、性急で、安きにつくレッテル貼りだと思える）。

これに先んじて、NHKテレビの大河ドラマ「琉球の嵐」の監修責任者となって時代考証を担当したのも、同じ思いからなのであろう。一国主義的「日本史」に包摂されない琉球史を確立しようとする志向性には、もちろん、異論はない。ただ、それが「琉球王国史観」とでも言うべきものにしか収斂していかないこと、他方で、「県民の大多数が日本復帰を希求し、やがてその結果に満足したとすれば、歴史家はこの県民世論を背景に歴史像を再構成する義務を負うべきだ」との主張が繰り返され、畢竟歴史の或る一段階のものでしかない「県民の大多数」の意志をそのように絶対化することは、果てしない現実肯定に行き着く場合が多いだけに、大きな違和感を感じていた。一九九三年刊の『琉球王国』は、私にとって、そんな意味合いに「留まっていた」ことを思い出す。

その後の高良の論議は、しかし、さらに着実に「進化」を遂げていく。時期を画するのは、今回の共同提案者のひとりである真栄城と琉球銀行監査役・牧野浩隆（稲嶺県政下での現副知事）とで行なった鼎談『沖縄の自己検証』（ひるぎ社、一九九八年）であろう。「『情念』から『論理』へ」との副題が付されている。私自身は、この問題意識の一部を共有する。民族差別・民族的抑圧に関わる糾弾と告発の厳しさが「討論それ自体を封じ込める」傾向にあることを危惧した私が、日本人（ヤマトンチュ、シャモ）である自分の立場をわきまえつつも、「運動の論理の中で相まみえるために」という文章を書いたのは一九八六年のことだった。批判者を絶対的な正しさの高処におき、批判される側が、状況と運動の中で可変的であることを無視するような、双方が「情念」で拘束される傾向に、私がやりきれなさを切実に感じていたからである。

だが、この問題意識を、一部なりとも彼らと共有できたのは、この時点で終わった。「自己検証」から今回の「沖縄イニシアティヴ」へと至る高良らの立論は、琉球の新しい歴史像の構築を志した高良が当初はもっていた慎重な自己抑制をすべて解き放ち、現状における「県民の大多数」の意志に寄り添うかのような身振りによって、日本国家が辿ろうとする道を無条件に肯定する地点にまで至った。それによって、軍事基地問題に関しては、北米国家の方針とも、軋轢なく同化することになった。

彼らは、日米同盟や米軍基地の「存在意義」に関して、かくかくしかじかの理由によって認めるとは、最初からは語らない。「大多数の国民が専守防衛を基本とする自衛隊の保持と対外政策の根幹としての日米同盟を支持しており、その枠組みの中で沖縄の米軍基地が定義されている」という論法を通してはじめて、二国間軍事同盟と基地を肯定する彼らの「提言」が導かれる。自分たち知識人の提言は、従来の夢見る知識人たちの空想的な戯言とは異なり、大衆的な支持基盤に基づいて「責任をもった」対案であることを、言外に誇るのである。

高良らには、「現実的とは何か」をめぐっての救いがたい錯誤が見られる。自分たちの眼前にあるのが、その構想力においてきわめて貧しい「現実」でしかない時に、ひたすらそれに見合う「対案」を出すことが「現実的なこと」だと彼らは思いこんでいる。いきおい対案は、「現実」と「未来」をますます貧しいものにすることに加担する。国家が、何らかの問題をめぐる選択肢を限定的なものとしてしか示していない時に、私たちが自らの「夢」をその内部に封印してしまうことは、ない。そうでなければ、「現実」批判そのものが、この世では成立しえないのだと告白するにひとしいことになるだろう。

●「派兵CHECK」九三号、二〇〇〇年六月一五日

日の丸、君が代が戦争したわけではない？

加地信行編著『日本は「神の国」ではないのですか』

「文庫でジャーナリズム、はじめました」と名乗るのは小学館月刊総合文庫である。数年前に刊行が始まったが、私の関心で言えば、徐京植の『子どもの涙』、塩見鮮一郎『浅草弾左衛門』、周恩来『十九歳の東京日記』などに、文庫本としての企画の冴えを感じたが、ふだんはあまり読む意欲が湧かない企画が多い。今月の新聞広告を見て、加地信行編著『日本は「神の国」ではないのですか』を買った。執筆者は、加地のほかに田原総一朗、佐伯彰一、長谷川三千子、ペマ・ギャルポ、大原康男、坂本多加雄、中西輝政、西修、西部邁で、その限りのことなら「産経新聞」や「正論」などですでに読んでいるものが多いから、今さらという感じがするが、内容的にいえば山口昌男の名前があったので、その登場の仕方に関心があった。しかし、どちらかといえば、内容というよりは、その素早い「ジャーナリズム」感覚への興味のほうが優っていたとは言える。

森喜朗の、いわゆる「神の国」発言があったのは、五月一五日に開かれた「神道政治連盟国会議員懇談会結成三〇周年記念祝賀会」の席上のことである。それから一ヵ月半有余後の七月七日付けの新聞各紙には、この本の大きな広告が載っている（奥付は八月一日となっている）。新聞、週刊誌、月刊誌、単行本、テレビなどを通しての右派ジャーナリズムの動きには、それなりの関心を抱いてきた私だが、この文庫本制作の速度には（私自身は、そのような素早い作業が苦手なだけに余計に）いささか驚いた。内容に先に触れないのは本末転倒であることは自覚しているが、この「速度」は、資金潤沢な右派ジャーナリズムの、今後の展開方向を暗示しているように思える。一定方向をもつ大量の情報を、時を逃さずに、流すことが、世論形成のうえで果たす役割を、十分にわきまえた作業なのだろうという意味において。

さて、その内容である。以下、本書を卒読しながら考えたことを記しておこうと思う。当日の森喜朗の発言全文を読むと、その会には梅原猛も同席していたことがわかる。梅原猛が神道政治連盟懇談会の祝賀会に列席していて、挨拶をしない（「祝辞」を述べない）ということは考えられない。森の発言もさることながら、私は、梅原のような「学者」がこの種の会合に出て、どんな挨拶をしているのかを知りたく思う。「六〇年安保まではマルクス主義にかなり近かった」（吉本隆明・中沢新一との鼎談『日本人は思想したか』、新潮社、一九九五年）と自ら語る梅原は、その後「日本研究の外におかれた」沖縄や「国家主義なんて全然関係ない」アイヌ文化への関心を深め、縄文を媒介としてアイヌ・沖縄・日本を結ぶ「日本的なるもの」という歴史的概念の創出に熱心であった。その延長上で展開されてきた梅原理論を思い起こすならば、首相＝森の「失言」は、学者＝梅原の学問的な粉飾を凝らした「学説」によって、十分に補完されているかもしれないというのは、無理な推測ではない。政治家のときどきの発言・態度を厳しく分析・批判することの大切さを思いつつ、それを時代の「気分」全体の中に位置づけて行なうのでなければ、有名政治家の

「失言狩り」に終始し、その背後に広がる全体状況を見失うおそれがあるというのは、私がつねにいだき続けている危惧である。

野党政治が政府・与党に対して根本的な政策論争を回避し、むしろ政策的にはこれに徹底的に妥協しつつ、後者の指導者の「醜聞」（汚職、異性との「不適切な関係」、失言など）が何らかのはずみで明らかになって、これを叩くことを待ち望むだけだという状況が日本政治・社会のなかに生まれて、久しい。スキャンダルは叩きやすい。当事者の謝罪なり辞職・辞任なりの結果が生まれるなら、カタルシスは得られる。時にそれぞれの「スキャンダル」を追及することは当然としても、そのセンセーショナルな喧騒な中で、本質的な問題が見失われてゆくという感想を私はもつ。森発言に対する関心と同等の度合いで、当日の梅原発言の内容を知りたいという私の思いは、そこから生まれる。それは、森喜朗ひとりの「失言」を追い詰めていけば事足りる、とするのとは違う方向性を切り開きうるからである。

論者たちの注目すべき論点のひとつは、「天皇を中心とする神の国」なる森の表現は、復古イデオロギーなどではなく、「天皇は日本国の象徴であり、日本国民統合の象徴である」とする憲法の定めを言い換えただけだ、とするものであると思われる。森自身が事後の記者会見で弁明の論拠にしたのがここだったが、これをもっとも強調しているのは坂本である。法律制定などの実際の意思決定は国民を代表した議会がやり、国民の統合の象徴たる天皇が「署名なさる」という行為を媒介としてはじめて法律となるのが日本国のありようであり、この構図を考えると、「象徴」というのはそんなに軽いものではないから「中心」と表現しても国民主権を侵したことにはならず、構わない、と坂本は言う。多くのマスメディアや民主党・社民党・共産党など、もっぱら「戦前の皇国史観への回帰」と捉えて森批判を展開した立場は、こうして「象徴」概念の曖昧さを突かれたときにその弱点を顕わにして、太刀打ちが不可能になるだろう。我―彼をへだつ真の分岐線は、目に見えるところとは別な地点に引かれていることを知ることが必要だと思える。

ほかには、中西輝政の「論理」が相変わらず突出している。「国旗・国歌」制定に関して、日の丸・君が代は戦争を最も象徴するものとされてきたが、「しかし、よくよく考えてみると、日の丸、君が代が戦争をしたわけではない。戦争は人間がしたのであり、その時代の人間が過ちを犯したのである。日の丸、君が代に罪を負わせるのは全く愚かな話である」などという、噴飯物の一節もある。国民国家のシンボルとしての国旗・国歌が、全体主義国家体制下において、心理戦略の武器としていかに機能したか、という問題意識をすら、この「政治学者」は持たないらしい。驚くべき「水準」の議論が大手を振ってまかり通る現実の異様さが、「慣れ」とともに、異様ではなくなっていく過程にこそ敏感でありたい。トリックスター・山口昌男の論点は、森発言は「時代の気分を表現」しているというものだが、「あまり気にすれば、逆に相手の立場を強くするだけなのではないか」とズラす姿勢にのみ、この文章で一貫して述べてきた意味において小さな共感をもった。

●「派兵CHECK」九四号、二〇〇〇年七月一五日

「ソ連論」で共感し、「日本論」で異論をもつ

内村剛介『わが身を吹き抜けたロシア革命』

内村剛介の本が久しぶりに出版された。題して『わが身を吹き抜けたロシア革命』という（五月書房、二〇〇〇年七月）。一九二〇年生まれの内村は戦前ハルビン学院に学び、卒業後は関東軍に徴用された。敗戦時に「平壌」に進駐したソ連軍に逮捕され、シベリアに抑留された（内村の年来の主張に従えば、「ソ連国家捕虜」とされた、という表現になる）。一一年間の捕虜生活を経て、一九五六年、最後の集団帰国者のひとりとして舞鶴に上陸した。まもなく松田道雄の推挽を得て文章を書き始めた。テーマは、主としてスターリン獄での経験や現代ソ連の思想・文学状況だった。トロツキー文献や詩人・エセーニン、ソルジェニツィンをはじめとする現代ロシア抵抗文学の翻訳・紹介でも際立った役割を果たした。

「甘さ」が残る日本左翼や進歩派、戦後民主主義派のソ連論・社会主義論・ユートピア論を、独特の皮肉な口調で「揶揄」（必ずしも、後味の良くないことを意味しない）しながら展開されるラーゲリ論・ロシア革命論・現代日本社会論には、内村の複雑に屈折した心情が浮かび上がっていて、こころに響くものがあった。

同時代の日本の思想・社会状況に対する批判も苛烈だった。それは、たとえば、「わだつみ」に

対するそれに見ることができた。特権的に学問をさせてもらっておきながら、学徒動員され、戦場に行くに当たって抵抗を試みることもなく戦死したからといって、特別に哀悼されるいかなるいわれもない。「亡びるべくして亡びたのは、われわれ学生だけではなかったのだ。……いのち、死、それを他人事のように客観化しようとし、甚だしい場合には一般化さえしようとしたわれわれの同輩たちの、思い上がった、いい気な姿を、ぼくは、むしろ、ぼくら学生の罪業だとさえ思う。二十年後のこんにち、あとの世代に伝達すべきものは、わだつみの声などという繰り言であってはなるまい」（「情況にとってまことに残酷なこと」、『呪縛の構造』所収、現代思潮社、一九六六年）

六〇年代〜七〇年代のおよそ二〇年間、私は内村を大事な表現者として、上の「わだつみ」に対する文章も含めて共感をもって読んできた。しかし『ロシア無頼』（高木書房、一九八〇年）では、ロシアへの警戒論が、「羽田に、成田に、見よ（ソ連の）落下傘」式の表現に見られるように、「ソ連の脅威」を前にした日本国家の危機をアジるにまで至っていて、あぜんとした。（日本）民族の自立は（ソ連の）武力による敗亡で失われるものではなく、精神まで武装解除されてはじめて完全に屈伏するのだが、屈伏しない精神の訓練はそれぞれの家族内のしつけの問題である、という類いの主張が、その本の後半では展開されていた。それ以来、内村の本を読むことを、私はやめた。もっとも内村自身も、その後は長い間、本をまとめることをやめてきた。

かつて内村の本の編集者であった陶山幾朗の主宰で、九八年から『ＶＡＶ ばぶ』と題する不定期刊の雑誌が発行されている。そこに、陶山が聞き手となった「内村剛介インタビュー」の連載がある。『シベリアの思想家――内村剛介とソルジェニーツィン』（風琳堂、一九九四年）の著者である陶山に対する信頼もあって、このインタビューは読んできた。理由はもうひとつあって、内村が監修して、スターリン獄における内村の獄友というべきジャック・ロッシの『ラーゲリ強制収容所註解事典』がその間に出版されたのだが（恵雅堂出版、一九九六年）、それを読むと、『ロシア無頼』程度の著作の荒れ方を見て、内村のラーゲリ「体験」をそう簡単には忘れ去ることはできないと思い、内村を読むことをやめるというのは浅慮であったと思ったからだ。

インタビューと新著で久しぶりに相対した内村の表現は、かつてのように面白く、刺激的だった。新著に収録されているソ連論は、主として一九八九年から九四年にかけて書かれたもので、ペレストロイカ末期からソ連崩壊の直後までの時期に相当する。そこで多様な角度から展開されるレーニニズム、スターリニズム、総じてソ連社会主義批判には、「左」からの批判としての根源性があるように思える（内村自身は、「左」だなどと、通俗左翼と一緒にするなと言うかもしれないが、「根源性」という以上は、それなりの敬意をこめて私は言っている）。ジョレス・メドヴェージェフの「スターリンの原爆プロジェクト」（「世界」二〇〇〇年八〜九月号）を読むにつけても、ソ連論は、機密文書の公開に助けられていっそうの深化が期待されるが、その際内村の立論を無視するわけにはいかないようだ。

他方、インタビューは、「生い立ちの記」的な話から始まり、一四歳の少年・内村が「少年大陸浪人」的な心情で満州へ向かう時代へと進む。インタビューなので、表現・言葉の厳密性にはおのずと限界があるかもしれないが、満州国への視点、「脱亜」や入欧ならぬ「入亜」などの問題をめぐっては、やはり私の捉え方との間には不可避的な対立点が残る。満州経験は「戦後デモクラシーの勝者たちの言うような、一方的な、全く不生産的な、罪だけの歴史ではなかった」という内村の考えは、「侵略には、連帯感のゆがめられた表現という側面もある」とした竹内好の考えに通じるものがある。最近でも、長春（旧新京）の街を見て、その都市計画の見事さに「日本人に対する信頼の念を新たにした」と福田和也は語った（「正論」九七年五月号）。安彦良和は、建国大学を舞台とした興味津々たる劇画『虹色のトロツキー』（潮出版社、全八巻、一九九三年、現在中公文庫）を描いた。日清・日露戦争から満州国建国に至る近代日本のアジアとの歴史過程をふりかえり、内村は「帝国主義の時代に生きるために、日本に何か他の選択肢はあったか」と問う。この論点は、私たちも避けることのできない問題として対決し続けなければならないようだ。

●「派兵CHECK」九五号、二〇〇〇年八月一五日

「個」を脅しつける「体制」の論理

曽野綾子「日本人へ——教育改革国民会議第一分科会答申」

前首相・小渕の発案で首相の私的諮問機関「教育改革国民会議」（座長・江崎玲於奈）が設置され第一回会合が開かれたのは、二〇〇〇年三月のことだった。小渕の死後、それは現首相の諮問機関として引き継がれ、去る七月には早くも分科会報告がまとめられた。そこで「小・中学生には二週間、高校生には一ヵ月の奉仕活動を求め、将来的には、満一八歳の全国民に一年間の奉仕活動などを義務づけること」を提言したことは、すでに報道されている。前国会における首相・森の所信表明演説でも「学校教育に奉仕活動を導入する」ことの大切さが強調されていた。

この諮問機関の中間報告原案が公表されるのは、来る九月二二日だが、それに先立って、いくつもの観測気球が上げられ始めた。八月末ギリギリに発売された「諸君！」一〇月号には、曽野綾子の「日本人へ——教育改革国民会議第一分科会答申全文」なる文章が載った。「日教組的教育がおかしい」と感じていた曽野は、それでも「日本人の賢さと小器用さが、何とかその毒素を受けるのを防いでいるのだろう」と期待して委員を引き受け、答申案下書きの起草を担当したものらしい。続いて、九月五日に記者会見した文相・大島理森は、国民会議が答申するであろう「奉仕活動を充実させる」という考え方は「文部省の方針にものっとるものだ。首相からも来年の通常国会に照準を合わせて準備をしていくべきだと話があった」と語った。これら一連の動きをまとめた朝日新聞は、同月六日付の紙面で、「政府・与党は、小・中・高校生にボランティア活動を義務づけるための関連法案を、来年の通常国会に提出する方針を固めた」と報じた。この記事は「どのような奉仕活動を義務づけるのか」をめぐる議論は今後の詰めの問題としながらも、この「規定方針」の路線を走り始めた与党幹部のあけすけな発言をいくつか紹介している。曰く、奉仕活動の分野は「消防団でも、予備自衛官でも、介護でもよい」。曰く、奉仕活動の義務化に「世間の親は反対しないだろう」。曰く、「ボランティアをやらないと大学も入れない。就職も認めない」。

先に「観測気球」とは言ったが、打ち上げている側は、十分に昨今の情勢を読み込んで（＝観測して）かなりの自信をもってこれらを行なっているように思える。凶悪な少年犯罪の多発、学校教育現場の荒廃といった、誰の目にもわかりやすい現実は、これに「対応する」（かに見える）政策を政府が採用することを容易にしている。同じ六日の紙面で報道されている「少年法改正問題で、与党三党は、刑事罰適用年齢を現行の『一六歳以上』から『一四歳以上』に引き下げることで基本的に合意した」との方針も、「世間の親」は一般的に「重い罰則規定が、犯罪抑止効果をもつ」と考えやすいことを利用している動きだといえるだろう。

朝日新聞政治部・阿部記者は「強制力をちらつかせ、義務だといってやらせる」奉仕活動のあり方に、当然の危惧を表明した（六日付解説記事）。吉本隆明は、自分の体験でも「義務づけられた勤労奉仕は工科大学生として徴用動員をされた時だけで、後は農村動員、雑作業の奉仕も学校単位の決定にゆだねられていた」として、「神聖天皇制下の軍国主義の戦争期に勝るとも劣らぬファッショ的な統制を、いやしくも江崎ダイオードの発明と開拓を推進した江崎氏のような科学者をチーフとする人々が決議」することは許されるべきことではないと論じた（朝日新聞九月一〇日付）。吉本特有の「科学者に備わっているはずの科学性」に対する相も変らぬ信仰告白と、このような方針が提起されようとしているのは「労働力不足」によるものだと吉本が判断して批判しているのは、見当違いもはなはだしい思うが、「青少年の非行防止のつもりなら、とんだ見当違いで、まず自分たち大人の非行、暴挙を即座に撤回すべきだ」とする結論に、異論はない。

公式発表に先んじて「諸君！」一〇月号に曽野綾子が寄稿した答申案を読んでみる。官僚指揮下の政府審議会では、自分のような小説家の文章の出番はないが、今回は「ことが人間性の問題なので」自分の文章でもいいだろうと考えた、と曽野は言う。曽野に「人間性」など教わりたくないと考えている私には、「日本人へ」という、答申案の仰々しいよびかけも含めて、傍迷惑な「自信」である。だが、たしかに、政府審議会答申案にはめずらしい文体の文章ではある。部分的には、いくぶん情緒的でもある。青少年の現状に対する怖さ、教育の現状に対する不満を抱えている「世間」には、それなりに受け入れやすい「雰囲気」はもっているので、それが果たしうる意味を軽視しないほうがよいと思う。

答申案は、社会性と世界性の欠如を特徴としている。大人が作り上げた社会への反省めいた言葉はある。物質的な豊かさで失われた人間性への言及という、見慣れた風景もある。「地球上の多くで、子どもも大人も生きるために働いている」という、世界を見つめた文言もある。それらが、有機的な構成の中で論理的に分析されることはない。垂れ流しのような文章として続くだけである。その挙句末尾には「誰があなた達に、炊き立てのご飯を食べられるようにしてくれたか。誰があなた達に冷えたビールを飲める体制を作ってくれたか」という表現がくる。私的領域の問題に、「体制」が、つまりは国家が顔を出し、「個」を脅しつける構造が透けて見える。抽象的に感慨に耽る文章の中で、突然のように現われるのが「奉仕活動義務化」の方針なのだが、唯一具体的な「指針」がこれだけだという点に、「科学者」江崎や小説家・曽野らが、「体制」の意をうけてまもなく発表する「答申」の本質があると言える。

●「派兵ＣＨＥＣＫ」九六号、二〇〇〇年九月一五日

多様性の中の、いくつかの忘れがたい表現

文藝春秋編『私たちが生きた20世紀』

文春文庫が文芸書の分野で独特の選書をしているのは周知のことで、日頃から何かと世話になる。それに加えて、「文藝春秋編」と名乗るノンフィクション・歴史物の分野でも侮るわけにはいかない企画がある。『「文藝春秋」にみる昭和史』（半藤一利監修、全四巻）や『エッセイで楽しむ日本の歴史』（上・下巻）などは、主として批判や反発の思いと、稀に共感の思いがさまざまに起こるのは当然としても、なかなかに読ませる企画物になっている。後者の場合は、古代から幕末期までの雑多な歴史的な事項に関して二〇〇人あまりの人びとが文庫本四～五頁分のエッセイを寄せている。雑学的な知識が得られ、いわゆる歴史好きな人びとには満足のいくものになっているだろう。稀にラディカルな例外はあるが、編者たる「文藝春秋」が、対象として想定している読者一般の歴史認識の水準をどの辺りにおこうとしているかがわかる。佐藤誠三郎の「PKOと尊王攘夷の情念」や小西甚一の「進歩的文化人と『徒然草』」などは、「敵」ながら、巧みである。

その流れで、興味深い本が出版された。文藝春秋編『私たちが生きた20世紀』（上・下巻）である。もっともこれは雑誌「文藝春秋」二〇〇〇年二月臨時増刊号の文庫化だというのだが、元本は読み逃した。実に四〇〇人近い人びとが「私の戦争体験」「わが家の百年」「忘れ得ぬ人」な

どのテーマについて一五〇〇〜二〇〇〇字程度で語り、「二〇世紀　世界を動かした人々」「二〇世紀　世界を知るための本ベスト三〇」「二〇世紀　世界を変えた事件」などをめぐる座談会が収められている。この種の、二〇世紀回顧的な書物はすでにたくさん出始めているが、出版社の宣伝力や文庫サイズの気安さは別にしても、実に多様なテーマに関して多彩な人びとが、わずか数分間で読める短文を寄せているということ自体が、ひとつの魅力となっているような書物である。

この多様性をむりやりひとつの色に塗り込めて批判するつもりはない。この本は決して単色ではないし、そんな批判は有効ではないだろう。だが、多様性の中にさり気なく埋もれている、特徴あるいくつかの表情については触れておきたい。短文だから触れることができなかった、というだけには終わらない強引な結論と断定が試みられている文章は、やはり、私が一連の時評的な文章で日頃から批判の対象としている人びとによって書かれているようだ。

平川祐弘の「シンガポール陥落とディエンビエンフー陥落」という文章は手がこんでいる。「東亜侵略百年」といわれたイギリスの東洋支配は、一九四二年の日本軍によるシンガポール陥落によって終止符を打たれたとする平川は、若い日々に自分の仕事先や旅行先で知合ったベトナム、シンガポール、インドなどの国々の「任意の誰か」が吐いた、歴史的過去としてのシンガポール陥落を歓迎する親日的な言葉を随意に引用する。この「陥落」作戦には日本側に三分の理があったが、米国がそれを理解していれば、ディエンビエンフーでフランスの東亜百年の野望を挫いたベトナムの理も理解でき、あの悲劇的なベトナム戦争は避けられただろうとするのが表題の趣旨だが、その「論旨」を補強しているのは、平川が自らの文脈で恣意的に引用するベトナム人らの言葉である。平川によれば、日本のふるまいは「反帝国主義的帝国主義」であった。そのうえで、ふたつの「陥落」を同一の水準で捉えるという歴史の詐術をあえて行なう。

渡部昇一は「二〇世紀――日本がなかったら」との仮説を立てる。白人絶対優越のアパルトへイトは世界的に完成し、その後何世紀も続くことになっていただろうというのが、自問に対する自答である。たしか彼は、南アフリカにおけるアパルトへイト体制が廃絶された直後にも、同じ趣旨のことを「正論」に書いた。アパルトヘイトを背後からしっかりと支えた日本の対南ア貿易の実態を知る者は、そんな非論理を臆面もなく声高に主張できる一九九〇年代初頭の言論風景に、救いがたい頽廃を感じた。「植民地と白人優越主義が日本のおかげでなくなったのが二〇世紀の状況だが、それを前提に二一世紀の世界は展開する」というのが渡部の御託宣である。

曽野綾子も、相変わらず、すごい。「二〇世紀」に「最も才能のない詩人による駄詩」を捧げた曽野は「日の丸は戦死者の血で染まった旗だそうだが、戦後の日の丸は、抗議もできぬまま堕胎された一億の胎児の血で真赤。アカイ、アカイ、ヒノマルハ、イツモ、アカイ。一億といえば、大東亜戦争を三〇数回くり返すと、戦死者がやっと同じ数となる」とうたう。「堕胎された一億の胎児の血で真赤」な日の丸とは、戦後史の中で日の丸が(曽野から見て)しかるべく尊重される場になかったことのメタファーのつもりなのだろうが、(日本人の犠牲者三百万人を生んだ)大東亜戦争を三〇数回くり返すと「戦死者がやっと同じ数となる」と「駄詩」がうたう以上、「一億の胎児」は「戦死」したものとして仮想されていることになる。「大事な」日の丸がいかにその価値を貶められてきたかを言うために、曽野は信じがたいレトリックを駆使している。

「二〇世紀開幕を告げた日英同盟と日露戦争」と書くのは山内昌之である。「日英同盟は平和の確立にも貢献した」ことを、当時の日本駐英公使の口を借りて主張する。「日英同盟が日本に名実ともに帝国意識をもたらすきっかけとなった」ことを述べた箇所では、英国の社会主義者の満州・朝鮮訪問時の発言と夏目漱石の「満韓ところどころ」の一節を引きながら、「二人の日常からすれば信じられないほど差別的な感慨かもしれない。しかし、率直なだけにリアリティに富んでいるのだ」と、決して否定的にではなく解釈する。歴史的評価の違いが生じるのは当然としながらも、「確かなのは、アングロサクソンの海洋国家と協調しているとき、日本は内外で平和を享受し国運も隆盛に向かった事実であろう」と断言する。そして「日米安保条約の解消を安易に唱える前に、まず日英同盟の意義やその破棄で失われた損得勘定を検証することも大事」だと続ける。

山内が言う時期は、朝鮮義兵闘争に対する弾圧や朝鮮の植民地化、大逆事件による幸徳秋水らの刑死……そのほか「内外で平和を享受し」たと断言するためには、「偽造する山内学派」となるほかはない歴史的事実がぎっしり詰まっている。アングロサクソンとの現代的協調である現行日米安保体制を肯定するための論拠として、山内がいかに貧相な歴史観の泥沼にはまっているかが歴然としている。

「多様性」とは、かくも厄介な問題を抱え込んでいる。

●「派兵CHECK」九七号、二〇〇〇年一〇月一五日

「革新疲労からの脱却」という選挙スローガン

高良倉吉ほか著『沖縄イニシアティブ——沖縄発・知的戦略』

一一月一二日の那覇市長選挙の結果を知ったうえで、この文章を書き始めている。オーストリア・アルプスのケーブルカー火災事故報道の陰に追いやられて、マスメディアでの報道はまだ少なく、私が見たかぎりでは選挙結果を伝えるに留まっているものが多い。沖縄現地の声も分析の角度も知らないままに、現時点で多くを語ることのおこがましさは自覚している。でも敢えて最小限のことは言ってみる。周知のように、米国統治下の一九六八年以来八期三二年間続いた那覇「革新」市政はこれで終わった。私の関心をひくのは、この選挙運動の際に、当選した保守系の翁長派が、「革新疲労からの脱却」というキャッチフレーズを掲げて、長期に及んだ革新市政を批判したというエピソードだ。数年前の知事選に続けてまたしても電通あたりの知恵者が選挙運動の背後に控えていたのだろうか。

ソ連邦が崩壊した後、ロシア社会の中にあっては、旧共産党的なあり方にしがみつく者が「保守派」と名づけられ、「守旧派」とも呼ばれてきている（それが、的外れな表現だとは言えないところが、本来的に言えば、物悲しい）。日本でも例外ではない。誰もが気づいているように、たとえば従来の歴史教科書に異を唱える者たち（とりわけ学校教師）は、揺るぎないものとして制度化してきた（と、彼らが考えている）日教組主導の戦後教育体制に対する挑戦者として、自らを位置づけている。内実を問えば、そうでないことは明らかであるにもかかわらず、あたかも彼らは「正史」に対して「野史」を対置しているかのようにふるまうのだ。大声をあげ、背後の財力もちらつかせながらの、自信をもったその立ち居振舞いによって、彼らはいまや不動の秩序に対する叛逆者としての社会的な認知を受けてさえいるかのようだ「ディープな沖縄が見えるマガジン」の異名を持つ沖縄の雑誌「ＥＤＧＥ」一一月号に掲載されている小熊英二の講演録「起源と歴史——五五年と社会の変動」は、その事情をわかりやすく語っている。特に現在の韓国において、「日本統治時代は暗黒で、独立後自国の力だけで近代化した」という、旧来の正統的な歴史観に対すると、日本による植民地統治時代に近代化は進んだとする若手の研究者の主張が「革新的」に見えてしまう点に触れている。世界中でこのような、歴史認識上の「逆転現象」が起こっているのであろう。

今回の那覇市長選挙に当っては、一一月一四日付けの共産党機関紙「しんぶん赤旗」が言うように、企業ぐるみの大量の不在者投票も行なわれたかもしれない、創価学会も懸命な活動を展開しただろう、「謀略」ビラも確かに撒かれたのだろう。だが、革新派候補敗北の原因をそこにしか求めないのは、ちがうだろう。「革新疲労からの脱却」というキャッチフレーズが、那覇市民に対して持ち得たらしいアピール力を侮るべきではないと思う。そのような言葉遣いが、人びとのこころに新鮮に響いてしまう点にこそ、二〇〇〇年段階における、沖縄の、ヤマトの、広くは世界の社会的・政治的・文化的な状況の本質を見るべきだと思う。

先の講演で小熊も触れているが、今春「沖縄イニシアティブ」論を発表した琉球大学三人組のなかで沖縄の歴史の捉え方に関してもっとも積極的な発言を行なっているのは高良倉吉だが、そのふるまい方、自己の位置づけ方にも、同じことが言えるように思える。彼は、戦後の沖縄革新派が展開してきた「沖縄のこころ」「命どぅ宝」「非武の文化」「非戦の誓い」「イチャリバチョーデー（出会う者はすべて兄弟）」などの言葉に基づく絶対平和論・沖縄精神文化論が、仮に学校現場の歴史教育のなかで教師によって実践された場合に、「教え込まれる」対象としての子ども・生徒・学生には、唯一無二の「正しい答」しか残されてこなかった点を衝く。正統的な歴史観のなかでは否定的にのみ語られてきた「基地被害」「異民族統治」などに関しても、「地域感情」にのみ依拠しない普遍性の場での再検討を呼びかけたり、必ずしも暗黒面ばかりではなかったとして相対化しようとする。この立場は、制度化された「絶対平和論」や「精神的な沖縄アイデンティティ論」に、他の選択肢が許されない息苦しさを感じていたかもしれない新しい世代に受容されていく根拠を、時代状況の変化のなかで確保するに至ったように思える。私が高良らの歴史観とは相容れない立場にあることは自明にしても、「革新派」の歴史認識の方法のなかに、彼らの居直りを許す一面があったことを否定することはむずかしい。「革新疲労からの脱却」という選挙キャッチフレーズがもち得たかもしれない「威力」に私がこだわるのは、その捉え方からきている。

高良らは最近、『沖縄イニシアティブ——沖縄発・知的戦略』と題する本をまとめた。今年三月の「沖縄イニシアティブ」発表後、彼らは一方的な批判・中傷・個人攻撃にさらされてきたので、

「開かれた議論の場を提供するために」反批判を行なうことを意図したという。「イニシアティブ」論は総決起大会や人間の鎖による基地包囲などと同等の、基地問題の解決のための一方法であるとする強弁や、安保条約と沖縄基地の存在を前提として疑わないまま「共産」中国と北朝鮮の軍事的脅威を言いつのるなどの、自らを顧みることなく現行秩序に安住する姿勢はいっそう目立つ。これらに対する徹底的な批判が必要だという私の思いは変わらない。しかし、私が敢えてこの本を読むのは、その彼らの言動からでさえ、私たち自身が、「疲労した」革新思想・平和思想を糺すべき場所に気づくことがあるからである。

●「派兵CHECK」九八号、二〇〇〇年一一月一五日

ペルーと日本政府・民間レベルの関係の闇

フジモリ「新聞・テレビ各社別〝独占〟会見」

「真相語らず、説得力欠く」との見出しを掲げるのは、一一月二六日付産経新聞朝刊である。ペルーのフジモリ前大統領が、辞表提出→ペルー議会による罷免後初の記者会見を曽野綾子が三浦半島に持つ別荘で行ない、取り沙汰されている不正蓄財はしていないし、日本国籍を保持していると語ったが、辞任した（しかも「外国」からファクスを送りつけるという形で）理由については「今は言えない」として口を噤んだことに対して、ロサンゼルス駐在の鳥海美朗記者が書いた解説記事の見出しである。この解説は全体的に、同日付の他紙に比較しても理を尽して書かれており、「産経新聞を読む悦び」を私は味わった。

フジモリのこの「決断」がどこに由来するかを推測することは、とりわけ今年九月以降の事の次第を見つめてきた者には難しいことではない。フジモリ以上の権力者だと、ほかならぬペルー民衆が見なしていた、元国家情報局顧問モンテシノスによる野党議員買収工作ビデオが暴露された直後、フジモリは大統領退任を表明し、同時にモンテシノスの解任を宣言した。両者によってモンテシノスのパナマ亡命がお膳立てされたが、パナマ政府の翻意によってこれは失敗し、モンテシノスはペルーに舞い戻らざるを得なかった。フジモリはモンテシノスがいると想定される場所と自宅の捜索を国警部隊に命令し、押収した多数の書類を大統領官邸に運ばせた。法手続き的に言えば、検察当局をも差し置いた越権行為である。

これら一連の事態の推移を見れば、モンテシノスの「醜聞」の公然化にうろたえたフジモリが一気に前者を切り捨てようとしたこと、ところがモンテシノスからすれば、ふたりが一〇年間一心同体であったからには、ひとりのみを切り捨てるなどということはありえず、ふたりだけが知る後ろ暗い材料をちらつかせて「脅した」のであろうことが、合理的に推定できる。フジモリは今なお「モンテシノスは業績も残した。テロ封じ込め、麻薬対策で見せた彼の手腕と成果は大変なものだった。米国もこの点はほめている」と産経紙との会見で語ったうえで、「ただ、彼には、見えない裏の顔もあった」と付け加えているが、産経紙が的確に指摘するように、ふたりの従来の関係を思えば「この弁明も通らない」としか客観的には判断できないと言えよう。

フジモリはまた、次のようにも語っている。「私がとった手段と決定は孤立したものではなく、戦略というべき文脈の範囲のものである。腐敗に対する闘いのように、きわめて複雑な闘いは、今でこそ私は思うのだが、テロリズムに対する闘いよりもはるかに複雑であって、そこではしばしば一歩後退・二歩前進のようなことを求められるのである」（日本で発行されているスペイン語紙「インターナショナル・プレス」二月九日号）。「腐敗」とは、フジモリからすれば、取り沙汰されているモンテシノスの不正蓄財や麻薬組織との癒着のことであり、「適切な諸条件が存在しないまま帰国することは、腐敗の前に敗北することを意味する」とすら言う。モンテシノスの「報復」をフジモリがいかに怖れているかを示す文言で、論理的に反駁する必要性もない程度の言い逃れだと思える。フジモリはこの一〇年間、ペルー共和国の最高権力者として、弱者切り捨ての新自由主義経済政策を推進し、「テロ」対策の名の下で軍警が行なう人権侵害を野放しにし、議会解散・憲法停止・司法府への干渉などの非民主的な政権運営を実施し、忘れもしない日本大使公邸占拠・人質事件の際には、平和解決の途を自ら閉ざして武力突入を強行し、一七人の犠牲者を生んだ。こうして、まったきペルー人としてふるまってきた者が、形勢が不利になったからといって居心地よい日本に留まり、外交旅券が失効すると日本国籍を有しているから私人として住まうことに何ら問題はない、とする。フジモリの従来の諸政策に「無責任性」を観察してきた立場からすれば、彼の政策と人柄を称揚してきた佐々淳行や山内昌之や福田和也たちが、今回の事態をどう考えているかを知りたいと思うのは、皮肉な当てこすりではない。

日本政府と日本社会全般の「フジモリ受容」の態度には、彼が日系人であるからとする同族・血族意識があったことは歴然としている。これが人種差別主義の一変種であることは自明なことだろう。フジモリ登場後に日本からの政府開発援助（ＯＤＡ）額が急増したことは、その意味で、本質的には深刻な問題を孕んでいる。しかも民間レベルでも、問題は思いがけない広がりを見せている。曽野綾子はフジモリに宿を提供した理由を述べた文章で、彼女が会長職を務める日本財団が「（ペルーの）山間地に住むインディオたちを対象に、既に子供がたくさんおり、夫婦が完全に同意した場合にのみ、夫婦のどちらかに避妊手術を行う」家族計画のための保健所整備に援助してきたことを語っている（毎日新聞一二月三日付）。これは、ボリビアのウカマウ集団が映画『コンドルの血』（一九六九年制作）で描いたことと通底するのではないか、と私は思った。米国の平和部隊が、来るべき人口爆発と食糧危機を未然に防ぐために、アンデス高地に住む女性たちに同意なしの不妊手術を施していたという実話に基づいた映画である。映画が暴露した事の重大さに、当時のボリビア政府は平和部隊を国外追放した。事の背後には、「後進国の人間は根絶やしにしてよい」とする「科学者」の人種差別イデオロギーがあったことがわかっている。古屋哲がインターネット上のオルタナティブ運動情報メーリング・リスト（aml）で報告したところによれば、一九九八年ペルーの司教会議は「政府が実施している不妊手術プログラムは、強制的ないしは詐欺的手段を用いていること」を告発しているという。

こうして、フジモリ「居座り」のドサクサ劇の渦中で流された多数の情報を整理・追及していくならば、私たちは、フジモリ&日本政府・民間レベルの関係の「暗部」を暴露しうる地点に届きうるかもしれない。それは、ペルーの民衆が、フジモリ&モンテシノス関係の闇に迫る行為に呼応するものになるだろう。

●「派兵CHECK」九九号、二〇〇〇年一二月一五日

いまなお大国の「ミーイズム」に自足する映像表現

ケビン・コスナー主演『13デイズ』

「今世紀最悪・最大の危機に立ち向かう三人の男達の姿を圧倒的スケールと緊迫感で描いた大型サスペンス・ドラマ」「総製作費八〇〇〇万ドル」「ハリウッドが初めて迫るキューバ危機の真実とは?」など、おどろおどろしい宣伝文句が踊るハリウッド映画『13デイズ』を観た。ボリビア・ウカマウ映画集団の友人たちの低予算での映画作りを知っている身からすれば、ことを経費の多寡の問題だけに絞って言えば八〇〇〇万ドルあればいったい何十本、否、何百本の作品を作れるものか、と思ったりする。そして両者の作品を観て、結局かけることのできる金高によって作品の質が決まるわけではないんだよな、という至極当たり前の結論に至る。

さて、ここで問うべきは『13デイズ』である。テーマは一九六二年一〇月の「キューバ危機」。他に「核ミサイル危機」とか、(キューバでは)「一〇月危機」という呼称もある。同月一六日、米国はソ連がキューバに核ミサイルを持ち込んだことを空中偵察機の査察で察知した。時は東西冷戦の真っ只中、首都ワシントンも射程範囲におく兵器である。米国からすれば、キューバ空爆か、侵攻か、ソ連のキューバ接近を阻止する海上封鎖かとの議論が高まる。一触即発、核戦争の脅威であることは誰にでもわかる。これが、米ソ首脳の駆け引きによって、ソ連がキューバから核ミサイルを撤去し、(水面下の密約で)米国もトルコからNATO軍のミサイルを撤去するという合意に達し、一三日目にして辛うじて核戦争の危機が避けられたという実話に基づく物語である。したがって、本来ならば物語の当事者は少なく見ても、三者いる。米国、ソ連、キューバである。核戦争の脅威にさらされたことを思えば、世界全体が当事者であった、と言えないこともない。だが映画は、米国の三人の若い政治的指導者たちの動向に焦点を当てる。ケネディ大統領、弟のロバート・ケネディ司法長官、ケネス・オドネル大統領特別補佐官である。複数の当事者の一部のみを主人公にして物語構成を行なうことが、すぐれた作品を作り上げるうえで絶対的にマイナスだ、とはアプリオリには言えない。その少数の主人公たちが、複数の視線、すなわち他者存在にさらされて描かれているならば、事態の全体像に迫ることが絶対不可能だとは言えないからだ。

だが、『13デイズ』は、いかにもハリウッド映画らしく、その方法をあらかじめ放棄した。彼らにとっては常に世界の中心に位置しなければならない米国が、過去の任意の時代にあって、政治的・軍事的な観点から見て、いかに正しい諸決定を下したか、しかも「キューバ危機」の場合には、あの「栄光の、かつ悲劇の」ケネディ兄弟と影の補佐官から成るトロイカ体制が、打開策の模索に苦悩しつつもいかに沈着冷静に事態を判断し、強硬な好戦派軍部を抑えて和平に達したかを描いておけば、よかった。他者も確かに登場する。それは、国連総会で米国代表スチーブンソンと渡り合うソ連代表ゾーリンであり、ロバートと秘密裏に接触する駐米ソ連大使ドブルイニンであり、フルシチョフの密使として米国ジャーナリストに近づくソ連スパイである。それらは、米国の三人の主役＋αを引き立てる範囲においてしか描かれていないことは言うまでもない。

目立つのは、キューバの徹底した不在である。確かに、フィリピンの広大なオープンセットに再築されたというソ連のミサイル基地は写る。基地建設に従事するキューバ人とソ連人の姿も写る。キューバ偵察飛行を行なう米国U２型機を撃墜するソ連軍のミサイルも写る。八〇〇〇万ドルの経費のかなりの部分が消費されたシーンなのだろう。だが、それ以上ではない。キューバは「人格」としては描かれておらず、三人の男たちが苦悩し決断するための点景であればよい。このスタイルは、時代的前後の諸条件からも同時代の客観的な諸条件からも切り離して、しかも虚構の人物を作り出してまで東条英機の「孤独なたたかい」を描いた伊藤俊也の映画『プライド』の方法に酷似している。

一九五九年一月のキューバ革命の勝利から一九六二年一〇月の核ミサイル危機に至る前史を知る者は、ケビン・コスナーらが演じる米国の最高指導者たちが深刻な顔つきをして演技すればするほど、荘重さを演出したいらしい映画音楽がその音を高めれば高めるほど、わらいがこみあげてくるのを抑えることはできない。前大統領アイゼンハワーが退任し、ケネディが大統領に就任したのは一九六一年一月だった。アイゼンハワーは退任直前にキューバとの外交関係を断絶している。そしてケネディが就任後二日目にして政府として公式にカストロ体制打倒の計画に没頭していることは、その後開示された米国政府文書が明らかにしている。U２機による偵察飛行の継続、米国が支援するキューバ侵攻計画の軍事的再検討、前政権時代に開始されたＣＩＡによるいくつもの作戦の続行などである（そのなかには、マフィアを使ってのカストロ毒殺計画もあった）。きわめつけは一九六一年四月のキューバ侵攻作戦だった。キューバ空軍の標識をつけたCIA機がキューバ各地の飛行場を空襲し、同時に反革命軍の侵攻作戦（ヒロン作戦）も展開された。これらと切り離して「核ミサイル危機」をふりかえることはできない。

映画が描くのは唯一、ヒロン作戦の惨めな失敗の復讐を誓う軍部が、一年半後のミサイル危機で強硬路線を主張するという文脈においてである。鳴り物入りの超大作は、結局、四〇年前のキューバでの経験はもとより、その後のベトナム、イラク、ユーゴなどにおける政府・軍部一体となった米国のふるまいを内省的に捉えることもなく、偏狭な大国の自己満足的な「ミーイズム」に終始して、帝国内の観客の郷愁を呼ぶだけの作品に終わった。外部の他者の視線を感じることのない超大国のこの鈍感さは、いつまで続くのか。

●「派兵CHECK」一〇〇号、二〇〇一年一月一五日

表層で政府批判を行ない、最後にはこれに合流する

最近の事件に関わるメディア報道姿勢

ある獄中者に会うために、ときどき小菅の東京拘置所に行く。政財界の人間など社会的に著名な人物の逮捕と東拘への留置が常態と化していることで見慣れた風景がある。とりわけ、某大物の逮捕が秒読み段階に入った、などという時には。容疑者を乗せた車が出入りする正門付近には、簡易イスや脚立を並べて報道記者がぶらつく。もちろん、報道用のカメラが用意されている。テレビのニュース画像を思い出してみればいい、容疑者が乗った車の出入りは一瞬のことであるが、他の各社がこぞってやっている以上、一社だけが「いち抜ーけた」と言うわけにはいかず、いつおとずれるかもわからない一瞬を求めて、横並びで虚しい時間を費やすのである。面会者通用門付近にも、このところ十人前後の記者がたちんぼしている。容疑者と面会した弁護士を待ち構えていて、面会時の話の内容を聞き出そうというのであろう。記者たちは一様に若い。傍目から見ると、これは記者としての職能訓練などというものではなく、瑞々しい感性を摩滅させ、仕事に諦めをもつ訓練を一斉に受けているようなものだと思える。前天皇の「下血騒動」のとき宮内庁詰めの記者をしていた一人物が、なぜこんな報道をしていなければならないのかという疑問から、記者を辞めて天皇制の研究者になったとかいうエピソードは、それ自体としては首肯けないこと

はないほどに、報道の現場は荒んでいるように見える。

最近の大事件をめぐってマスメディアが行なったいくつかの報道例を引きながら、問題のありかを考えてみる。ハワイ・オアフ島沖で米国の原子力潜水艦グリーンビルが、愛媛県立宇和島水産高校の演習船えひめ丸に衝突し、これを沈没させた事故は、痛ましい悲劇であった。沿岸警備隊の救助艇に救出された人びとの放心した顔つきは、事故の恐ろしさをありありと語っていて忘れがたい。大きな報道がなされる必然性は、当然にも、ある。現在はまだ事件直後でもあり、写真、模擬画像、コンピューター画像、専門家の分析など、新聞とテレビでなされる報道で明らかになった事態もいくつかある。だが多くのメディアが依然として依拠している「楽園ハワイ」像は、すでに山中速人が『イメージの〈楽園〉――観光ハワイの文化史』(筑摩書房、一九九二年)や『ハワイ』(岩波新書、一九九三年)で壊していたというべきだろう。問題の水準は、一面的な「楽園ハワイ」像からの離脱や、今回の事故の直接的な原因の追及に留まることはできない。今後は、(1)パール・ハーバー(真珠湾)に米国太平洋艦隊潜水艦司令部がおかれていること、(2)「安全な」ハワイ沖に演習に出かけるのは水産高校の演習船ばかりではない。一九九九年には海上自衛隊がハワイ周辺海域で、他ならぬグリーンビルとの間で合同「深海救難演習」を実施していること、(3)九六年就役の新鋭原潜グリーンビルは九八年には横須賀などに五回寄港しており、九八年一一月の米海軍と海上自衛隊の年次演習に参加していること、(4)米原潜は、一九九一年から二〇〇〇年までの一〇年間に、沖縄ホワイトビーチ、横須賀、佐世保の三港に四八六回寄港していること、(5)沖縄でのいくつもの事件も含めて、「世界最強の米軍」を主役として立て続けに「異常な」事件が起こっていること――これらの事実が何を物語るのかを追及することに向かうべきだろう。メディアにはそのような問題意識をこそ期待したいが、同時に私たちにも、目先の軍事技術的な解説に終始する軍事問題専門家を越えて、原潜を含めた国家の軍事力そのものを廃絶する未来像の構想力があらためて問われることになるだろう。

関連して触れておきたい。事件発生後も首相・森がゴルフに興じていたということを、マスコミと野党は問題にしている。しかもその観点は「危機管理」である。森の鈍感さは悲しみ哀れむに値するが、湾岸戦争→神戸大地震→オウム→ペルー人質事件→不審船事件を通じて国家の側こそが声高に言いつのってきた「危機管理」なる用語を用いて、政府における「危機管理意識の不在」を追及する姿勢には、違和感をおぼえる。マスコミ記者の追及に、森は「これは危機管理の問題ではなく事故でしょ」と答えたという。群れをなす政治部記者たちは、ここでも横並びで「いや、危機管理の問題だ」と言い募ったのだろうか。あまりにわかりやすい、森の失言や愚鈍なふるまいに対する批判の方向が安易に過ぎて、逆手を取られることにならないか、と私はおそれる。いや、記者たちは（野党も）彼らが考える語の真の意味での「国家の危機管理」の不在を憂い、「不甲斐ない」森を追及しているのであろう。両者は、遠からずどこかで合流点をもつ。余計に、怖い時世だ、と言うべきだ。

もうひとつ、外務省機密費流用事件報道が迷走している。警察の捜査がきわめて慎重で、情報が容易には漏れないこともあるだろう。これを今年元旦号でスクープしたのが、「あの」読売新聞であったことは、自民党権力内部の暗闇が背後にあるかもしれないことを予感させもする。さまざまな力学がはたらいて、真相究明がなるかどうかはまだ疑わしい。しかし、この時点でも言っておくべきことがあるように思える。それは、この問題は、外務官僚・松尾某はおろか、政府・外務省・内閣官房の責任を追及するだけには終わらないということだ。公務員一級試験に合格した「キャリア」が幅を利かせるこの官僚社会で、「ノンキャリア」の松尾がここまで放埒なふるまいができたということは、この世界に広がりはびこっている雰囲気を物語っていることはだれの目にも明らかだ。そして社会党員の村山が首相であった当時の野坂官房長官がすでに語っているように、外遊する議員に対する餞別を機密費から渡したこと（共産党以外の議員はこれを受け取ったこと）、法案通過のために与野党の国会対策委員会幹部にやはり機密費から現金を渡したことが明らかになっている。私は常々、首相が外遊するときの政府専用機に記者団が乗り合わせている時の経費上の条件がどうなっているのか疑問に思っていたが、おそらく外務省記者クラブや内閣記者団などのマスメディア関係者にまで機密費問題は行き着くのではないか。現在の野党とジャーナリズムが自らを聖域において機密費横領事件の追及を行なうならば、闇の闇を知り尽くしている政府・自民党・官僚の逆襲に会うだろう。それを覚悟で問題の根源を追及する記者や野党がいない限り、よく言われる「とかげのシッポ切り」で事態は終わるだろう。マスメディアの、どこか腰の引けた機密費報道姿勢を見ながら、そんな思いが浮かぶ。

●「派兵ＣＨＥＣＫ」一〇一号、二〇〇一年二月一五日

無神経・無恥な漫画家を喜ばせる入国禁止措置

小林よしのり『台湾論』

小林よしのりの『台湾論』（小学館）をながめたのは昨年末だった。私は、小林のマンガを読まず嫌い・食わず嫌いのままに放置して、外見的に批判する方法には反対だとする立場から、やむを得ずその作品の多くをながめたうえで何度かにわたって批判してきた。しかし、さすが『台湾論』にまで口出しすることはあるまいと考えて、雑誌「サピオ」（小学館）連載時にさっと目を通すに留めて、単行本としてまとめられたものにまで手を出すつもりはなかった。ところが、昨年『台湾　ポストコロニアルの身体』という注目すべき著書（青土社）を書いた丸川哲史から、台湾と日本の多数の論者によって小林『台湾論』批判の本を出すので参加してほしいとの連絡を受け、急遽あの分厚い本一冊をながめ回すという「苦行」に挑んだのだった。そして私は、空疎でしかない小林の作品を批判するのではなく、戦後の歴史過程において私（たち）にとって台湾がどういう存在であったかという問題に、一九七〇年前後に台湾から日本へ留学していた劉彩品の生き方に触れる形で、ごく短い文章を寄せた（本書第4章に収録）。

小林の作品が「空疎でしかない」というのは、例外的なことではない。今回の場合でいえば、台湾論を展開しようとする小林の立場と問題意識のありか、それを追求するために会って話を聞く人の選択、その人の社会的位置や属する階層、歩き回る街の性格、泊まるホテルや利用するレストラン／食堂のクラス、参照する資料（本、雑誌、テレビ、ビデオなど）の性格——それらの諸条件が当然にももたらす「認識」の限界を、当人が明示的に、あるいは明示的ではないにせよ内心において自覚していてはじめて、その表現は（賛否は別にして）批評の対象になり得る。マンガとて、その例外ではない。「ゴーマン」を売り物にする小林には、ここでも、その自覚の片鱗すらない。

小林の『台湾論』成立の過程を見ると、前総統・李登輝、実業家・許文龍、司馬遼太郎の台湾紀行のガイドして有名な老台北こと蔡焜燦などが、小林の台湾旅行を大歓迎するという構造が事前に出来上がっていたと思える。政治・経済のそれぞれの分野における「実力者」が出てきたからには、そこには「連載が二週空くので台湾へ行きませんか」と小林を誘ったという「サピオ」編集部とは別の、より大きな日台両サイドの人間（あるいは勢力）の介在があったと考えるのが当然だろう。李登輝への言及に大きな頁が割かれた司馬の『街道をゆく40　台湾紀行』（朝日文庫）の刊行以来、李登輝は日本の守旧派の中で大きな位置を占めている。司馬のこの本は、初版が刊行された一九九四年という時代状況の中で、胸に一物もって日本批判を控える（司馬が付き合った）台湾人自身のあり方と、めりはりを欠いた茫洋たる司馬の歴史観を通して、日本による植民地統治を免罪する役割を果たした。都知事の石原が、事あるごとに李登輝との交友を強調していることを思い起してもよい。また蔡焜燦が絶賛する「理想の日本人像」が石原慎太郎であることも忘れるわけにはいかない。

「お調子者」の小林なら、これほどの「大物」による大歓迎ぶりに有頂天になり、これらの策士の掌で踊るにちがいないと計算した猿回しがどこかにいたのだろう。案の定、小林は、お膳立てどおりに自分を歓迎してくれた人びとの大物ぶりに手放しで喜び、彼（女）らが語る情景と言葉をそのままだらだらと描き（書き）写すことで「台湾論」なるものが成立するのだと勘違いして、あの本は出来上がった。自分が行なった「取材」めいたものはあまりに一面的であるという自己抑制のかけらもない、歴史偽造派に共通の無神経で無恥な本の誕生である。この構造こそが注目に値するな、というのが私の考えだった。

その間に、二月七日、『台湾論』の中国語版が台湾・前衛出版社から発売される事態をうけて、思いがけない方向に問題は広がってきた。台湾の新聞・テレビなどのメディアで、小林および台湾に関する知識を小林に講義した李、許、蔡の三人に対する批判が展開され始めたのである。とくに、許文龍が「日本軍に強制連行された慰安婦などいなかった」と語ったとされている部分に批判は集中した。『台湾論』の不買運動が起こり、これを焚書するパフォーマンスが行なわれ、他方、隠れて本を売る書店もあるなどという報道がなされるようになった。そんななかで、台湾内政部は、三月二日、「民族の尊厳を傷つけた」小林の入国禁止措置を発表した。

この台湾当局の措置は、「たかが」一冊のマンガ本を描いた人物を危険人物として遇する事大主義において、小林を喜ばせた。「台湾の戒厳令が解かれてから初のブラック・リストがわし・小林よしのり！」（『サピオ』三月一八日号）。焚書という、大衆的憤激のパフォーマンスも、表現抑圧の匂いがして、小林の価値観からすれば、大いなる「勲章」であろう。

在台湾のジャーナリストで、『台湾革命』（集英社）を出版したばかりの柳本通彦は、この間の事情を次のように分析している（要旨）。「日本のジャーナリズムを篭絡し、利用しようとする自称『台湾独立派』、日本の戦争責任を否定し、教育を戦前に逆流させようとする日本の勢力。両者の迎合は、かくも構造化している。（中略）台湾の野党とマスコミがたたいているのは、日本の一漫画家などではない。日本の守旧派と結びついた『台独派』であり、さらには『台湾論』の主人公となった李登輝なのである」（「アジア記者クラブ通信」一〇六号 http://apc.cup.com/を参照）。この一連の事態に柳本が読み取るのは「台湾人の心の中に泥流のように流れる『反日感情』である。憎悪、恨み、嫉みをベースに、懐かしみと憧れがない交ぜになった奥深い『日本コンプレックス』である」。問題の本質を言いあてていると思う。

●「派兵ＣＨＥＣＫ」一〇二号、二〇〇一年三月一五日

歴史的犯罪の時効をめぐる再考へ

「金正男らしき男」の偽造旅券による入国問題

次々と重大事件が起こる。連載で時評的な文章を書いていると、ある時点で何を取り上げ、何を取り上げないのか、それとも先送りにするだけなのかが、常に問われることになる。いずれにしても、テーマの選択には価値観が表現される。書き手の時代感覚・状況の捉え方が試されているようで、緊張する。今回も、「新しい歴史教科書をつくる会」の中学歴史教科書検定合格とそれに対するアジア諸国政府・民間からの批判問題、金正日総書記の長男・金正男と「みられる男」一行の偽造旅券による入国問題、小泉新政権発足と改憲・靖国参拝を軸とするその路線問題、ローマ法王のギリシャおよびシリア訪問とそこでの言動、米国とフランスで取り上げられ始めている戦争犯罪問題、映画『ムルデカ』の広告など、それぞれ個別に論じるに値する、日本と世界の重要な政治・社会・歴史テーマをめぐる情報が、この間のマスメディアには溢れた。

ここでそれらを論じ尽くすことは手に余る。せめて、それらすべてに通底していると思われる問題性を取り出してみたい。発端を、金正男と「みられる男」一行四人がドミニカ共和国の偽造旅券で日本入国を図り、国外退去処分にあった事件から始めよう。革命運動家が旅券を偽造して国境を超える話は、歴史を顧みても、珍しくはない。ゲバラの場合などは、顔立ちを一変させた彼が、ボリビアへ趣くための偽造旅券を、カストロと共に眺める場面が写真に撮られて残っているほどである。その戦略の当否については立場によって賛否両論がありえようが、ゲバラの決然たる意志が感じられて、いまでもこの写真を見ると胸がつまる。スターリンに追われたトロツキーの場合は、「地球の上を査証もなく」と評される流浪の旅を余儀なくされ、それ自体に哀感が漂う。金正男（と断定してよいだろう）の場合はどうだろう？「変装なのだ」と伯母・成蕙琅は言う（「週刊文春」五月一七日号における萩原遼との会見記。彼女は、金正日の最初の妻で正男の母にあたる成蕙琳の姉である。一九九六年北朝鮮を脱出し、回想記『北朝鮮はるかなり』上・下が文藝春秋から刊行されたばかりである）。だが、ヤクザ然たるそのいでたち、私にはわからないが週刊誌によればブランド物でかためていたという一行の装身具、「ディズニーランドとユニバーサル・スタジオ・ジャパンへ行きたかった」「五月七日までに北朝鮮に帰りたい」という言い草、それらのすべてが、「革命」とも自国の民衆の「貧窮状況」ともまったく無縁に行なわれているこの一族の生活を象徴しているようで、無性に物悲しく、腹立たしい。和田春樹はかつて、北朝鮮が戦争末期の日本に似ていると書いたことがある（『北朝鮮――遊撃隊国家の現在』、岩波書店、一九九八年）。工場は動かず、食べるものはなく、買い出し生活・竹の子生活を強いられ、女たちの衣服を食料と交換し、満員の汽車に窓から乗り込むような日々をおくりながら、自分たちの指導者である天皇（北朝鮮の場合には金日成＝金正日親子）を信ずる以外ほかにどうすることもできない地点に民衆が押し込められているという点が、和田がそのように指摘した指標である。「それでいて天皇が戦争は終わりだと言えば、それを喜んで受け入れ、天皇を批判することもなく、アメリカの進駐軍を歓迎し、天皇の『人間宣言』も受け入れた。もともと天皇が現人神だなどと思ったことは一度もないのである。天皇政府が国体護持を唯一の条件としてポツダム宣言を受諾したとき、国民が考えたことは、やめられる戦争なら、なぜもっと早くやめられなかったのだということだった。国民は指導者の決断を求めていたのである」

金親子のふるまいに呆れつつも、和田の評言がもつような自己批評を私たちは欠くわけにはいかない。私自身が北朝鮮指導部のあり方に深い批判をもちつつ、マスメディアおよびそこに登場する評論家たちが行なう北朝鮮報道との決定的な分岐点を感じるのは、この自己批評の有無においてである。和田のこの問題設定には、歴史教科書問題にも通底するものがある。「自国」の歴史を、周辺および世界中の他者との関係において、いかに描くかという点において。私は、自称自由主義史観派の歴史観が大声で披瀝されるようになったこの期間、戦後左翼・進歩派の日本史像にも（とくにその「自国中心主義＝ナショナリズム」への拝跪において）検証すべき多くの点があると考え、そのことを強調してきた。これは、抬頭する右派の歴史観との関係における私の自己批評だ。この作業はさらに掘り進めなければならぬ。その私にして、公表された「新しい歴史教科書をつくる会」の中学歴史教科書の記述には、随所で嗤うしかない。問題は、この程度の「歴史書」にも情緒的に共感してしまう「空気」が、この社会には一定程度出来上がっていると考えざるを得ない点にある。

和田春樹は最近、「『日本人拉致疑惑』を検証する」を書いた（「世界」二〇〇一年一月〜二月号連載）。いわゆる拉致事件なるものが、証言者の曖昧な説明と報道者の恣意的な情報処理によって組み立てられて、「七件一〇人」とまとめて括られることの危うさを指摘した、勇気ある論文である。正直なところ、和田の推定が結果的に誤っているかもしれないギリギリの地点にまで彼は踏み込み、「論理」に即して事件の再構成を行なっていると私は思う。拉致事件解明キャンペーンが、民族排外主義的なものとして展開される可能性を少しでも断ち切ろうとする強い意志が、この検証論文からは感じられる。行方不明者の家族の心配は想像するにあまりあるが、自他を冷静に見つめるこの視点なくして、他者との関わりで生起している問題を解決する術はない。このような立場はまた、北朝鮮における絶対的支配の頂点に立つ金正日の政策や、今回の金正男のふるまいに対する、暗黙の批判にもなりうるものであろう。

さて、この問題は孤立していない。冒頭に触れた世界の他の地域での動きをいくつか付け加えてみよう。ローマ法王のギリシャ・シリア訪問は、ここで数年来彼が行なってきた、歴史を五百年から一千年も遡る十字軍派遣・新大陸征服・先住民虐殺などに関するカトリック世界の自己批判の延長上に位置づけられよう。フランスでは、一九五〇年代、アルジェリア独立戦争を鎮圧するために仏軍将軍が犯した戦争犯罪、それを見過ごしたと言われる当時の法相ミッテラン元大統領（社会党！）の行為に遡って調査が行なわれようとしている。米国では民主党の次期大統領候補と言われるボブ・ケリー前上院議員が、一九六〇年代のベトナム戦争従軍時に民間人二一人を虐殺したと告白して、大きな問題となっている。いずれも、歴史的犯罪の時効という問題について、私たちに再考を迫る質を孕む出来事である。これらの歴史のふりかえり方には、世界的な同時代性が感じられる。他者存在との関係性において、歴史を顧みること。現実は着実にそこへ向かっている。首相小泉の靖国神社参拝や映画『ムルデカ』の製作意図が、これに逆流するものであることは言うをまたないだろう。内外の多様な問題を串刺しにする視点が重要なのだ。

●「派兵ＣＨＥＣＫ」一〇三号、二〇〇一年四月一五日

「素直で、黙従し、受身の市民」を作り出す「テレビ政治」の誕生

「小泉政権報道」

ＴＢＳラジオの「永六輔の土曜ワイド」をよく聞く。この人は基本的に話芸の人だと思っているのでラジオでは聞くが、多数ある著書のうち僅かしか読んだことがない。古典・芸能の世界を知り尽くし、七〇歳にちかい今も週の過半を旅から旅に明け暮れ、各地に不思議なまでに幅広いネットワークをもつこの人が早口でまくしたてるもろもろの話が、あらゆる意味からいっておもしろいが、番組スポンサーとの関係を推し量ればおそらくギリギリの線で繰り出しているのであろう、社会・政治レベルの戯作者的な批評も、聞き流すには惜しいものがある。「世の中の常識的な線」を十二分に踏まえているその発言には、時にもどかしく、物足りなく感じる点がないではないが、それはそれで強みになる場合があると見るべきだろう。

報道の質の問題として、またそれを受けとめる視聴者側が抱える問題として、テレビよりもラジオを重視する永の批評的視点も重要だ。いつの頃だったか、新たに成立した小泉政権を支持するかどうかの新聞・テレビ各社の世論調査が出揃い、その驚くべき高い支持率が話題にのぼり始めた五月初旬だったろうか。永はたしか、次のような趣旨のことをラジオで述べたか、番組内容を予告する毎日新聞のコラムに書いた。「小泉さんは、たしかに手振り・身振りを伴うパフォーマ

ンスは派手だし、自分の思いを断定的に語るスタイルも新鮮に映る。しかし、国会でのやりとりをラジオで聞いていると、その言葉はむなしく、まったく何も言ってないことがよくわかる」。テレビでは派手な動作に幻惑されて発言の内容それ自体を糾すことを忘れてしまう視聴者の惰性も、言葉の中身を聴きとるしかないラジオでは生き生きとした反応を呼び戻す可能性があることを、この永の言葉は語るものだった。電波の世界で仕事をしながら半世紀を生きてきた人物の言葉として、聴くべき点があると思える。テレビを視聴し、ラジオを聴くときのそれぞれの自分のあり方に照らしてみても、それは納得のいく議論である。

だが、マスメディアの世界では、このような視点をもつ発言はきわめて少数しか見られなかった。それから一ヵ月以上経って、六月一六日の「土曜ワイド」を聞いた。月に一回出演する野坂昭如と永のやりとりも、時におかしいが、この日出演した野坂は、いわゆる「小泉人気」についてこう語った。「小泉と田中（真紀子）に人気があるということはわかった。しかし、そんなことばかりが報道されて、それに対する批判や疑問があることが、とくに新聞で報道されないことがおかしい。小泉・田中批判をすると、部数が確実に減るらしい。だから、新聞社の上層部は批判を控えようとし、記者も抵抗もせずにそれに従っている。戦前の翼賛的な報道体制と同じで、非常に危険だ」（瞬く間に消えゆくラジオでの発言ゆえ、野坂の言葉どおりではない。大意は汲み取ったつもりだ）。

「小泉・田中批判をすると、新聞の部数（読者）が減るらしい」という野坂発言のニュースソースは知らない。だが、国会で小泉を激しく追及した辻元清美らの野党議員のもとには、その場面がテレビのワイドショーで放映され始めた直後から、抗議・非難・恫喝・罵倒・嫌がらせの匿名ファクスやメールがかなりの量で届いたとする報道（朝日新聞六月五日）から類推すると、ありえないことではないと思われる。辻元は集団的自衛権をめぐる小泉の認識の危うさを糾していたのだが、その文脈を外し、「総理」と叫びながら何度も責め寄る辻元と、憤然とする小泉の顔を、面白可笑しくアップで対照的に映し出すのがワイドショーの手法だから、辻元に抗議のメッセージを送った視聴者は、問題のありかを知ることもなく、自分が見た映像上の印象に対して単純な反応を示したのだと言える。この種の反応が常に一定の量を形成しつつあるのが、現在が孕む問題なのだと思える。理由はいま少し多岐にわたるだろうが、小泉政権成立以来、新聞報道が各社ごとの個性をいっそう喪失し、無批判報道に画一化しているのは、野坂が言うように、この視聴者の反応のあり方への「恐怖」があるのかもしれない。たとえば、機密費の使用先問題に関する、録画も残っている半年前のテレビ発言を「忘れた」と言い放った塩川財務相について、本来ならばその無責任性を追及すべきメディアはそれをほぼ放棄した。その代わりに、この老政治家の〈とぼけた〉味が一部の若い人びとの心を捕らえ、インターネット上に塩川支援のホームページまでできて、アクセス数も上昇中という報道を相次いで行なった。時代を象徴していると信じ込まれている「流行り言葉」で文脈を繋げば説明はつく、という居直りだけが目立つ、手ぎわも調子・趣も同じで、「同工異曲」とすら言えない一本調子の報道が、順次、各メディアで行なわれたのだった。これらの報道は、塩川を主人公にホームページを仕立てた人物の、今風の軽はずみなノリを、インターネット全盛の「現代風俗」の一光景の中に違和なく溶け込ませ、塩川を何事もなかったかのように免罪する役割を果たしている。

異様な光景だ。(視聴率の高い番組の真似事がすぐなされるテレビはともかく、新聞の場合他紙ですでに同じテーマを扱った記事が出ているならば、せめて工夫を凝らし、切り口の独自性を競いたいという「矜持」があろうが、それすらそこからは感じとることができなかった。その傾向は、都議選が告示されて以降の現在まで続いているように思える。めずらしくも、現政権に対する疑問の提示がなされる場合でも(塩川の場合に典型的なように、批判の提起はほとんどなされない)、逃げ腰である。嘲りとからかいの調子が色濃かった前政権に対する態度と比しても、それは際立っている。

権力を手中におさめた政治家を観察すべき視点が、仮に一〇件あるとして、「癒し」とか「なごみ」という一件で論じる「市民」とメディアが登場したのである。検討すべき他の九件の条件を無視するのだから、それは、自らをすすんで統制する時代の始まりを告げていよう。

現代米国の批判的な歴史家ハワード・ジンは、民主主義の致命的な状況を「素直で、黙従する、受身の市民」の誕生に見てとった(ハワード・ジン『甦れ　独立宣言――アメリカ理想主義の検証』、猿谷要監修、人文書院、一九九三年)。米国の絶望的な政治状況を見てのふりかえりである。「素直で、黙従する、受身の市民」を作り出す「テレビ政治」の先行国=米国の後追いを始めたこの国に住む私たちに、この本は多くを語りかける。「世論調査」の結果や現実に作り出されつつある政治・社会状況への〈不信〉が、私たちの「議論を狭い世界に押し込める」ことのないように気をつけながら、「先取りした絶望ではない選択」(いずれも、「世界」二〇〇一年七月号、座談会「構造改革って何だ?」における藤原帰一の発言）を模索したいものだ。

●「派兵CHECK」一〇四号、二〇〇一年五月一五日

繰り返される「日本＝単一民族国家」論

閣僚・政治家の「人種差別」「保安処分」発言

新政権の一部閣僚に対する熱烈な支持現象が煽られるなかで、本来その意味が問われるべき政治家の発言がほとんど問題にされないままに過ぎてゆく。すべてを取り上げることはできないが、記憶に留めておくべきいくつかに触れたい。

外相・田中真紀子との「論戦」で話題づくりに励む自民党衆院議員・鈴木宗男は去る七月二日、外国人特派員協会での講演で「(日本は)一国家、一言語、一民族と言ってもいいと思う。北海道にはアイヌ民族というのがおりまして、今はまったく同化された」と語り、日本という国の一致団結性なるものを強調した。同じ日、経済産業相・平沼赳夫が「日本ほどレベルの高い単一民族で詰まっている国はない。あの大東亜戦争に敗れ、傷ついて帰ってきた惨憺たる状況の中で人的資源を最大限に生かし、歯を食いしばって頑張った」と語った(いずれも、朝日新聞七月三日付朝刊など)。鈴木は北海道選出議員であり、平沼発言が行なわれたのは札幌の政経セミナーにおいてであることで、ふたつの発言の救い難さが増しているように思える。単一民族国家論に執着する連中の歴史観が、結局は「日本人の優秀さ」を誇る地点に行き着くさまを眺めていると、ウルトラな表現で突出しているかに見える「つくる会」の教科書が披瀝する歴史観が、それなりに心情的共感のベースをもってしまっていることにあらためて気づく。

一九八六年の中曽根発言以来一五年の歳月が過ぎた。日本は単一民族国家であるがゆえに優秀であることを臆面もなく語ったその発言は、アイヌ民族はもとより国の内外から厳しい批判をうけた。その後も、コロンブス航海以降の「ヨーロッパ近代五百年」が先住民族との関係で深く問い直された一九九二年があり、日本政府が国連機関宛ての報告書でアイヌ民族を「少数民族」と認め、人種差別撤廃条約を批准した過程もあった。アイヌ民族出身の萱野参院議員がアイヌ語で国会演説を行ない、(私たちがそのまやかし的な本質を批判した内容であったとはいえ)「旧土人保護法」の撤廃と「アイヌ文化振興法」の制定もなされた。二風谷《にぶたに》からはアイヌ語の季刊新聞「アイヌタイムズ」が創刊され、最近はアイヌ語によるFM放送局も開局した。東京のアイヌ料理店「レラ・チセ」も開店から七年が過ぎた。ほかにも、アイヌ民族の復権を告げるいくつもの出来事があり、それらがぎっしりと詰まった一五年間があったにもかかわらず、鈴木・平沼発言はなされたのである。

自民党議員・鈴木と現政権閣僚・平沼の発言は、民間レベルにおけるこのような努力をいっさい心に留めることもなく、平然と行なわれた点で悪質である。だが、この種の発言は人種差別撤廃条約違反であるという国際的な常識に即した報道も論議も、小さなメディアでしかなされない。この問題を論じることなく、現首相の選挙遊説の姿を一目見ようと群れをなす「大衆」のあり方を煽情的に報道することに熱中するマスメディアは、国際的な視点を欠いたまま「一国的で、純粋培養的な出来事」に一喜一憂する現在の社会的雰囲気の醸成に十分に加担している。

関連して、もうひとつの問題にも触れておきたい。五月一四日付朝日新聞朝刊や六月二三日付北海道新聞朝刊が報じるように、国連の人種差別撤廃委員会では、琉球処分・沖縄戦・米軍基地の集中などの事実が先住民族である琉球の人びとへの不当な差別であり、人種差別撤廃条約違反であるという議論が国際的に交わされている。これは、沖縄の人びととNGO「市民外交センター」が協働して行なった国際的な問題提起が実を結びつつあることを示しているが、外国委員の問いかけに日本外務省は「沖縄の人びとは日本民族の一部」との答えを繰り返すばかりだという。先住民族問題をめぐる国際的な論議水準は、現在の政府・外務省の認識水準では到底対応できない地点で展開されている。八月末から南アフリカのダーバンでは、国連主催の「人種主義、人種差別、外国人嫌い、関連する不寛容のすべてに反対する世界会議」が開かれる。植民地支配の総括と補償をめぐり、欧米とアフリカに象徴されるような対立は続き、議論は困難をきわめるだろう。しかし、今まで公然たる議論としては存在しなかったこのような問題意識に基づく国際討議は、何ごとかを生み出し、現在にも後世にもその意義を伝えるだろう。そのことに無自覚な日本政府・自民党・東京都知事のあり方は、彼らが何かにつけても気にかけているらしい「日本の、名誉ある国際的な地位」に十分に関係してくる問題として、のしかかってくるだろう（この問題は、同時に、琉球処分をどう捉えるか、近代日本国家による植民地支配の歴史的起源をどこに求めるかという問いを、私たちにも投げかけるものとなるだろう）。

忘れてはいけない、もうひとつの重大な発言にも触れたい。大阪・池田市で起きた小学校児童殺傷事件の翌日、首相・小泉は「刑法の見直しも含めて検討したい」と語った。今回の事態の真相がまだ十分には明らかではない段階（しかし、精神障害者が引き起こした犯罪であるとの予断が、社会全体にひろく行き渡っていた時点）でのこの発言は、「かつて犯罪を行なった精神障害者に対して特別な処分制度があったなら今回の事件は防げたのではないか」、「犯罪を引き起こした者が精神障害者であるがゆえに責任追及を免れることができるのは不当ではないか」という、一般的な雰囲気を背景に、なされている。小泉はその後さらに、「精神障害者の処遇問題は、政治主導で行なう」との方針を指示した。政府・与党は早速、重大な犯罪行為をした精神障害者を対象にした司法精神病棟や入退院を判断する「司法精神医療審判所」（仮称）を設置する試案をまとめ、新法制定への動きが始まっている。そのころ、当該事件をめぐって警察発表に基づいてなされる報道は二転三転を遂げており、容疑者は「重篤な精神障害を偽装していた可能性がある」ことすら判明した。その後は「人格障害者」という見方も出ている。真相解明にはまだ時間がかかるだろう。いずれにせよ、当初「精神障害者による犯罪である」との関連づけで報道された事件は、その段階で首相が行なった「保安処分」導入を示唆する発言や、「精神障害そのものは今回の事件に関係なかった」「容疑者は人格障害者だ」などのその後の錯綜した議論を経て、精神障害者処遇新法試案が検討される段階にまで、一気に進んだのである。

一九六〇年代、刑法改正作業を行なっていた法務省法制審議会は、再び事件を起こすかもしれない精神障害者に裁判所が治療処分を命じ、法務省所轄の施設に予防拘禁的に収容する「保安処分」を検討した。七四年、法制審議会の答申が出たが、強力な反対運動が展開されて「保安処分」は刑法に規定されなかった。私たちが身をもって生きた「現代の経験」が、こうして、高い内閣支持率という異様な雰囲気のなかで、論議もないままに跡形もなく洗い流されてゆこうとしている。

●「派兵ＣＨＥＣＫ」一〇五号、二〇〇一年六月一五日

日米安保体制堅持の「正当性」を毫も疑わない外務官僚たち

「外交フォーラム」

自民党政治の迷走が続く。別に彼らの路線的迷走を心配する立場でもないが、国際社会における「普通の国」とは、欧米社会をモデルにするからこそ出てきた彼らの国家像であり、その具体性は、たとえば国連安全保障理事会の常任理事国になることであり、国連レベルで発動される軍事行動に自国の国軍が参加できて、いわゆる国際的規準を満たすことであると彼らは語ってきた。前者のための必要条件を考えると、「つくる会」の教科書採用問題や首相の靖国神社参拝強行などは、アジア諸国が日本の安保理常任理事国選出に積極的に関わることを妨げるという意味で、論外なことだと思える。サッカー狂の友人は、日本（政府）が、二〇〇二年ワールドカップ共同開催予定国の韓国に対して、いま／なぜ、こんな喧嘩を売るのか、理解に苦しむと言う。退場した、かのサラマンチ程度のものに留まることのない、ＦＩＦＡ（国際サッカー連盟）の政治力を、自民党政治は侮っているのではないか、と。ＦＩＦＡの政治力の件は私にはわからない。仮に、ワールドカップ共同開催の前提条件としての二国間の友好関係を日本は掘り崩しているとの批判が、国際的に、あるいは韓国側から出てくるとして、「政治とスポーツは違うレベルの問題だ」という、いつもながらの原則的な（？）立場で、切り抜けることができると彼らは信じこんでいるのだろうか。

ところで、「国際的規準としての」軍事行動への参加の一件はどうだろうか？　集団的自衛権の問題については、小泉は従来の自民党政治の路線を一気に越えようとする意気込みを組閣直後から示している。その具体策が今後どのような形で出てくるのかは、いまのところ不明だ。だが、政府がやがて打ち出す具体策の策定に当たっている外務官僚などが、どう考えているかを示す材料はある。発行人／粕谷一希、編集委員／本間長世、山内昌之、編集協力／外務省の月刊誌「外交フォーラム」二〇〇一年九月号「特集　湾岸戦争から一〇年」がそれである。

湾岸戦争当時外務省北米局北米第一課長で、その後橋本政権時に首相補佐官を務めた岡本行夫は「また同じことにならないか──もし湾岸戦争がもう一度起こったら？」なる文章をそこに寄稿している。一〇年前の湾岸戦争の経験を正確に復刻しなければと思いつつ「依然として客観的な観察者には、なれない。感情が出る」と自ら書く岡本だけに、情緒的な筆致である。岡本によれば、イラク軍のクウェート侵攻を前にした米国主導の湾岸戦争は不可避の正しい戦争であった。そして、この地域に多数の石油タンカーを常時行き来させていながらイラク制裁の軍事行動に参加せず、軍資金しか出さなかった日本は（欧米諸国によって）「キャッシュ・ディスペンサー」のように扱われたが、それに「屈辱とトラウマ」を感じている男の立場から、すべての言葉は語られている。岡本が自明のこととしているこれらすべての前提は疑うに値するが、文章のタイトルにまでして自ら発した問いに対する岡本の自答は悲観的だ。第一に、人命に対する超安全主義という国民意識が日本にはあり、「自由のために銃をとって戦うことに対する支持などない」。このような国民意識を批判するために岡本は独特の比喩を使う。町内会のドブさらいで各家庭が衣服を汚して働いているのに、金持ち＝日本家は家訓を守って泥仕事への参加を断り、クリーニング代だけを負担したに等しい（！）と。戦争と平和の問題への対し方が、この程度の比喩で揶揄できると考えている男が、湾岸戦争時の外交実務に当たっていたことは記憶に値する。私の考えでは、岡本が憂える、身の危険を僅かでも冒すことを嫌う「国民意識」なるものは、すでにして虚構だ。岡本のように自らは戦場に出ることもない立場で、「ナショナリズム」という心情的妖怪に振り回されて、戦争を煽る雰囲気はこの社会に充満している。その意味では、岡本は安心してよい。焦るべきは私たちのほうだ。

　にもかかわらず岡本が悲観的になる第二の問題は、「官僚の権限意識と行政の縦割り」状況にある。外務省、大蔵省、内閣官房などの間の意思疎通がなく、方針の決定や発表の仕方があまりに拙劣で、しかるべき時に当然得られるべき米国の信頼も得ることもできなかった事実が縷々に述べられる。なるほど「キャリア・クラス」の外務官僚の目は米国をしか見ていないことを如実に示す文章が続く。湾岸戦争と一口で言っても、当事者は多様だ。渦中にあるイラク、クウェート以外にも、中東地域には多くの国がある。米国側についた専制的な王政諸国もあれば（ついでに言えば、これらの諸国の非民主主義的な専制を、米国は決して非難の対象としない）、反米の一点でフセイン批判を控えたアラブ諸国もある。私はこれらの為政者の目線にも関心をもつが、それだけではなく、自分たちの土地に生まれる天然資源が自らの手の届かぬ地点で〈国際取引〉される現実を見ている「産油国」の貧しい民衆が、湾岸戦争をどう見ていたかということにも強い関心をもつ。このような問題意識など、エリート外務官僚はカケラも持つこともなさそうだ。外務省の中枢に長年いた岡本がこの文章を書いていたとき、メディアは外務省スキャンダルを書き立てていた頃だろう。外務省問題の本質は、あえて言えば、ノンキャリアの「不祥事」にはない。モラルに関わる不祥事がキャリアを巻き込んで内攻しているであろうことは明らかだが、より根本的には、外務官僚が主導してきた日米安保堅持に象徴される外交路線が孕む問題性をこそ指摘しなければならない。冷戦構造が終わりを告げて一〇年を経たいまも、米国との二国間軍事同盟体制を不動の前提として外交政策を立案することに何の疑念もいだいていない岡本のあり方こそが問われるべきだ。だが、ここを「聖域」とする岡本は、省庁間のつまらぬ権限争いに問題を矮小化するだけだ。岡本はさらに、「法的整備」の現状についても悲観的だ。ＰＫＯ法の成立は「大きな前進だ」ったが、「鳴り物入りで成立した」周辺事態安全確保法は、「立法意図は評価できる」ものの「あまり実際の役には立たない法律だ」。だから、法的整備をさらに行ない、法律条文の逐条解釈にこだわって柔軟な運用を邪魔する法制局を規制して……と、「戦争を可能にする国家」に向けた岡本の「妄想」はとどまることを知らない。

ほかにも「外交フォーラム」誌には、「湾岸の夜明け作戦と五一一名の隊員たち」を書いている元海上自衛隊ペルシャ湾掃海部隊指揮官・落合峻の文章など、軍人の心情を顕わにした内容のものが掲載されており、見逃すわけにはいかない。

湾岸戦争後の一〇年の過程を顧みるべき課題は、私たちの前にもある。

●「派兵ＣＨＥＣＫ」一〇六号、二〇〇一年七月一五日

「あはれ　秋風よ　汝こそは見つらめ」

南クリル（北方諸島）水域・三陸沖サンマ漁問題

今年のサンマ漁は豊漁だという。七輪の炭火で焼いたサンマに、大根おろしをたっぷりと添えて食べるのが、秋随一の味覚であった北国の港町に育った者にはうれしいニュースだ。詩句の調子のよさに、詩を詠んだ作者のほんとうの心もさして知らぬままに子ども心にも暗誦できた佐藤春夫の「秋刀魚の歌」も、ついでに久しぶりに思い出す。ところが、今年のサンマ漁をめぐっては、多国間の複雑な問題が生まれている。これは、四方を囲んだ海を通して他の地域・人びとの関係が成立しているこの日本社会に生きている以上は、避けて通ることができない問題を孕んでいるように思える。まずはその経緯をふりかえってみる。

昨年十二月、ロシアは韓国に、南クリル諸島周辺水域でのサンマの漁獲枠一万五〇〇〇トンを与えた。韓国は過去二年間、ロシアの民間企業から漁業権を買い、同水域で操業もしているが、それを日本政府は黙認してきた。今回は民間レベルではなく韓ロの政府間合意であることに日本政府は苛立った。これは単なる漁業問題ではなく領土問題であると捉えた小泉政権は「日本古来の領土である四島の排他的経済水域では、日本の許可なくしては操業できない」との立場から両国に抗議した。だが両国はこれに取り合わなかった。「純粋に商業的な性格のものだ」とするロシアは、さらにウクライナと朝鮮民主主義人民共和国に漁獲枠を与えた。日韓協議も行なわれたが、不調に終わった。韓国は「国際社会がロシアの四島占有を明白に不法としない以上、日本の主張は不当だ」と考えている。

日韓両国は一九九九年に新漁業協定を結び、互いの排他的経済水域での相手国の操業条件や、資源の共同管理のための暫定水域の設定などを取り決めていた。それによれば、韓国は今年も三陸沖に広がる日本の排他的経済水域で九〇〇〇トンのサンマ漁を行なうことができるようになっていた。ところが、日本政府は、北方水域でのサンマ漁業権問題への対抗措置として、三陸沖での韓国船の操業を不許可とした。八月、韓国船と、ウクライナから漁獲枠を転売された台湾船は南クリル諸島水域でのサンマ漁の操業を開始した。

この一連の事態から引き出すことのできる問題は何だろうか。

まず思い起こすのは、一九八八年のひとつの事件のことである。北海道標津町のアイヌ漁民Sさんは長年携わってきたソ連・サハリンの北方民族との交流活動の成果を基に、サハリン漁業公団との間で、国後島沖でドナルドソン（ニジマスの大型交配種）の養殖事業を行なう合弁協定を結んだ。その場所は、ソ連側からすれば、日本漁船を見つけたら拿捕すべき海域であり、日本側からすれば、領有権を主張している四島周辺に設けた操業制限海域を外れるために、そこで操業する自国船を見つけたら密漁の罪を問うべき海域である。政府を頭越しにして行なわれるソ連公団との合弁事業は、ソ連の四島占拠を追認することになると恐れた日本政府は、Sさんが事業を中止するよう強力な説得を始めた。事の次第を知った右翼団体はSさんの自宅に押しかけ、大騒音の糾弾「宣伝」活動を展開した。やがて、Ｓさんが港に繋留していた船は「不審火」で焼けた。Ｓさんは、経営する会社がチャーターした船の毛がに密漁の罪を問われて逮捕され、やがて起訴された。当時の私の考えでは、Ｓさんの行為は、国境を超える事業は何事も政府・国家の枠組みの範囲内でしか容認されえないという常識に対する果敢な挑戦であった。しかも同地の先住民＝アイヌが主体になることによって、近代国家＝日ソ両国の主権争いと化している北方諸島領有問題に別の解決の道がありうることを先駆的に示すものであった。そのことに危機感をもった日本政府は、領土問題に関わる厳しさを「内向きに」示した。

それとの比較で言えば、今回の日本政府のロシアと韓国に対する態度は、領土問題に関わる「外向きな」厳しさを表している。だが、領土論としては「原則論」を固守しつつ、自らが北方諸島水域で操業するためにはロシアに一億数千万円の資源管理協力金を支払う「現実性＝柔軟性」を示している日本は、前者の問題には無関係で後者の問題に関して日本と同じ「商業」の枠内で行動選択しているにすぎない韓国に対して言うべき言葉を本質的にもたない。ましてや隣国との関係において、一方には周辺諸国を軽んじる教科書や首相の靖国神社参拝をめぐる問題を「他者との関わりを配慮することもなく」自ら作り出しておいて、ひとつサンマ漁問題だけを自国の利害に即する形で見事に解決する方法など、見出だせるはずがない。

問題はほかにもある。一九七〇年代半ば以降、食料争奪戦争を激化させた米ソが中心になって、自国の近海の漁業資源を占有するために、沿岸から二〇〇海里（およそ三七〇㎞）を「排他的経済水域」と定めることにした海洋法条約の妥当性如何の問題である。排他的経済水域を広さの順でいうと、米国・オーストラリア・インドネシア・ニュージーランド・カナダ・ロシア・日本の順序となる。領土面積では世界でほぼ六〇番目の日本は、海洋法によって、四方を海に囲まれているという自然条件を十二分に享受していると言える。どこの川に生まれ、どこの海を回遊して、どこの海か川で産卵し、どこの海域で捕獲されるに至るのか。水域を超えて自由に泳ぎ回る魚の一生を思うと、ある瞬間を捉えて、自らの「水域」に存在する魚への漁獲権を言い募ることの本質的なおかしさが見えてくる。それを「排他的に」主張することが資源大国の独善にならない道を、人類は見つけだす必要がある。

私が好きな地図のひとつに「環日本海諸国図」というのがある（「日本海」の呼称についてはここでは問わない）。富山県が作製したもので、この平面地図の上方に広がるのは太平洋、下方にはロシアのシベリア地域から中国に連なって広がり、その中央に朝鮮半島がある。それに上下を挟まれるようにして日本列島が（見慣れた形とはさかさまな姿で）うかんでいる。「日本海は大きな内海だった」ことがよくわかる地図である。この地図に登場するのはロシア、モンゴル、韓国、北朝鮮、中国、台湾の諸地域だが、現在の日本はこれらのどこの国との間でも、深刻な歴史過程上の問題を抱えたまま、二一世紀初頭段階で解決すべき新たな難題にも直面している。サンマ漁問題をめぐる日本政府の大国主義的で拙劣な態度は、そのひとつでしかない。

この地図では見えない、上方の太平洋の彼方にある米国との間だけに、政治・経済・軍事・社会・人的交流上の緊密な関係を築くばかりで、周辺諸国とのよりよい関係性を積極的に求めようとしないこの国のあり方は、こうして、どの問題をも貫いている。佐藤春夫に倣って、しかし彼とは別な意味合いで、私たちは言うだろう。「あはれ　秋風よ　汝こそは見つらめ　世のつねならぬこの国の停滞を」

●「派兵ＣＨＥＣＫ」一〇七号、二〇〇一年八月一五日

スキャンダル騒ぎ＝「宴の後」の恐ろしい光景

鈴木宗男報道

出版の世界で仕事をしていても、ある本が百万部売れるということがどういうことなのか、実感としては少しも理解できない。現在の人口からすれば、百数十人にひとりが買う計算になるのだから、その現実感がないというよりも、その集中度が恐ろしくも思える。最近でいえば、『世界がもし一〇〇人の村だったら』（マガジンハウス刊）がその種のベストセラーになっている。電子民話（ネット・フォークロア）と呼ばれているこの「お話」は、世界の人口の実際の六三億人から、仮に一〇〇人に縮小してみたら、地域人口構成化、男女比率、各宗教の信者数、富の偏在などがどんな数字となって「化けるか」を物語る。どの数字も二桁か一桁となって、現実感覚がある。想像力が及ぶ範囲、のようにも思える。「わかりやすい」こと、このうえない。

ところで、「月刊オルタ」二〇〇二年三月号（アジア太平洋資料センター刊）にも書いたが、この「わかりやすさ」は、何かを犠牲にして成り立っていると私は思う。全体を一〇〇に設定したら、コンマ以下限りなく零が続くような少数民族や小国、総じて少数派が切り捨てられることは、誰にも見えやすいことだ。問題を数値比例の単純化にのみ還元しては、構成を見えなくするという批判も、当然にも成り立つ。物事を単純化することによって見えてくるものがあることは否定できないが、解決すべき物事は常に複雑怪奇な構造をもつことを忘れるわけにはいかない。野暮な批判かなと思いつつも、この本があまりに「感動の物語」として伝播していくさまを見ると、自分を取り巻く社会全体の問題として、いくらかは制御をかけたくなる。

「わかりやすさ」を尊ぶ傾向は、この社会に充満している。鈴木宗男なる男をめぐってこの一ヵ月以上ものあいだ繰り広げられている騒ぎを見て、つくづくそう思う。鈴木をめぐって次々と明らかになっている事態は、たしかに異常だ。鈴木のふるまい・言動も、外務省を筆頭とする関係省庁の官僚たちの、鈴木に対する態度も。自ら認めるごとく「古いタイプの政治家」である鈴木は、戦後自民党のなかでも最も典型的な地元利益誘導型の人間としてふるまった。だが、彼の「明敏さ」は、それだけに終わらなかったことだ。政治的な最高指導部やエリート官僚によって日本外交の基軸と見做されている対米外交はおろか、二次的に重要な対欧州・対アジア外交にも入り込むだけの「エリート性」も「人望」も自分には欠けていると見た鈴木は、ソ連体制崩壊で価値観が揺らぐロシアと、国連加盟国数が多く、日本からのＯＤＡ（政府開発援助）予算もかなり見込まれるアフリカ諸国へ個人的に食い込む道を選んだ。前者は、北方諸島問題で地元＝北海道、とりわけ道東地域住民の利害と密接に絡み合って、選挙民の気持ちをひきつけることができる。後者は、国連安保理常任理事国入りをめざす票獲得運動に効果が大きく、外務省エリート官僚の気を牽《ひ》く。もちろん、いずれも、動き方によっては、政治家個人および「援助」活動に参画する企業の経済的利益の問題ともからんでくる。

その過程で鈴木が何を言い、どうふるまったかが、いまは大きな問題とされている。それは、ほとんどスキャンダルにひとしい内容だ。人物としても、どこか滑稽で、面相もふくめて悪役にふさわしい。他人のスキャンダルは、その不幸と同じく、「蜜の味がする」。テレビ・新聞・週刊誌が、おもしろおかしく、これを叩く。野党書記長は「疑惑のデパート、疑惑の総合商社＝鈴木宗男」と、声を張り上げる。

ああ、またか、と私は思う。いつの頃からだろう、野党も、マスメディアも、そしてひどいときには私たちもまた、政府・自民党を政策論争で追い詰めるのではなく、個々の有力政治家のスキャンダルを追及することに明け暮れるようになったのは。政治不信・経済不況など現実的な根拠をもって人びとの心に鬱積している不満は、この「絵に描いたような」悪役追及の過程で、わずかなりとも解き放たれる。カタルシスが得られるのだ。解放感は「わずかなりとも」と書いたが、報道の誇大性によって、それは万事が解決したかのように現象する。

たしかに、スキャンダルは「わかりやすい」。場合によっては、それを追及することも必要だろう。だが、政策論争を放棄してのスキャンダル追及の陰で、根本的な事態が人知れず進行してゆく。そもそも、今回の問題の出発点には、「アフガニスタン復興支援国際会議」への参加を予定していたNGO（非政府組織）が外務省によって出席を拒否されたということがあった。鈴木はその措置に関わっているという報道が、この異常に興奮したニュース展開にまで至っている。アフガニスタンの廃墟を作り出している勢力が、自らの戦争責任を棚上げにして「復興」を語ることの欺瞞性それ自体は、問われることもない。会議が「成功裏に」終わって一ヵ月半のいま、米英軍がアフガニスタン、カナダ、フランス、ドイツ、デンマーク、オーストラリア、ノールウエイなどの軍隊などと共に、なおアフガニスタン爆撃と地上作戦を続行していることが、あの「復興支援」とどう関係しているのかを問うこともない。アラビア海に展開する自衛艦五隻が、米軍の戦闘艦や補給艦に給油を行なって三ヵ月を経たことの意味が、現実に行われている爆撃との関係で問われることもない。その間に来日した米国大統領が展開した「反テロ」「日米同盟の強化」「悪の枢軸」論などに対して、日本の首相が少しの異論も唱えず実質的に承認したことの重大性も不問に付されている。

スキャンダル騒ぎという宴の後に出来上がっている、恐るべき政治・社会の光景を思う。

●「派兵CHECK」一〇九号、二〇〇一年一〇月一五日

スキャンダル暴きに明け暮れて、すべて世はこともなし

鈴木宗男報道・再論

政策論争ではなくスキャンダル暴きに焦点化する国会論議への違和感・嫌悪感を、前回は書いた。それは、三月一一日に行われた衆議院予算委員会での鈴木宅男証人喚問のあり方を見聞きした印象に基づいて、とりわけ最終質問者であった辻元清美の言動を思い出しながら、書いたものだった。

「あなたのお母さんの名前は、私と同じキヨミだというが、お母さんに答えるように正直に答えてくださいね」「ど忘れ禁止法を適用せなあかんな」「あなたは疑惑のデパートと言われているが、疑惑の総合商社だ」などの発言を聞きながら、不快な感じと危ういなという思いを同時に抱いた。追及の基軸が的外れだなとも思った。

不快さと危ぶむ思いは、同根のものである。マスメディア上の報道に照らして言えばほぼ究極の敗北地点に追い詰められている鈴木宗男なる「敵」を最終的に撃つ言葉として、これらは戦略性に欠ける。テレビ・カメラを意識して、大向うをうならせようとする心根が見え隠れしている。この追及の方法は、結局は、問題を鈴木宗男個人の「醜聞」に終わらせるしか、ない。議院内閣制の下で与党から閣僚が出ていながら、政官が癒着し、族議員が跋扈するという現状を構造的に

抉る視点が、ない。視聴率を稼ぐことができると思うテレビ報道関係者と、「悪の象徴」が追い詰められるさまを見て「溜飲を下げたい」と思っている視聴者を満足させるに終わるしか、ない。辻元自身に、政策秘書給与流用問題が噴出するとは思ってもみない段階のことだが、他者を「情緒に訴える倫理によってしか」追い詰めることができない批判方法は、いつ返り血を浴びるものかわからないという認識は、私たち自身の日常的な経験の範囲内にあることだと思える。ましてや、魑魅魍魎が出没する政界においておや。辻元の物言いに感じた私の不快感と、(彼女の通常の活動をみて、なかなかよくやっていると思うからこそ、その行方を心配して感じた)危うさの根拠は、そこにこそある。

辻元の追及の方向が、私から見れば的外れだと思う根拠にも触れておく。私の考えでは、鈴木宗男的なあり方を、彼個人の特殊な問題としてではなく政策的に追及する道はあった。上に述べた「政」と「官」のもたれあいの実態を構造的に暴くこともそうだが、それに劣らず大きな問題もある。たとえば、一九九六年に焦点化した在沖縄米軍海兵隊の実弾演習基地選定問題をめぐって鈴木が果たした役割を明らかにすることである。このことは、鈴木の証人喚問直前の、三月七日付朝日新聞で、きわめて不十分な形で報道されている。一面トップで「防衛施設庁、鈴木氏に配慮」と大見出しで報じたこの記事は、鈴木の地元にあって、実際に米軍実弾射撃訓練の場となっている矢臼別演習場問題を取り上げている。演習に伴ない、防衛施設庁は八〇〜九〇人規模の現地対策本部を設けるが、その際必要なゴミ箱・スノコ・食料品などの物質の調達先や宿泊先に関して、防衛施設庁の鈴木の秘書に詳細な事前説明を行なっており、また結果として鈴木がこれらの業者や演習場整備事業受注業者から献金を受けているということに重点をおいた記事である。私の考えでは、この記事は重点のおき方を間違えている。この記事は、十分な根拠をもってすでに世間に定着していた「ダーティな鈴木」というイメージを補強するものでしかない。辻元が狙った鉾先と同じである。より根本的な問題は、沖縄基地移転問題をめぐる鈴木の役割にこそあったはずである。

九六年一月、首相・村山富市の突然の辞意表明をうけて首相に就任した橋本龍太郎が直面した最大の問題は、沖縄基地をめぐるそれであった。前年九月、不幸にも起こった米兵による少女暴行事件の直後から、沖縄では基地縮小・基地撤廃の声が高まっていた。政府は、沖縄でとりわけ批判が強い県道越えの砲撃演習の中止を海兵隊に要請し、「痛みを分かち合う」との言い草で、代替演習場を「本土」内に探そうとしていた。本土内への分散移転を口約束したものの、引き受けるところは容易には見つからず困難をきわめていた時に「有効な」働きをしたのが鈴木である。矢臼別演習場は別海・浜中・厚岸の三町にまたがる広大な地域を占める。いずれも鈴木の選挙区である。町民の意向もあって演習受け入れに反対だった厚岸町長は、鈴木から「人間扱いされない」態度で「演習移転を受け入れるよう」恫喝されたと語っている。翌年の内閣改造で、鈴木は北海道・沖縄開発庁長官に就任した。

政府・自民党・外務劣官僚などが、端から見ても「目に余る」ものがあったであろう鈴木のふるまいを黙認し、重用してきたのは、このように重大な政策問題での彼の具体的な貢献があったからだと分析するなら、単なるスキャンダルの暴露に終わらない、別な責任追及の論理がおのずとあり得たと言うべきだろう。

鈴木の証人喚問から一週間後の三月一九日、原宿のレストランでは辻元の政治資金パーティが予定されていた（会費八〇〇〇円）。出席の返事をもともと出していた私は、その場で話す機会があれば、上のような思いを辻元に伝えたいと考えて、出かけた。会場にはテレビ・カメラが何台も入っており、いくらいま脚光を浴びている議員のパーティであるとはいえ、その仰々しさに驚いた。野党のみならず与党の議員たちも入れ替わり壇上に立っては、辻元への期待を語った。私は居場所を間違えた感じがして、彼女には声をかけずに帰った。家に帰って観た深夜のテレビ・ニュースで、ついさっきのパーティ会場の外で記者のインタビューを受ける辻元が写っていた。翌日発売の「週刊新潮」が報じる秘書給与流用問題はすでにマスコミでは周知のことで、あのテレビ・カメラは「天国から地獄へ、いままさに落ちんとする」議員の姿を捉えようとしていたのだった。「疑惑」を全面否定したその夜の会見での言葉が、結局彼女の命取りとなったことを私たちは知っている。

●「派兵ＣＨＥＣＫ」一一五号、二〇〇二年四月一五日

国境を越えてあふれでる膨大な人びとの群れ

「イスラエルの中国人の死」「瀋陽総領事館事件」

毎日新聞が「巨龍――その実像」と題して始めた連載第一回（二〇〇二年五月二日付）が報じた内容は衝撃的だった。ここ数年、武装衝突の激化でイスラエルからパレスチナ人労働者が締め出されるにつれ、その後釜に中国・福建省から中国人が送り込まれている。イスラエルの肉体労働の現場で働く中国人はいまや二万〜三万人に達している。四月一二日、エルサレムの市場に買い物に出かけた出稼ぎ中国人、林春美さんら二名は、パレスチナ人の「自爆」行為の巻き添えとなって死亡した、というのだ。二カ月間で二〇〇〇ドルもの仕送りをして家族を驚かせたというふたりは、旬日後、遺体となって郷里・福建省の村に帰った。棺を迎えた遺族にまで取材した意欲的なその記事は、「あふれでる」という副題を付して、海外に職を求め、出国熱が高まるばかりの中国の現状に鋭く迫っている。全地球を、市場経済というひとつの原理の下にねじ伏せつつあるシステムの力をまざまざと見せつけられて、胸を突かれる報道である。

一週間後、同じ中国の瀋陽にある日本総領事館に、朝鮮民主主義人民共和国（北朝鮮）からの脱出希望者五人が突入を図り、館内に踏み入った中国の「人民武装警察」によって拘束されるという事件が起こった。この事件がどんな帰趨をたどることになるかは不明だが、いまの時点で言えることをいくつか言っておきたい。

その動機が経済的な利益を求めるものであれ、飢餓や政治的抑圧から逃れようとするものであれ、人びとは「国境」を、めざましい速度と規模で越えつつある。そこで繰り広げられているであろう安堵と悲劇の「物語」を、私たちはふつう知ることもない。今回はメディアの働きで、思いがけず知ることとなった。知った以上、「移民を排斥し、民族主義を煽る右翼が欧州で抬頭」というおなじみの認識の枠組みを越えて、そこからどんな問題を引き出すことができるかが、私たちには課せられる。

北朝鮮からの脱出を図る人びとの数が、飛躍的に増えつつあるように思える。韓国、中国、日本、欧米諸国に支援網が作られ、今回のようにメディアも活用して、脱出が組織化されている。これは、一九八九年に起こった東欧各国から西欧諸国への「エクソダス」の萌芽段階を彷彿とさせる。それが、金正日体制との関係でどんな形で進展するのか、それとも抑制されるのか。事態はいよいよ予断を許さぬ段階に達しているようだ。

中国の現指導部の下での、軍部・警察などの治安当局の「無法ぶり」はますます突出しつつあるように思える。新疆・ウイグル自治区からは、北京から派遣された軍隊が、自治・独立運動に関わる人びとを「反テロ」作戦の名で大量処刑するニュースが絶えない。他国の領事館構内にまで入って、「侵入者」を取り押さえ、連行し、拘束するという今回の行為は、中国各国で日々行なわれている軍部・警察の一般化した行為と不可分である。

だが、私たちは日本社会のあり方を省みることなく、北朝鮮と中国の指導部批判に問題を単純化することはできない。植民地支配と侵略戦争に関わる責任・補償を果たし、関係の正常化のための積極的な努力を不断にしていないからこそ、このような事態を迎えたときの日本政府の態度は、政治外交的・倫理的な基準を失っていると言わなければならない。

こうして、問題は私たちの足元に及んでくる。

事件が起こった瀋陽、そして事件が起こる直前に大使館職員を前に「不審者は（大使館）に入れるな」と語ったという現中国駐在大使・阿南惟茂の名前を見聞きしただけで、近現代史におけるアジアと日本の関係がありありと思い浮かんでくる。瀋陽は、日本が満州国支配のなかで奉天と呼んだ地である。関東軍による張作霖爆殺も、旧満鉄路線を爆破して日中戦争を導いた「柳条湖事件」もこの地の出来事だった。阿南惟茂の父親、陸軍大将・阿南惟幾は、シベリア出兵以降の近代日本の侵略戦争のすべてに関わり、一九四五年八月一五日、自刃した。この事件で登場する地名と人名は、こうして連鎖的に、いくつもの近代史が繋がってくる。総領事館の見取り図や日中両国政府の事細かいやりとりを（テレビの場合は衝撃的な映像と共に）繰り返し報道するマスメディアは、なぜか、瀋陽付近図の明示にも近代史のふりかえりにも少しも熱心ではない。これは、歴史意識から切り離して目前の出来事のみを視聴者に押しつける所業だが、それだけに私たちは、自らの力でこの壁を突き破らなければならない。

今回の事態を捉えて日本政府の外交政策上の失態を批判することは可能だ。だが、その視点を明確に国益第一主義から分離することで、北朝鮮脱出者に同情してみせる俄《にわか》仕立ての「人道主義者」の欺瞞を突かねばならぬ。ふだんは出入国管理の壁を厚く、高くすることを声高に主張して、難民や亡命者の流入を嫌う連中が、なぜか、今回は日本総領事館突入者に同情している。本意はどこにあるのか、問わねばならぬ。また一九九七年四月二三日、当時のペルー大統領フジモリが事前通知もないままに武装部隊を日本大使公邸に突入させ一七人の死者を出した軍事作戦を展開したときにはこれを熱烈に支持した連中が、今回は国家主権擁護の立場から、総統事館に突入した中国当局の非を鳴らしている。中国当局が間違っていることは事実だが、批判者の二重基準を認めるわけはいかない。

幾重にも重層的な今回の問題を、その全体像において捉える努力を続けたいものだ。

●「派兵ＣＨＥＣＫ」一一六号、二〇〇二年五月一五日

煽り報道の熱狂と、垣間見える世界の未来像の狭間で

ワールドカップ騒ぎの中の自分

一九九三年、日本にプロ・サッカーリーグ＝Jリーグが誕生した時には心が踊らなかった。「応援団」というならまだしも「サポーター」と称する用語への違和感に始まり、その連中のふるまいを見れば見るほど嫌悪感がつのった。サッカー競技以前の問題としての日本に突如現われた「サッカー現象」とも言うべきものを素直に迎え入れることができなかったのだが、所詮は個々人の好みの問題なのだから、それでいいのだと思うことにした。しかし、と大急ぎで付け加えなければならないが、一九九七年四月、日本大使公邸を占拠していたペルーのMRTA（トパック・アマル革命運動）のゲリラ全員が、フジモリの指令した特殊部隊の奇襲作戦に倒れた理由の一半は、サッカーゲームに興じていて油断していたからだとの報道を読んだ時には、心が痛んだ。貧しいゲリラの青年たちが子どもの頃から「貧者のスポーツ＝サッカー」に親しんでいたのであろう姿は十分に想像できることで、このスポーツ競技の奥に控える社会のあり方が透けて見えたからだ。

ペルーに限らず南の多くの国々では、サッカーこそは、人びとの心を捉える最大の関心事のひとつである。庶民的な町並みを歩けば、少女は天性のリズム感でステップを踏み、少年は低地で

はもちろん高度四〇〇〇メートル近い高地にあっても平気でサッカー・ボールを蹴って駆け回っている。それは、たとえばブラジルの場合には、カーニバルやプロ・サッカー試合をめぐる熱狂に繋がっていく。日本ではそれが、カーニバルの大騒ぎで死者が何人出たとか、サッカー試合で自国チームが負けたことに怒って暴れ出したファンの騒ぎで何人死んだとか、季節ごとの風物詩のような調子で、揶揄的に報道されることが多い。その度に私は「カーニバルの社会史」や「サッカーの精神史」も知らずして、どうしてこの地域の人びとの心がわかるというのか、と義憤めいたものを感じていた。

こうして、私はサッカー競技の面白さそのものを楽しむ以前に、日本での急拵《こしら》えのサッカー現象へは違和感をいだき、南の諸国での人気ぶりを現象としては理解しなければならないという、我ながら奇妙な立場に身をおいていた。ウルグアイの著述家、エドゥアルド・ガレアーノの『スタジアムの悪魔――サッカー外伝』（みすず書房、一九九八年）が出版された時にすぐにこれを読んだのも、その居心地の悪さを少しでも解決できないかと思ったからだ。ガレアーノは『収奪された天地――ラテンアメリカ五百年』（新評論、一九八六年）の著者でもあり、従属論に依拠した歴史叙述で多数の読者をもつ人物である。息の長い物語というよりはテーマにまつまる逸話を断片的に鏤《ちりば》めた叙述を得意とする彼は、サッカー本においても、たいていは一～二頁で終わる二〇〇編ちかいショート・ショートで、世界サッカー史上の象徴的なエピソードをたどる。

イングランドを発祥の地とするこのスポーツが、七つの海に君臨したイギリスの帝国主義的発展と共に重要な「輸出品」のひとつとなり、世界の隅々にまで浸透してゆく一九世紀の過程が浮かび上がる。それは、発祥の地の名門大学のお坊ちゃんたちが上品に興じていた競技が、熱帯の庶民たちの創造的なエネルギーによって、性格を異にするスポーツへと変貌を遂げてゆく過程である。金持ちは独占を破られて憤慨する。保守派知識人は、足を使うしかない能なしの下衆の遊びとして軽蔑し、左翼知識人は大衆エネルギーを捩じ曲げる阿片として警戒する。異色なのはアントニオ・グラムシで、「野外の自由な空気のもとで人間の誠が執り行なわれるこの王国」と、サッカーを賞讃する。

いまとなっては、事情はよほど異なっていよう。目前で展開されているワールドカップを対象とするかぎり、FIFA（国際サッカー連盟）の巨大化に象徴される、利権まみれのスポーツ・イベントに対する批判的視点は不可欠だし、国家単位の代表チーム同士の争いをテコにすべての国が行なうナショナリズムの悪煽動や、社会的・政治的出来事の軽重を無視してワールドカップ一色に報道を塗り込めるマスメディアに対する批判などは、譲ることのできない原則的な立場であろう。

だが、イギリスより歴史の浅い新興帝国主義国＝米国で隆盛を極め、近現代史の中で米国の圧倒的な影響下にあるカリブ海諸国と東アジアの数ヵ国だけで、思えば奇妙な人気を誇るプロ野球には、自国のみの決勝戦を「ワールド・シリーズ」と名づける米国の傲慢さや日本プロ野球をめぐるありとあらゆる馬鹿馬鹿しさを知ってなお、子どもの頃から馴れ親しんできたゆえに今でも贔屓チームの勝敗に一喜一憂する心性をもつ以上、競技としてのサッカーに対してだけ意固地な態度をとるわけにはいかないよなと内心が囁き、今回はついついいくつかのゲームに熱中してしまった。すでに言い古されたことであろうが、「門番」は別としても一ゲームで十キロ以上は走り回るという選手たちを見ていると、同一チームを構成するメンバーの出身地、皮膚の色、髪型、喜びと悔しさの表現の仕方などすべての面において、これほど国家的帰属を離脱した人間のあり方が、テレビを通して延べ何十億もの人びとの目に焼き付けられるスポーツはないという思いがする。フランス「ナショナル・チーム」の構成メンバーは、民族離散の典型である。国民国家原理がここまで崩壊しているさまを目撃してなお、人びとの熱狂が国家代表チームの応援へと回収されてゆく道筋を断ち切ることは、どう可能なのかと自問する。同時期に進行する、ドイツ語のできぬ外国人を締め出すというオーストリアの新法案や、指紋押捺・写真撮影・住所登録を中東出身者にのみ義務づけるという米国司法省の方針が、差しあたってはエリート・サッカー選手の流動を通して、国境の壁が意味をなさない来るべき世界の姿を実感している人びとの意識は拮抗できるものか、とその時代錯誤をわらう。

国威発揚に入れ揚げる日本のメディアを離れて英語紙を読むことも解毒剤になる。「アサヒ・ヘラルド」五月三一日号は、たとえば、かつて麻薬取締法で有罪となったマラドナが、それを理由に日本入国ビザを発給されないことを知って「俺は日本に原爆を落としてないよ。自国をそんなに守りたいのなら、米国選手の入国を認めないほうがいいんじゃないか」と皮肉を言ったことを伝え、「世界的な注目を浴びるサッカーの熱狂からとり残された唯一の国は北朝鮮だ」との言葉で開会の日の記事をしめくくり、「日韓共同開催」の意味をふりかえるよう読者を誘った。煽り報道の熱狂に対する醒めた視線と、サッカー選手の流動的な移動の背後に垣間見える世界の未来像の狭間で、私はいましばらく右往左往するかもしれない。

●「派兵ＣＨＥＣＫ」一一七号、二〇〇二年六月一五日

「老い」と「悪態」と「脳天気」

作家の錯覚したサッカー談義

社会時評を連載している「派兵チェック」で、柄にもなく、ワールドカップに触れた。「サポーター」なる、この世でもっとも不快な連中に対する嫌悪感から、私はサッカーについては食わず嫌いだったのだが、サッカーの世界的普及の過程に孕まれるドラマ、ナショナル・チーム選手の脱「ネイション」状況、第三世界における大衆的なサッカー人気の背景——などには無視できないものがあるという思いもあって、ワールドカップが始まったことを機にいくつかのゲームを見てみると、なかなかに面白い。スポーツ・イベントに対する原則的な批判と、ゲームそのものの否定すべくもない面白さの狭間で、私はしばらく右往左往するかもしれないという趣旨の、我ながらはなはだ腰の定まらぬ文章であった。すぐに匿名の読者から手紙が舞い込み、どこぞのスポーツ紙誌にでも載せる程度の、精神の弛緩した文章であるとの批判を受けた。

私はその批判を甘受し、いっそのこと「ナンバー」でも何でもいいがどこぞのスポーツ紙誌から、高い稿料の原稿依頼でもこないかななどと、起こり得ぬことを夢想して鶴首していたら、何あろう本誌（反天皇制運動連絡会機関誌「ＰＵＮＣＨ！」）編集部が「文学界」八月号の特集「作家・文学者のみたワールドカップ」を論評せよ、という。あてが外れたこと、かくまでか、と思うような顚末だが、仕方がない、高い稿料を受け取るどころか九〇〇円もの身銭をきって、久しぶりに「文学界」を買い求めた(うーむ、どうも「表現」の弛緩状況は、私の内面において続き、なお進化ないし深化しているようだ)。

目次を見て真っ先に目についたのは、特集そのものではなく、「嘘は如何にして大きくなるか」と題する金石範の評論だった。気になってすぐ読み始めると、先年「世界」誌上で行なわれた、韓国籍取得問題や軍事政権下の韓国への秘密旅行問題をめぐる金石範／李恢成論争の続きである。金石範にしてみれば、思いがけない場所で再開された李による金批判に驚いて、論争再開へと至ったものらしい。読者の側からすれば、心を寄せてきたふたりの文学者が、こんな水準で悪罵を投げつけ合うものか、と思うほどに、先年の論争は読むに堪えぬ、後味の悪いものだった。それが同じ水準で再開されていることを知って、心が重くなる。晩年を迎えたと言ってもいいこのふたりの作家からは、聞いておきたい別なテーマと表現があるはずだと読者のほうが思ってみても、ご本人たちはけっこうまじめにこの「論争」に賭けているらしい。このすれ違いが哀しい。そういえば、晩年の埴谷雄高も、吉本隆明との間で「コム・デ・ギャルソン」論争を行なったが、あの吉本批判の論理水準も、埴谷のものとは思えぬものだった、などとの思い出も浮かぶ。

さて「サッカー特集」である。読んでみたが、割りと脳天気な作家たちの文章が続く。なかでも、いくつになったか知らぬが、庄野潤三の文章の幼さには絶句する。「日本サッカーはよくやった。私たちは日本をたたえたい。決勝トーナメントに残るという大仕事をやってくれたのである。万々歳だ」。言葉のセンスもバカみたい、と思わず金井美恵子風の物言いになってしまう。

全編こうして、日本が勝ってうれしいだの、スポーツ好きの子どもや孫の、他人にはどうでもいいエピソードで綴った文章を読むと、「老い」の残酷さを思う。同時に、谷崎や川端の老い方のほうがずっとましだ、と思わぬ彼方へ感慨は飛翔する。

老いといえば、吉本隆明も「トルコ戦に負けて考えたこと」と題するインタビューを受けている。ここ数年の吉本の表現は、ほとんどの場合、インタビュー構成によってなされている。私は、この間の吉本のさまざまなテーマにわたる発言についていくつもの批判的な観点をもって見てきたが、なお見られる「発想のひらめき」に惹かれて、その発言を万遍なく読み続けているほうだと思う。だが、「日本がトルコに負けて、がっくり興味を失っちゃいましたね」と始まるこのインタビューには惹かれるものが少なかった。わずかに吉本らしい点が出ているのは、以下の問題だろう。W杯におけるアフリカ・チームの活躍に触れて、『アフリカ的段階について——史観の拡張』と題する彼の一九九八年の著作（春秋社）で展開した見解なのだが、『歴史哲学』におけるヘーゲルのように世界史からアフリカを除外するような史観ではもはややっていけない、「アフリカ的段階」の国や地域のやり方から学ぶことが多いはずだと強調している点である。それが、サッカーから、文学・芸術・経済のあり方にまで及んでしまうところが、「世界普遍性」をめざす吉本らしいところだと言えるが、だが、この点を突き詰めるなら、当然にも吉本／辺見庸対談が消費資本主義の評価をめぐって対決した地点（『夜と女と毛沢東』所収「身体と言語」、文藝春秋、一九九七年）にまで立ち戻っていかなければならないだろう。

保坂和志の文章は、自己批評の部分だけにわずかな救いがある。「『小説家だから』というような理由でW杯について原稿料をもらう文章を書いていると、『W杯は戦争ではない』けれど、『W杯について書くことは戦争について書くことと同じだ』ということがよくわかる。もしも、これからさき戦争が起こったとしても、新聞の文化面とか社会面で文学者たちが書く文章は、W杯についてみんなが書いている今回の文章程度のものなのだ」。村上龍や島田雅彦や星野智幸を筆頭にして、たしかに作家にはサッカー好きが見受けられるが、それにしても、ことさらに作家・文学者にW杯に関する文章の寄稿を求める「文学界」誌の今回の特集を知って私が最初に思ったことも、保坂がここで言うこととほぼ同じだった。

関川夏央も書いているが、短文で、どうということもないが、決勝戦のスタンドで天皇・皇后と並ぶ金大中大統領の表情に触れて、「苦い表情だ。この人にはユーモアがない。大統領になりたいという希望以外に政治目標がなかったことと並んで、彼の欠点である」と書くところに、並みの民主化論者にはない「悪意」が見て取れて、感心する。関川がふだん展開している日本社会論・韓国/北朝鮮論とは、私はおおいに意見を異にするが、一般的に、悪意みなぎる人物論からは学ぶところが多い。

悪意といえば、さて、異彩を放つのは、車谷長吉の悪態である。私は、車谷の創作集『金輪際』(文藝春秋、一九九九年)の帯に編集者がつけた惹句「私小説の酷と毒。人を呪い殺すべく丑の刻参りの釘を打つ、悪鬼羅刹と化した車谷長吉の執念」に感心した者だが、さすが『塩壺の匙』や『赤目四十八瀧心中未遂』の作家であり、最近では『銭金について』(朝日新聞社、二〇〇二年)と題するそのものズバリの本で、実名をあげてさまざまな有名・無名の人びとを斬り捲っている作家だけのことはある。私が嫌いではない中田英寿までをも「この男は実に凶暴そうな、人相の悪い人である。なぜこういう男を広告・宣伝に使うのか。無論、これぐらい凶暴そうな人でなければ、相手チームと戦う闘志は湧いて来ないのかもしれないが」などと書くところは、車谷が自認する性悪さが浮かび出ていて、迫力がある。「日本負けろ、と願わずにはいられない」とするところは、私と同じで、私も性悪さの一部を共有しているのだろうか。いやいや、車谷の私小説に見られる悪態のかぎりには、とても及ぶものではありません、と仰ぎ見るばかりである。

●反天皇制運動連絡会「PUNCH!」一一一号、二〇〇二年九月六日

第4章　ナショナリズムの解体へ

〈敵〉はわが裡《うち》にあり

——聞き手・米田綱路

明確でない「正邪」「善悪」の区別

——太田さんはこのたび『日本ナショナリズム解体新書』と『「ゲバラを脱神話化する」』（ともに現代企画室、二〇〇〇年）を相次いで刊行されました。また宮台真司・網野善彦他共著『リアル国家論』（教育史料出版会、二〇〇〇年）にも「『はじめに戦争ありき』とする時代錯誤」と題する文章を寄稿されています。これらの本を手がかりにして、またここに至るまでに太田さんが取り組んでこられたお仕事をとおして、世紀末日本に噴出し跋扈する「日本ナショナリズム」をめぐってお話をおうかがいしたいと思います。

太田さんは、「自由主義史観」の言説についてここ数年批判を続けておられます。『日本ナショナリズム解体新書』にはそうした発言が収められていますが、この本のなかで、最近では「自由主義史観的言説」はどうでもいい、それ自体を批判するより、それを迎え撃つべき対抗言説の力不足を感じられることが多い、と書いておられます。そのことは、私も編集の場にあって最近感じていることでもあるのですが、まずその問題についてお話しいただけませんか。

太田　「自由主義史観」派がどうでもいいと言っても誤解を生むので、すこし言葉を補います。彼らが主張を展開している書籍や雑誌・新聞が非常に多くの読書を持っていることは事実ですし、集会を開いても多くの人びとが詰めかけているようです。そうした社会的な影響力を及ぼして、いわば社会的な実力になっていること自体は決して軽視してはいけないと考えています。このことをどう捉えるか、どう批判していくか、という課題の大切さは当然われわれの前にある。その前提を崩すわけにはいきません。

そのうえで、僕自身もっと深く追求するのはこれからの課題だと思っているのですが、今度の本のなかでは端緒的なことを述べました。たとえば、僕らが学生のころに非常に熱心に読んで影響を受けた場合もあった、一見「自由主義史観」派とは対極にいると思われる著述家の言動を思い浮かべるのです。マルクス主義の立場の人としては、江口朴郎、遠山茂樹、石母田正、井上清などを挙げてみます。リベラルな立場の人として上原専禄、竹内好などの歴史家や評論家の言動を思い出してみる。その歴史観・主張というのは、われわれがいま目の敵のように敵対しようとしている「自由主義史観」派の人々の考え方と、そう遠くないことに気がついたのです。問題のありかは人によって異なりますが、日本国家形成過程論、日本民族論、国民教育論、日清戦争論、日露戦争論、侵略戦争論などにおいて、です。

それは、例えば竹内好の場合に、一九四一年一二月八日の出来事をうけて書かれた「大東亜戦争と吾等の決意（宣言）」まで遡って考えようとするのではありません。そこまで遡ることが必要な場合もありますが、基本的には一九五〇年代から六〇年代にかけての「戦後民主主義」の時代の発言を問題にしたいのです。われわれが影響を受け、また自由主義史観派が攻撃の的にしているのも「戦後民主主義」的なるものなのですから。当時を思い返すと、残念ながら僕自身もそうだったのですが、ぼんやりとして受け入れたり、「そんなものか」と思ってたいした反応もなく読んでしまっていたのです。自分の力によってこのような歴史観を批判することができなかったという苦い思いが、僕にはあります。

ですから「自由主義史観」派の人々に対しては、それがきっぱりと僕たちの外部にあるもので、真っ向から敵対して批判すれば済むという場に自分自身を置くことは出来ないと、最初から思っていました。たとえば、藤岡信勝に個人的には何のシンパシーも感じませんが、彼がこのような主張を始める前に位置していた場所は「左翼」でした。ずいぶんと貧相な「左翼」だったと思いますが、イデオロギーの中身さえ変えればそのままの「姿」（あり方）で右翼に変身できるという事実が物語ること自体は、滑稽にして深刻です。マルクス主義講座派から、南方の植民地行政に参画して「大東亜共栄体」の熱烈な賛美者になった段階の平野義太郎の再現です。それでも、藤岡は曲がりなりにも「論理」で持説を展開するので、われわれは論理的に反駁できる。小林よしのりの問題は違う形ででてきます。

ひとつには、小林は、差別論や薬害エイズ論を経て、「従軍慰安婦」問題をテーマとする時から急速な変貌を遂げるのですが、それは時期的に左翼・進歩派の自己崩壊→逃走過程と重なっています。逃走というのは自らが掲げた理想主義が「崩壊」したことに対する責任からの「逃走」です。そこにできた空白に、小林は支持基盤をおいています。僕の『「ゲバラを脱神話化する」』

では、「第三世界の闘争の神話化」という、きわめて限定的な領域の問題に絞ってささやかな形でしかできていませんが、今後も逃走しないで敗北の根拠を探らなければならないと考えています。

小林が投げかける問題はもうひとつあって、マンガという表現方法に関わっています。ロゴスに基づいて展開されてきた理想主義の惨めな潰走を見届けた若い人びとは、容易に感性と心情にのみこころを委ねています。ゴーマニズム・マンガの内容的なでたらめさを批判することはさほど難しくはないが、イメージやデザイン、つまり図像の問題として、熱心な読者に向かって説得力あるものとして批判し尽くすことは、それほど簡単なことではない。読まず嫌い、食わず嫌いの小林批判者は、そのことがわかっていないので、最低の鞍部を越えるような形での、安易な批判・罵倒が目立つように思います。その点で、「小林マンガの図像分析と受容の理由」(上杉聰編著『脱戦争論』、東方出版、二〇〇〇年所収)などで、図像分析に基づく小林批判を試みてきた若桑みどりの仕事は大事だと思います。

こうして考えてみれば、「正邪」や「善悪」、「正しさとまちがい」の区別はそれほど明確にはついていないのです。少なくとも、そう自分自身に言い聞かせていかないと、彼らと闘い続けることは出来ないと思っています。

先行する仕事がなかったわけではありません。『朝鮮人強制連行の記録』(未來社、一九六五年)に始まる朴慶植《パク・キョンシク》の一連の仕事は、「帝国主義と民族の問題」をめぐる日本人一般、就中《なかんづく》研究者の問題意識のなさ、あるいは希薄さに対する一貫した批判でした。竹内好の「侵略を手段とするアジア諸国との連帯」論については、夙《つと》に姜在彦《カン・ジエオン》の批判があります（「朝鮮問題における内田良平の思想と行動」、姜在彦著『朝鮮近代史研究』、日本評論社、一九七〇年所収）。尹健次《ユン・コンチャ》にも、日本の「戦後歴史学における他者認識」をめぐる厳しい考察がいくつもあります。たとえば、『孤絶の歴史意識』（岩波書店、一九九〇年）、「戦後日本のアジア観」（『岩波講座　日本通史』別巻1、岩波書店、一九九五年所収）。『日本国民論』（筑摩書房、一九九七年）などです。日本＝単一民族国家論を主張し、日本は「世界で一流の文明国である」ことを誇る日本民族優秀論を臆面もなく展開した井上清の『日本の歴史』上・中・下（岩波新書、一九六三～六六年）に対しては、金静美《キム・チョンミ》の『故郷の世界史』（現代企画室、一九九六年）が徹底的な批判を行なっています。僕はこの本に編集者として関わりましたが、原稿を最初に読んだ時に、目が眩む思いがしました。学生時代に井上のこの本を読んでいた僕が、そのような批判意識をもった記憶がないからです。先駆的な批判の提起者がいずれも在日朝鮮人の研究者であることが、問題の本質を明かしているようです。

　こうして、戦後左翼および進歩派が抱えてきた問題と、現在の右翼的な表現が持っているナショナリズムの質というものは、そんなに変わらないところにあって、われわれに多かれ少なかれ影響を与えてきたのではないかという問題意識が、自由主義史観派を批判しようとする僕の出発点にはあるのです。もちろん、先行者の誤謬を「あげつらう」などというレベルの卑小な問題ではない。われわれ自身の、内省的なふりかえりのための問題の設定です。

右翼ナショナリズムと通底する戦後左翼の歴史観

――一九九一年に書かれた『鏡のなかの帝国』（現代企画室）のあとがきで、太田さんはすでに、一冊の本の書かれ方、映画の見方、マスコミにおける事件報道などに、日本へと内向する方向性をみておられます。ここで書いておられる「『日本イデオロギー』は何気なくさりげない日常性のなかにあって、不断にわたしたち自身を蝕んでいる」という太田さんの問題意識は、九〇年代の時代状況の推移のなかでますますアクチュアリティを増してきたと思います。『鏡のなかの帝国』から『日本ナショナリズム解体新書』に至る二〇世紀最後の一〇年間を考える上で、「〈敵〉はわが裡にある」という認識がいっそう大きな意味を持ってきていると思うのですが、いかがですが。

太田　僕が「諸君！」や「正論」などの右派イデオロギーの雑誌を定期的に読み出したのは、一九八〇年代の後半でした。『鏡のなかの帝国』のあとがきを書いたのは、ちょうどその頃から数年たった時期に当たります。

それまでなら、とんでもない雑誌でとんでもない連中が好き勝手なことを言っている、という程度の認識で、あんまり関係ないと無視できるような位相にあったと思います。ところが、八〇年代後半から、自分もそこに属していると考えている戦後日本のいわゆる進歩的・左翼的な運動総体が、非常にはっきりと座標軸をなくして後退局面に追いつめられてきた。そうした段階で、右翼系の雑誌の元気さが気になりだしたんです。社会全体の雰囲気の問題としては、かつて突出したウルトラ右派イデオロギーのように見えたそれらの誌面が、単純にそう片づけられるものではなくて、ある意味で社会の雰囲気を反映し始めているということに気づき出した。それで、そうした雑誌に登場する人びとは何を主張しているのかと思って、読み始めたのです。

それから数年間経った時期だったと思うのですが、それらの雑誌で、左翼的・進歩主義的な思想と運動の後退局面を捉えて、非常に居丈高な、それ見たことかと揶揄するような右派言論が抬頭してきた。ソ連の崩壊を見届けた後のことです。たとえば、大きく言えばマルクス、レーニンから、戦後日本でいえば丸山眞男などを恰好の標的にした、新しいタイプのイデオロギー批判が載るわけですね。それらを読みながら、僕としては、自分自身の半身か全身かが浸かってきている左翼・進歩派のイデオロギーの駄目だった部分に対して右派イデオローグが行なっている批判の意味を考えざるを得なかった。それは、批判者である右派イデオロギーそれ自体が全面的に正しいというのでは全くないが、これこれの批判は認めざるを得ないというケースが、ままあったのです。たとえば、稲垣武が「諸君！」に連載後にまとめた『「悪魔祓い」の戦後史』（文藝春秋、一九九四年）などのように、戦後の左派・進歩派の言論をその時々のテーマに即して取り上げながら、お前たちが言っていたことは失敗した、見通しが甘かっただろう、という形で底意地悪く揶揄する。それに対して、果たしてどういうふうにいまの段階で言うことができるのか。そうした現実に、本当に一つ一つ突き当たらざるをえなかったのです。そこで気づいたのは、これは、こんな右派の立場の奴らが言っていることだから、うっちゃっとけばいいということじゃなくて、やはりわれわれ自身が自己点検するべく提出されたのだという、そうした問題の捉え方でした。

たしかに、最初に言った問題との関連で言えば、戦後左翼・進歩派の、いままで当たり前のように僕ら自身が読み過ごしてきた言論のなかに、明らかに現在の右翼ナショナリズムの跋扈と通底する、同じ理論装置や歴史観が孕まれていたんだということ、そのことの具体的な突きつけだったと思えたのです。

それと、われわれ自身が、歴史的な発展の方向性ということに対してやはり楽観主義的であったということも、自分の問題としては感じざるをえなかった。一九五〇年代末までに自己形成した世代とは違って、共産党体験を経なくて済んだわれわれの場合には、ソ連批判もスターリニズム批判も当たり前というところから出発して思想的・運動的経験が始まっているわけです。けれども、それすらまだまだ甘かったということを、現代史の具体的な展開のなかで突きつけられながら、再考せざるをえなかったということですね。「〈敵〉はわが裡にある」ということは、僕が忘れまいと考えている上野英信の言葉を借りて言えば、「みずからを刺さずに、わたしはだれを刺すことができるであろう……」と表現することもできます。

もっとも、基本的には、これらの雑誌・新聞には、「これは何だ！」という類いの発言が数多く載っていることはあまりに明らかなことです。一九九一年、金学順《キム・ハクスン》ら三人の韓国の元「従軍慰安婦」が日本政府の謝罪と補償を求める提訴を行なった時に、「諸君！」一九九二年四月号に掲載された松本健一と岸田秀の対談「謝罪する国民と謝罪しない国民」は、その典型でした。あるテーマについてなら、立論への賛否はともかく基本を踏まえた仕事をする人が、「大衆雑誌」上ではどれほど排外主義的な悪煽動を意図的に行なうものであるか、ご本人たちの気持ちをあえて忖度して言うなら、あまりの低劣なレベルの物言いに後日赤面するときもあろうと思われる言動の端緒的なものでした。しかし、これはもはや一般的で、日常的な思想風景に成り果てていることが、深刻な問題だと思います。

——いま太田さんが言われた、戦後左翼・進歩派イデオローグと右翼ナショナリズムの言動に通底する歴史観を考えるとき、『鏡としての異境』を読んでいて思ったのですが、第三世界、そして第三世界革命に接した戦後左翼・進歩派には、スターリン批判以後、社会主義を志向するうえで、ソ連があまりにネガティヴなものとしてあったがゆえに、そこから目を背け第三世界にある種の「期待」をつないで、太田さんが書かれている、ただ「かの地の光栄と停滞に一喜一憂する態度」があったといえるのでしょうか。そのことが、結局のところみずからの歴史観なり理論装置を根本的に問わないまま、温存させてきたということにもつながるのですか。

太田　僕が第三世界の抬頭に思想的な衝撃を受けて関心を深めるのは、一九六〇年のブラック・アフリカ諸国の独立と、その前年のキューバ革命、その二年後のアルジェリアの独立といった、一九六〇年を前後とする動きが契機でした。それから、ベトナム戦争や米国内でのインディアンや黒人の復権運動を含めて、六〇年代というのは非常に大きな、いわゆる第三世界の抬頭と復権の運動が見られると思います。もちろん、エリック・ウィリアムズ、フランツ・ファノン、マルコムX、チェ・ゲバラなどに見られる理論的な模索が、実践運動に先行したり、それを理論的に跡付けたりして、歴史像・世界像に関わる刺激的な問題提起を行ないました。

ただ、その影響力が実際にどうだったかをふりかえると、当時の日本社会において、その思想的な衝撃を自分たちの歴史観なり運動論のなかに組み込んでいくという意識は非常に希薄だった。運動圏にいる人のなかでも、「先進国革命」がなければ第三世界は変わるはずがないという考えが圧倒的に強かったと思います。むしろ、一九六〇年代の問題としては、一五世紀末に始まるヨーロッパ世界の拡大と第三世界の植民地化に象徴される「近代の始まり」をどう捉えるか、ヨーロッパ中心主義の歴史観をどう捉え克服するかという問題が孕む重大さを思えば、第三世界の抬頭を意識し、自分の世界認識と歴史認識の中に方法的に取り込むという努力はまだまだ少なかったと思います。

第三世界の抬頭に衝撃を受けた個人的な場所から言えば、一九六〇年代という時代はもちろん前の時代から切り離すことはできないのですが、その一〇年だけを取り出して世界を振り返ってみたときに、あの時代のリアリティのなかで、この力がこれからの世界を変えていくんだろうというような——そこには、もちろん僕自身の若さと思い込みがあったといまにして思うのですが——そうしたものとして実感できる力強さを感じました。

当時の冷静な見方からすれば、第三世界の独立というのは、遅れてきた近代国家になることである、つまり新たな国家をつくるだけで、要するにナショナリズムに収斂していく運動だという覚めた捉え方をする立場の人もいました。僕は、いままでのヨーロッパ中心主義の世界観と歴史観を変えていくプロセスとして、第三世界の抬頭に圧倒的な実在感を感じたわけです。そのことに重きを置いて、このプロセスを生き抜けばいい、考え抜けばいいという立場に賭けたと言えます。

しかし、当時われわれが第三世界に賭けた思いは過大であったということが、当然いまの自分の捉え返しとしてはあります。第三世界が革命なり独立を遂げたものの、そのあとの旧宗主国や世界資本主義の包囲システムがそれを孤立化させ、自立させまいと抑止する力の強さがありました。また第三世界は、数世紀ものあいだ自律的な経済発展の可能性を断ち切られた植民地化の過程を生きざるをえなかった。それで突然独立したからといって、つまりいまから見たってせいぜい三、四〇年前の独立や革命ですから、近代世界の数世紀に及ぶ負債を一身に背負ったままなのです。

問題は主体の側にもあります。一九九〇年代に入ってからのメキシコのサパティスタや東チモールの民族革命評議会のあり方が過去に学んで明確に提起する問題ですが、独立主体あるいは革命主体の内部でも、革命闘争や独立闘争の「必然性」と「正しさ」に依拠するあまり、新しい社会を築いていくに際しての独善性・自己絶対化・特権性への無自覚などの問題が生まれ、「解放」の理念の基盤を掘り崩し、民衆との乖離を拡大したと言えます。こうして、大まかな言い方だけども、現在ある第三世界の現状に見られるように、非常に苦しい現実に至ったと思うんですね。しかし、いま挙げた例のように、眼前に展開しているいくつかの事態からすれば、現実を否定的にばかり捉えることはなく、歴史過程に学んだ新しい思想と実践の形が志向されていることは明らかです。だが、全体状況としては、振り返ってみるためにはマイナス面をこそきちんと見ていかないといけないと思うのです。

この命題を考えるときに思い出すのは、第三世界革命と先進国の人間／知識人の関係ですね。

これについては、清水幾太郎の有名な皮肉を込めた口調があります。一九六六年に刊行された『現代思想』上・下（岩波書店）の一節です。六〇年安保闘争で理念的に全学連に同伴し、敗北後は左翼反対派としてのローザやトロツキーへの関心を深め翻訳なども行なっていた清水は、過去の社会革命の思想と実践の総括に関してはやがて出口なきペシミズムに陥り、その代償行為のように、来るべき社会像としては「未来論」の明るいイメージに賭けました。自分の過去を払拭したいという清水の願望は、次の言葉に表現されています。「今は、先進諸国のプロレタリアの間から空しく消えた革命的エネルギーが、かつて端役に過ぎなかった黒いプロレタリアのうちに期待されている。アフリカには、観念の有力な同伴者である飢餓が、従って、エネルギーが燃えているのであろう。サルトルは、満足したプロレタリアしかいないフランスに『老衰』という言葉を投げつけた。サルトルは中国やキューバを訪れ、アルジェリアの独立運動を応援した。これらの国々にとってサルトルが何であったかは、あまり明らかではないけれども、これらの国々がサルトルにとって救いであったことは明らかなように思う」

時流に合わせて巧みな「変身」を繰り返す清水には、自己批評も自己懐疑もない点が不満です。この発言も、清水の主体に即して考えると批判すべき点があると思うのですが、しかし翻って自分を顧みたときに、これは非常に有効な箴言めいたものではあるな、とも思うのです。六六年に『現代思想』が刊行されてすぐに読んだ時もそう思いましたし、いまでも自分を振り返るためによく思い出す言葉です。第三世界に関わる先進諸国の人間の発言と行動が、「自己欺瞞」すれすれの地点でしかなされ得ないものであることを、清水のこの発言は衝いているように思えます。

にもかかわらず、第三世界の現状なり世界の経済社会の現状がいまのようになっているからといって、六〇年代以降抬頭してわれわれにメッセージを発し続けてきた第三世界の問題というのは雲散霧消したとは言えない。それは、グローバリズムが席捲している現在の世界状況の中にも、くっきりと刻印されている。僕はむしろ、この問題をしっかりと受けとめて、今後のわれわれの世界イメージを歴史像のなかにしっかりと繰り込んでゆく作業の大事さは、全然変わっていないと思います。この三〇年、四〇年生きてきたわれわれ自身の問題として、今後どう考えるべきかということが残っているわけです。

「ペルー事件」で明らかになった日本人の「国際感覚」

——六〇年代の第三世界が発信した新たな歴史観、ひとつはコロンブス以降規定された西欧中心主義が解体してゆく可能性について、太田さんは『〈異世界・同時代〉乱反射』（現代企画室、一九九六年）で考察されています。そうした新しい歴史観や世界観が放つ可能性が、九七年に起こった「ペルー人質事件」のときには考慮されるどころか、マスメディアを中心として、日本ではむしろ逆方向の、自閉的な、非常にナショナリスティックな言説が飛び交いました。

一九九七年に出された太田さんの『「ペルー人質事件」解読のための21章』（現代企画室）で明らかにされたことですが、日本ではその「ペルー事件」の背景がよく報道されないまま、「人質報道」に終始するマスメディアのあり方の問題、それを受けとめる礼賛調の日本のいわゆる言論人・知識人たち、さらには「テロ」に対する「危機管理」の甘さをここぞとばかりにまくし立てる「危機管理論者」が、現われ勢いづきました。そのなかには、噴出しそれ以後いっそう強まってきた「日本ナショナリズム」の問題がありますね。「ペルー事件」と「日本ナショナリズム」との関わりについて、お話しいただけませんか。

太田　「ペルー人質事件」で、一二七日間「人質」として日本大使公邸で過ごした元外務省の小倉英敬が今年出した『封殺された対話――ペルー日本大使公邸占拠事件再考』（平凡社、二〇〇〇年）を読みながら、あらためて考えたことがあります。僕は、事態が進行している四ヵ月間のあいだ、いろいろな小さなメディアで発言を続けてきて、いちばん違和感を感じたのは次の点です。ペルーという外国において、日本大使公邸という場所で／天皇誕生日の祝賀パーティの席で／グローバリズムの経済状況をも起因として／日本・ペルー間の経済関係をも問うものとして起こったこの「事件」は、他者存在が全くないかのようにして、日本の問題としてのみ考えられたということです。

あの時、にわか仕立てのペルー論者やフジモリ論者といったいろいろな人が現われて、熱心に人質やペルーやフジモリ政権のことを語りました。しかし、彼らに多くの場合共通していたのは、基本的にペルーの現実に対しては本当に冷たい無関心しか持っていないということでした。もしいま、世界のなかであのような「事件」が起こった時に、いったいこれが世界的にどういう意味を持つのだというそのなかでしか、問題は考えようがないはずです。それが当たり前の「国際感覚」だろうと思います。

ですから、あの問題は日本人・日系人の人質の問題だけではもちろんなく、いったいどうしてあのような事件が起こるのか、そして、事件が起こっているペルーという国はどういう国なのか、また日本との関係はいったい何なのか、フジモリという日系人が大統領になっていく背景は何なのか。それらのことを疑問に思うことによって、さまざまな方向に関心が伸びていって、少なくともいままでわれわれが持っていなかった歴史的な、あるいは現状に関わる知識が得られていくはずなのです。だから、政治的・経済的・社会的な問題が起きたときには、問題の捉え方によっては、それを機に社会全体の認識が深まっていくことが起こり得る。確かに、「ペルー人質事件」は「不幸な事態」であるかもしれないけども、それを通してすら、未来に向けてのさまざまな可能性が出てくる。それこそ、社会的な出来事が孕む本質だと思うのです。しかし、現実に日本で行なわれた事態の捉え方や報道のあり方を考える限り、その方向性がすべて断ち切られてしまった。そのことに、僕は非常にいらだちを覚えました。

僕が外部にいて遠くから行なっていた分析は、口幅ったい言い方ですが、小倉英敬が人質として内部から行なっていた分析とそれほど違うものではなかった。そのことに、少しほっとしたものを感じました。僕は『封殺された対話』の書評でも触れたのですが、あの当時、「フジモリ万々歳」といってみたり、「武力突入しか方法はなかった」というふうに居丈高に主張した人々が、「そうではない、平和的解決の可能性はあった」とする著者の主張にどう反応するかということを是非知りたいのです。いまからでも、変わってもいいのです。この冷静な分析を読んで、いったい四年前、自分が主張していたことがどういう根拠に基づいていたのかを、ふりかえるべきだと思うのです。このような地道な捉え返しの作業のなかで、もちろん僕も含めてですが、人はいったん間違った判断を下し誤った行動をしたとしても、なお変わってゆく可能性が生じると思います。

あれだけ四ヵ月間連続報道されて、いろいろな形でわれわれの精神のなかに刻印されている事件ですから、そういう作業があらためて行なわれる意味は大きいと思います。『日本ナショナリズム解体新書』に収めた小さな文章のなかでも触れたのですが、少しでも意味のある形であの事件に反応している二つの例を取り上げておきたいと思います。メジャーな表現としては、中島みゆきの「4、2、3、」の歌（ポニーキャニオン PCCA-01191、『わたしの子供になりなさい』所収）であろうし、また、人知れずの表現としては、自分の著作の印税をペルーの路上の子どもたちに送ってほしいという死刑囚・永山則夫の遺言でした。前者は、日本にいる自分を取り囲む事件報道の現実と、ペルーに進行する事態の落差を敏感に捉えたすぐれた表現だと思います。後者は、獄中という情報封鎖空間にいた人が、氾濫したペルー報道の中から、働きながら自立の道を求めるペルーの幼い子どもたちに関するニュースに目を留めたことに始まる出来事です。彼は、「犯罪」を犯す以前の自分の生い立ちにペルーのストリート・チルドレンたちの姿を重ね合わせ、この言葉を遺しました。印税を送るという遺志は、その後実現しています。ペルーには、「永山則夫基金」と名づけられた仕事場や学校で、働き学ぶ子どもたちがいます。つまり、非常に限られた、閉ざされた情報空間のなかで、あの事件からそれだけの意味を読みとり、「現在」に繋げるだけの行為を選択した人が実在した。その遺言からまもなく彼は、日本にいまなお存続する死刑制度ゆえに処刑された。その対極には、情報化時代を生きるこの社会全体があの事件以降いっそう強めた、日本ナショナリズムへの純化という貧しい結果がある。歴然たる差です。まだまだわれわれは、考え直し、捉え直す条件というものをたくさん持っているはずだと僕は考えています。

日本に「壁」はないのか

――太田さんは『鏡のなかの帝国』で、ベルリンの壁の崩壊のことに触れていらっしゃいます。壁が壊れるというまさに象徴的な光景を、私も映像を通してですが見て、衝撃を受けました。この出来事とソ連崩壊に接して、私は東独やソ連内部の文化や精神史を、逆に遡及し初発へとたどりなおさねばならないと考えて九〇年代を生きたのですが、太田さんはその本のなかで、自分の足下の壁を壊す必要性について書いておられます。このことに私はとても触発されたのですが、東ドイツの人たちにとっては日本が理想になっており、大量消費社会が東独の人々からすれば羨ましくみえたという現実がある。それに対して、そうした願望を抱かれる日本にいる人間として、太田さんは東ドイツの人々が壊した壁とともに、自分たちの内なる壁を壊していかねばならない、と書いておられます。

『日本ナショナリズム解体新書』のなかには、「おまえの敵はおまえだ」という言葉が見られます。それは、内なる壁をどうやって壊すか、という九〇年代初頭の太田さんの問題意識から出てきたものだとも考えられるのですが、そのことについてもお聞かせ願えませんか。

太田　ベルリンの壁が崩壊したのは一九八九年末ですが、あの壁は倒れるべくして倒れたという意味で、必然的な出来事だったと思います。しかし、このことに対しても、先ほども述べたように、第三世界革命に対する六〇年代以来の僕のスタンスの問題と絡んでくると思うのですが、ある地域で起こっていることに関して一方的に思い入れる、結構なことだ、すばらしいことだ、良かった、というふうに言ってしまうだけではだめなのだ、ということを常に考えるのです。

ベルリンの壁の場合には目に見える形で倒れたけれども、日本に「壁」はないのか。問題の質としては、おそらく同じような構造の「壁」がここにもあるのではないかと自分に引きつけてくることが必要だと思うのです。世界に同時代的に起こっている出来事をどう捉えるか、解釈するかということは、僕にとってはとても大きな問題で、同時代の出来事を親しい感覚でどう捉えるかということを、いままでも意識的にやってきました。そのときに、では自分の問題としてどういうふうに引きつけるか。そのようにフィードバックする、往き、そして戻ってくる往還の回路を持ちたいというのが、僕の基本的なスタンスだったと思います。ですから、ベルリンの壁の倒壊にしても、それが必然であり良かったと思うのであれば、じゃあ、そのことによって、自分が日常的に住んで、ほとんどの時間を費やしているこの地で、果たしてどういうことを想定できるのか。それを自分の問題として立てなければならない。

ベルリンの壁が倒壊した八九年末から九〇年代初めの時期というのは、八九年一月に前天皇の死があり、「大葬」があり、私たちはあの異様な風景を何ヵ月間も経験したばかりなわけですね。いったいこの、時間が止まったかのような社会のあり方とは何か。天皇のいわゆる「下血騒動」から「自粛」に至る過程とほぼ同時期に起きた東欧・ソ連圏の崩壊は、そういう問題を語りかけてくる。僕らにとっての日本の「壁」である、天皇の死を象徴とする出来事とそれに付随するさまざまなことがあって、それとどう闘うのかという問題としてしか、ベルリンの壁の問題は跳ね返ってこない。ベルリンの壁の倒壊について文章を書いた時の意識は、そういうものでした。第三世界にせよフランスにせよ、外の出来事や思想に対する関心というのは、この往還運動がないと、なんら意味がないであろうというふうに思っていて、自分の場所に戻ってくる回路を求めたいということなのです。

——その回路の有無は、私もその片隅にいる現在のジャーナリズムや、学問研究をめぐる問題にもあるように思います。やはり、そこに巣くう自閉性が、実は日本ナショナリズムの跋扈という問題とも繋がっているのではないでしょうか。「ペルー事件」においても露呈された、画面の向こうの「像」としてしかリアリティのない、あくまでも他人事でしかないというその自閉性と、太田さんが書いておられる、日本と第三世界との間の「関係の絶対性」、その固定化が一貫して存在しているように思います。

資本や情報は国境を越えてグローバルなかたちで移動している。そして「ペルー事件」の背景では、日本は「一回限り」の当事者どころか、ペルー経済が日本のそれと構造的に結びついているのですね。しかし、そこで私たちは往還する回路を働かせることができずに、関係が絶対化したまま、そのことに無自覚に事象だけを追う構図もまた明らかになったと思います。その問題について、太田さんはどうお考えですか。

太田　日本社会のなかで、日本以外の地域の歴史や文化に通暁しているジャーナリストや歴史学者、さまざまな分野の研究者はたくさんおられるわけですね。そういうことができる人というのは、世界に開かれているはずだ、精神的・感性的に世界に開かれているからこそ、そういうことができるのだろうとふつうには考えられるのですが、現実にはものすごく詳しい地域研究者であったり、外国研究者であるその裏側では、偏狭な日本ナショナリズムの主張者であるということが、さまざまな個人のなかで見られます。

これは一見不思議なことに見えるけれども、しかしいみじくも竹内好が言ったように、相手(対象)への関心というのは、常に連帯や友愛の精神で向かうものではないという厳然たる事実を思い起せば、あり得ることです。一九六三年に彼は言いましたね。「侵略はよくないことだが、しかし侵略には、連帯感のゆがめられた表現という側面もある。無関心で他人まかせでいるよりは、ある意味で健全でさえある」と(「日本人のアジア観」、竹内好評論集『日本とアジア』所収、筑摩書房、一九六六年、現在ちくま学芸文庫)。僕は、竹内好のこの解釈には反対です。国家レベルで行なわれる軍事的・経済的な侵略という現実を「連帯感のゆがめられた表現という側面もある」というふうに、民衆の心情レベルで解釈するのは、論議のスリカエだと考えるからです。

とにかく、世界と関わる問題を、国策論・国益論の範疇でしか取り上げないというのがごく当たり前の思考態度になっているのが現状ですから、ある個人のなかで、異なる世界・異なる文化に関する該博な知識は、自閉的で排他的な日本ナショナリズムと共存するのですね。

制度化にまで行きついた「専門性」とその空洞化

――それから、最近人口に膾炙するＩＴについて思うのですが、「ＩＴ革命は反革命」という気さえ私はするのです。というのは、たしかにいま、世界の情報にリアルタイムでアクセスできるし、海外の文献や最新の研究動向もすぐキャッチできる。しかしそのことと、日本ナショナリズムが違和感なく同居している現実がある。そこに現在の日本の問題が深く根ざしているように思うのですが。

太田　グローバリゼーションの圧倒的な趨勢があって、グローバリゼーションというのは、有り体にいえば北アメリカ基準ということですから、経済を中心にして、文化、軍事、技術など、人間社会に関わるあらゆる分野が単一的な基準によって律せられていくというのは、非常に間違った方向だと思います。これは、経済原理としては弱肉強食でしかないので、前提として非常に困った傾向だと思うんですね。ただ、それがあまりにも圧倒的な力なので、世界中で基準の作り変えが行なわれている。日本でもそれに合せるようにして、行政機構や経済的仕組みの変更を行なっているわけですね。

これは、外から強いられた世界基準への合致の方向性で、為政者からすれば、止むを得ずという側面がある。そのときに起こってくる危機感が、伝統的な為政者には根深くあると思います。モノ、カネ、人、情報が、ここまで容易に国境を超えて飛び交う。巨大な多国籍企業がそれを操る。こんな時代に、「国家」は果たして何の役割を担いうるのか。日本国家としての溶解をどこでくい止めるかを考えた場合の、彼らなりの必死の揺り戻しが行なわれているのだと思います。「三国人」や「神の国」といったとんでもない発言もあるけれども、自由主義史観のような、かつてであればウルトラ右派が言っていたような歴史観がある。それらの非常に突出した右派的言論というのは、社会全体の基軸のなさというか、それらを許容した上で漂い始めている社会全体の雰囲気のなかに溶け込んでいるという側面があると思います。

そういう雰囲気に依拠しながら、「国民国家」としての日本をどこかで支えようとする意識的な装置作りが、新たな法律づくりとして、またさまざまな仕組みとして実質化しつつある。そういう時代だろうと僕は思います。米田さんが言われた「海外の文献や研究動向もすぐキャッチできる。そのことと、日本ナショナリズムが違和感なく同居している」というのは、研究者なり知識人のレベルの問題ですが、研究の本質を規定するのは「方法」の問題ですから、先ほども触れたことですが、情報へのアクセスが無限に開かれてきたという現状が、人のこころを世界に開くことには直結しない。「方法」なくして情報の洪水に溺れているだけです。「国家」なるものに対する距離感と警戒心を失って久しい現代日本のインテリのかなりの部分が、自閉空間に立ちすくむのは、ある意味では当然の結果だと思えます。

――『日本ナショナリズム解体新書』のなかに書いておられますが、『教科書が教えない歴史』や『国民の歴史』を、いわゆる歴史の専門家でない人間が書くことに対して、大江健三郎が「専門性」という観点から批判しています。専門性の立場から、そうした「歴史書」の欠陥を衝くというかたちでの批判は数多くなされてきましたが、いま「専門性」をめぐる問題、その有効性の如何が、日本ナショナリズムの跋扈という現実のなかで改めて問われているように思います。その点について、太田さんはどうお考えですか。

太田　六〇年代後半の全共闘運動が持った一つの破壊的な効果は、専門的な学者や知識人の「専門性」なるものが、どれほどまやかしであったかということを白日の下に晒したということだったし、その点で、全共闘運動は意味のあることを残したと思います。

大江健三郎が小林よしのりや西尾幹二を批判した言い方は、次のようなものでした。自国の歴史を単純化せずに、多様に、リアルに見て、どんな自己中心の夢も押しのけることこそ、二一世紀の国際社会によく生きるための、新しい「仁」と「義」の教育だ、と。ここまではいい。後に続くのは「しかし、実際に盛んになりそうなのは、『日の丸』『君が代』の法制化に力をえた、歴史家でも教育者でもない人々が歴史教科書を作りかえるという、他者の痛苦をくみとる『仁』とも、フェアな精確さの『義』とも無縁な動き」だとする文章です（「朝日新聞」一九九九年一〇月五日付）。歴史の専門家でもない者がこんなもの書いているということの物言いは、古典的な戦後進歩派の反論で、僕の考えではそういうことに対する信仰は、一九六〇年代後半に壊されていたということができます。僕はそれは良いことであったと思っているし、自分においても、他人に対しても、専門性がある発言だから、あるいは専門性のある著書であるから権威があるという時代はとっくに終わったところで、新しい時代は始まっています。

ましてや、いまの若い世代は本になっているものに対して幻想はないし、権威を端から認めていない。専門性などというものがどの程度のものかを、経験としてわかってしまっている。おそらく、大江的な反応とは違った地点で、いまの文化や表現にかかわる事態は進んでいる。そういう意味では、専門家でもない場から、いったいどこまで本質的な発言ができるかということを、それぞれの人間が考えればいい。内容への批判や疑義は、専門性云々とは別な次元から生まれてくるのでなければおかしい。マルクス主義の専門家や戦後の代表的な進歩的な歴史学者の「末路」を見てしまった時代状況からすれば、そう思えます。にもかかわらず、専門性のなかに囲ってしまうことは退嬰的だと思うんです。それに、専門性に依拠した言い方は、小林よしのりなどのマンガを熱意を持って受け入れている世代には、いちばん通じないと思います。

――そういう意味で、専門性の問題は、社会全体のいわば専門化、官僚制化と関わっているように思います。そうした専門性の隙間が非常に大きくあって、そこに満ちる日本ナショナリズムのもたらす閉塞性とが、自閉した専門性と接点を持っているように思うのです。つまり、日本ナショナリズムに対する批判が有効性を持ち得ないことのなかに、専門性の問題と、専門性と専門性の間の大きな隙間を埋める日本ナショナリズムがあって、そうしたところから現われる文化や表現に対して、専門性に拠らず自由なところから発言できる人が少なすぎるという問題があるように思うのですが。

太田　僕は、専門的な研究の怖さを知っているつもりです。人文科学の分野でも専門的な研究が占めるべき場所は当然にもあるし、それは結構なことだと思ってはいます。しかし、全共闘の闘争によって一度破壊されたのとは違うレベルで、アカデミズムの専門性が息を吹き返しているように思えます。歴史学の分野でも、あまりに瑣末なテーマに関わって、対象テーマの時代と場所と、研究者自身が位置している時代と場所の関係のとり方に自覚的ではないと感じられる論文が目立つ。たとえて言えば、古代社会の研究が、現代を生きるためにどうしても必要なのだという気迫を感じさせるものが少ない。考古学的な発見は、最近は常に「歴史を塗り替える」ようなものが多く、国民国家形成以前の「自国」や、自民族や、自地域の古代史を、より大きなもの、より古いものとして、他地域を凌駕していたことを強調することに重点がおかれているような感じを受ける。またしても、自己中心主義の「罷通り」です。そんな「気迫」なら、研究者にも、どこそこの考古学研究所にも、遺跡産業にも漲っている。制度化にまで行き着いた専門性が抱え込んだ大きな問題を、そこに感じます。小林よしのりは巧みですね。知識人の専門性が空洞化していることを見抜いている。「正しい歴史観と世界観」を語ってきた左翼・進歩派の知識人や専門家の見通しの甘さとあやまちを衝き、こけにする。自分は専門家でもなければ学者でもない、知識人でもないという「気楽な」場所に自らをおいて、それをやる。「たかがマンガ家ふぜい」。間違ったことを言ったら、「わしはミスをする天才じゃい」と言って、自らを茶化して訂正する。この立場は、「正しいことばかり」を言って、失敗したら黙って逃亡した左翼知識人とはちがうことが、読者にはわかる仕掛けになっている。現在の攻防における専門性の問題は、そんな現われ方もしているように思います。

マスメディアと象徴天皇制の問題

——太田さんは『日本ナショナリズム解体新書』のなかで、「文学好きの少女M子、十七歳の秋」を書いておられます。それを読んで思ったのですが、気分や違和感、あるいは私たちが日常的に感じる好きだ、嫌いだといったものに、日本ナショナリズムの本質に関わる問題が潜んでいる。私たちの日常にあって、そこに根付く排外性は、あえて言えば「近しい」ものになってしまっているのですね。最初におうかがいした「内なる敵」につながりますが、太田さんは日本ナショナリズムの問題を、もっと内在的なものとして捉えておられるのですね。

太田　清水幾太郎の『わが人生の断片』上・下（文春文庫、一九七五年）に面白いエピソードが出てきますね。these means of mass communication という用語が初めて登場して面食らった一九五〇年代初頭の実話です。中野好夫はまだしも「これらの大量的通信手段」と訳した。加藤周一は mass media を「中間大衆」と訳した。マスコミ、マスメディアという存在は、それほど近年のものなのですね。しかし、いまやそれは、圧倒的な宣伝力を発揮して、人々の日常意識に働きかける。それはひそかに行なわれるから、まがまがしい形をとらない。それは、気づかれずに忍び寄ってくる。そして、しっかりと人々の心のなかに住み着いてしまう。ペルー人質事件報道しかり、「不審船」報道しかり、外国人犯罪報道しかり、オリンピック報道しかり。だから、その一つ一つの積み重ねがもってゆく作用が問題なのだと思います。

二〇〇〇年九月三日に石原がやった東京のレスキュー演習にしても、自衛隊がだんだん当たり前の表情をして出てくる。軍隊として編成されている自衛隊は、人命救助の訓練を専門的にやるわけではないから、本来救援活動などには向いていないものとして考えられているわけだけれども、あのように救難現場に出てくると、そういう日常的な佇まいに対して、われわれの心が慣れていくわけですね。軍隊にして、火急の時には救助の仕事も果たし得る存在。その慣らし訓練が、硬軟さまざまな形で行なわれているということだと思います。

それらを束ねたところに、森発言や石原発言に象徴されるような、排外主義の発言がある。一つ一つの発言をめぐっては、たとえば森の「神の国」発言にしても、森がその後の弁明で逃れようとしているように、あるいは坂本多加雄が逃げ道を作ってやろうとしているように（加地伸行編著『日本は「神の国」ではないのですか』、小学館文庫、二〇〇〇年）、象徴天皇制、憲法一条の規定を拠り所としようとしているわけですから、明らかに天皇条項の問題と関わってくるわけです。

マスメディアはそこまではいかない。政治家の「失言」のアナクロニズムの面は批判するけれども、彼らが逃げ込んでいる象徴天皇制の問題についてはついに批判できない。そういうことになるわけですね。アナクロニズムを批判するのはとても簡単なことで、これは自由主義史観を批判するのと同じです。その側面において批判するのは誰だってできる。しかし、いざそれが自分に関わってくる部分を、どう批判するかということです。

「神の国」の問題は象徴天皇制と関わってくる。そして、自由主義史観派の場合でいえば、先ほどから言っている、実は戦後の進歩派や左翼の歴史・思想のなかに同じ根があるということです。その問題に気づいて、そこを自分の問題としてえぐり出す。つまり、まったくの他人事にはしてしまわない。「敵」は外部にしかいない、というふうにはしてしまわない。相手を極端なものにして批判するのは、とても楽なことではないですか。それは、結局自分とは交わらないから、常に外部の、関係ないものとして批判してしまえばいいわけですけれども、極端なものが社会のあり方をつくりかえていく基本要素ではない。実は、われわれ自身や身近な人が持っている考え方が、日常的な変貌の果てに、大きな変容を大規模なかたちで用意してしまうわけですから、たたかうべき相手は決して彼岸にばかりあるはずはないですね。

●「図書新聞」二〇〇〇年一一月一八日

一九九〇年代に関わる断章

植民地支配責任の「弁済」という問題

1

「〈ポストコロニアル状況〉を東アジアで考える」と題されたシンポジウムを傍聴した。以下の小さな文章は直接的にそれに触れることはないが、どこかで関係してくる点はあるかもしれない。はじめに言っておくと、「ポストコロニアル」という理論装置について私は無知であった。今も、さして変わりはない。以下の断章的な文章は、その理由の一端を明かすかもしれない。

一九九〇年代に、在日朝鮮人歴史研究者、キム・チョンミ（金靜美）がまとめた三冊の本の編集・製作に、私は編集者として携わった。『中国東北部における抗日朝鮮・中国民衆史序説』『水平運動史研究』『故郷の世界史』がそれである（順に、一九九二年、九四年、九六年、いずれも現代企画室刊）。ここでは最初の本にだけ触れるが、原稿段階から補充・書き直しを経て数回のゲラ校正に至るまで、キム・チョンミの緊張感溢れる文章を幾度となく読んだ。厳しい文章で、その含意を正確に受けとめるためには、何度も読み返さないわけにはいかない箇所がいくつもあったが、とりわけ次の文章は忘れることができない。

いま、ベトナムは、経済的には、世界の最貧国のひとつとなっている。フランス・日本の侵略につづくUSAの侵略とのたたかいの過程で、ベトナム民衆はおおくをうしなった。とくにUSAは侵略戦争のさいに、都市部などを無差別爆撃しただけでなく、枯葉剤とナパーム弾で森林を焼き、生態系を破壊し、人と大地を毒殺した。そしていまもベトナムの大地には無数のクレータがのこされ、表土層がけずられ、毒素が残留している。これにたいしUSAが、正当に弁済するなら、それだけで、USAは、世界の最貧国になるだろう。(「東アジアにおける反日・抗日闘争の世界史的脈絡」)

最強の資本主義国が、侵略戦争の責任を経済的に弁済することを通して、世界の最貧国に転化する。マタイ伝の第二〇章の一節「後なるものは先になるべし」は、フランツ・ファノンが『地上の呪われたる者』の「暴力論」で引用し、被植民地化とはこの一句の検証である、と断言した表現として魅力的だったが、これは、まさに後続の一節「先なるものは後になるべし」を表現した言葉にちがいない。同じようなことを漠然とは考えながら、自ら進んでここまで具体的な言葉にしたことはなかった。なるほど、植民地支配をうけ、侵略戦争にさらされた「南」から現代世界を見ると、こういう問題として物事は見えてくるのだろうな、と得心がいった。あるいは、次のように言うのがいいかもしれない。これをモラリズムの問題(道義的な問題)として受けとめがちな私たちは、それゆえに解決の道が見えないために心情的に行き詰まる場合が多かったが、

てのキム・チョンミは「弁済」という、きわめて具体的な問題として提起し、その分、私たちにとっての課題が明快なものとなった、というように。

2

キム・チョンミの最初の本が出版されたのは一九九二年のことである。世界大で言えば、コロンブスのアメリカ大陸到達から五〇〇年目の年であった。一四九二年を一契機として始まった「ヨーロッパ近代」は、回顧するには数字的にいって区切りのいいこの年に再審にかけられることになった。私たちも、その年に東京で行なった行事を「五百年後のコロンブス裁判」と名づけたが、世界各地で同じような問題意識に基づいての理論的な営みと実践がなされた。征服とそれに続く植民地化によってヨーロッパが獲得し得たものが何であり、逆に非ヨーロッパ世界が失ったものが何であったかが、未だかつてない規模で明らかにされた。五世紀前に起源をもつ帝国主義・植民地問題が、現在に至るまで持続的に、どんな南北の関係を生み出しているかを自覚した者にとって、課題はヨリ具体性を増したのだと言える。

それからしばらくして、本多勝一の『マゼランが来た』が朝日文庫版に収められるのを機会に、私は解説を書いた。本多はその書の末尾を、マゼランの死後スペインに帰着した船一隻の積み荷だけでも莫大な利益が生まれたことに触れた後、次のような表現で締めくくった。「ただし死んだ船員約二〇〇人にせよ殺された先住民たちにせよ、死者の生命分は計算されていない」

それをうけて、私は書いた。「いわれなく殺された死者たちが、もし生き長らえることができたと仮定して、その生命が持ち得たであろう『価値』を計算すること、本多氏がさりげなく語っているのはそのことである。これは、実は、恐るべき問いである。だれにとって？　繁栄を謳歌する産業先進国にとって。（中略）だれの目にも、もはや明らかなのだ。『南』が『北』にたいして、これらの『価値』を賠償するよう求めたとしたら！」。このような問いが世界規模で起こっていた時、日本のなかでは、早くもこれに対して防衛的な煙幕を張る者が出てきた。旧日本軍に徴用された元「従軍慰安婦」金学順さんたちが日本国家の責任における謝罪と補償を求める裁判を起こすという事態が起こっていたからである。松本健一と岸田秀が先鞭をつけたその種の言論は、たとえば、次のようなことを主張していた（「諸君！」一九九二年四月号）。曰く「日本の新聞はじめマスコミが、連日のように自国の旧悪を暴露するさまは、自虐を楽しんでいるようで、異様な感じを受けた」（松本）。曰く「自らの清廉潔白を言うために悪い日本人を告発、糾弾している。南京虐殺とか細菌部隊とかの問題がでると、必ず声高な告発者が現われる」（岸田）。曰く「（欧米諸国には）主権国家が自己を拡大し拡張するのが当然であるという感じがあったわけだから、そう簡単に謝罪するはずがない」（松本）。松本は、もちろん、だから日本だけが先走って謝罪・補償などしてはいけない、過去に遡ってそんなことをしたら、収拾がつかなくなる、と言いたいのである。

キム・チョンミが言う「弁済」の課題が具体的に提起されると、「ポストコロニアル」の時代になって五〇年後を生きる旧「宗主国」の側の人間がこのように「抗弁」する。ここに問題の本質があるのだ、と私には思えた。

3

米国の言語学者ノーム・チョムスキーは、ごく最近、次のように語っている。「（人類歴史上、人口問題で最悪の破局に直面している）アフリカではエイズやその他の病気によって何千万という死者がでている。富裕な国々が、わずかな援助をする話もある。しかし欧米諸国は、莫大な補償金を支払うべきだ。ヨーロッパは植民地政策、米国は奴隷制度によってアフリカを破壊したのだから」（朝日新聞二〇〇一年六月一二日付夕刊）。

「援助ではなく補償を」と主張するチョムスキーの立場は、米国内においてまったく孤立していよう。事実、冒頭に触れたシンポジウムで発言した酒井直樹は、大要次のように語っていた。「米国における女性国際戦犯法廷報道を見ると、天皇有罪判決には触れても、米国が主導した天皇無罪論には触れない。米国の戦争責任と結びつける観点もまったくない。それは、同胞感・一体感・愛国心などからくる米国の『国民主義』が孕む問題性のように思える」と。だからこそ、チョムスキーは、自分なりに必死の努力をしてきたにもかかわらず「まったく無力であったことを自覚」するという絶望感を吐露せずにはいられなかったのであろう。

日本と米国ばかりではない。事情はどこでも同じだろう。フランスでは最近アルジェリア独立戦争（一九五四～六二年）の際のフランス軍の残虐行為が元情報将校の口を通して明らかにされ、首相ジョスパンは「歴史の暗部に光をあてる」必要性を説いている。だが、フランス人で、植民地支配を批判し軍に捕らえられて拷問にかけられた経験を『尋問』（原著一九五七年、日本語版はみすず書房、五八年刊）に書いたアンリ・アレグは「とっくの昔にわかっていたことで、無視してきただけではないか」と吐き捨てるように語ったという（朝日新聞二〇〇一年六月八日付）。

戦後ドイツは、ユダヤ人虐殺の責任に関わる償いを（日本の戦争責任のとり方と比較すれば）果たしていようが、一八八〇年代に始まるアフリカのナミビアやタンガニーカにおける植民地支配と民衆虐殺の史実にまで遡ってアウシュヴィッツの本質を見極めようとはしていない。にもかかわらず、一九九〇年ナミビアの独立を前に、ナミビア人とドイツ人の共同プロジェクトとして、子どもたちの歴史教育のためのテキスト『わたしたちのナミビア』（現代企画室、一九九〇年）が製作されたという事実は心に留めておきたい。このテキストは、コロニアリズムの歴史を、支配と被支配の当事者同士が協働してふりかえった画期的な成果のひとつだと思える。

以上、断章的に顧みてきた一九九〇年代のいくつかの事実は、いずれも、「コロニアリズム」がきわめて具体的な現在の課題であり続けていることを示している。私が内発的に「ポストコロニアル」という問題意識をもったことはないが、当日のシンポジウムで〝ポスト〟という接頭辞が孕む問題性に自覚的な発言は、いくつか聞けたように思う。

追記　「〈ポストコロニアル状況〉を東アジアで考える」というシンポジウムのタイトルを想起する時、私の問題意識から言えば「東アジア」という地域概念についても語るべきところがあると自覚している。直接的な関心で言えば、はるか（！）一九七〇年代前半に、本稿で触れた帝国主義・植民地関係に関わる問題意識をもって行動した人びとが自らを「東アジア反日武装戦線」と名づけていたこと、に関わっている。いまひとつは、私が少なからぬ関心を抱いてきた古代史家＝藤間生太が一九六六年に、従来の歴史研究の主流であった一国史的な枠を打破し、古代史から中世史の分野に関わって、『東アジア世界の形成』と題する著書を著していること（春秋社）に関わっている。決して一般的とは言えない「東アジア」という呼称が含意するところを考え抜かなければならないこの重要なテーマについては、他日を期したい。

●「現代思想」臨時増刊「戦後東アジアとアメリカの存在」二〇〇一年七月、青土社

台湾の、ある女性の記憶

三〇年前のむかし、劉彩品《リュウツアイピン》という女性がいた。台湾生まれの彼女は一九五七年、私費留学生として来日し、東京大学で天体物理学を専攻する学生・院生となった。その後、日本人男性と結婚し、婚姻届も提出した。在留資格変更と永住許可申請を申し出たが、日本の入管当局によって拒否されたまま、やがて中華民国政府発行の旅券は失効期限がきた。ビザも切れた。

一九七〇年、彼女はビザの更新と永住許可を再度申請した。彼女は、日本の入管当局が「不法滞在者」の強制送還を繰り返し行なっていること、台湾から日本の大学に留学していた複数の友人が帰国後、交友関係をもとに「台湾独立分子」と接触した容疑で逮捕・拷問され、死刑を求刑されていることなどの事実を知っていた。そこで、旅券更新のために必要な、同胞の連帯保証人を頼むことなどは誰に対してもできないと考えたのだった。法務省は最終的に、中華民国政府大使館に「絶縁状」を出せば無国籍者として在留を許可するとした。彼女は、思想・信条の立場から「中華民国を拒否し、中華人民共和国を自分の国として選ぶ」との文書を提出した。さらに若干の紆余曲折を経て、劉彩品は三年間のビザを獲得した。日本が台湾の国民党政府を唯一正統な中国政府と承認して、北京の中華人民共和国とは国交を持っていなかった一九七〇年の話である。

劉彩品は翌一九七一年、招かれて大陸中国へ渡った。

当時、主として友人の日本人たちによる劉彩品支援運動が広く展開された。劉は、たとえ支援者に対してであろうと「抑圧民族の一員としての」日本人の立場性を厳しく問う人であった。劉彩品支援の活動に直接的には関わってはいなかった私も、出入国管理法案問題、南ベトナム政府を批判した在日ベトナム人留学生の在留問題、在日朝鮮人の国籍書き換え問題など、アジア諸民族との関係がさまざまなレベルで問われていた当時の情況のなかで、劉彩品が次々と出すビラの文章を緊張感をもって読んでいたことを思い出す。それは、民族・植民地問題が提起する課題の重要性にまだまだ無自覚であった時期の私たちに、歴史認識上の大きな転機を促す動きの一つだったと思える。私は、劉彩品が行なう国民党政府批判は当然としても、「毛沢東思想万歳！」という捉え方には同意できなかったが、それは思想的・政治的立場の違いであり、日本と中国の歴史的関係を思えば、日本法務省と入管に対する劉の要求は認められるべきだと考えていた。

それから二五年が過ぎた一九九六年、思いがけないことに私は劉彩品と新聞紙上で「再会」した。中国へ行って後、彼女は南京・紫金山天文台の教授を務めるかたわら、八三年以降、三期にわたって全国人民代表会議（全人代）台湾省代表一三人のうちの一人だったという。だが、九六年三月に開かれた全人代には出席しなかった。その心境を大要、次のように「朝日新聞」に語った（一九九六年三月二二日付）。

台湾近海でのミサイル試射・実弾射撃訓練は明白な軍事威嚇であり反対だが、最近は全人代で李鵬首相などに何を言っても聞いてもらえず、無力感をおぼえる。背景には、共産党指導部が台湾の民心を理解していないことや天安門事件の武力鎮圧が成功だったと考えていることにある。また、人民解放軍の地位の誇示とか共産党内部での権力争いも関わっていると思う。台湾の人たちは「怖くない」と言っているが、やはり怖いに違いない。その心情を思うとたまらない気持ちだ。中国は、なぜ台湾で「独立」の声が強くなったかを考えるべきだ。私が中国へ行った一九七一年当時とはイメージが変わり、周恩来首相などにあった原則が弱まり、大国主義的な傾向が強くなっていると思う。

劉は当然にも苦い気持ちを込めて、これらの言葉を発したに違いない。一方には、「台湾省」を含めた中国蹂躙《じゅうりん》の歴史をたどった日本帝国主義と「その奴隷となり走狗《そうく》となった」国民党政府を批判し、「中華人民共和国万歳！」と叫ぶ二五年前の劉彩品がいる。他方には、全人代代表として、「出身省」である台湾の民意に無理解をきわめる共産党指導部に対する絶望感と、台湾民衆に対する深い思いを吐露する二五年後の劉がいる。そこにはまた、中国革命の「変質」の過程が映し出されているのみならず、台湾を「好ましからざる政権の統治する地域」として関心の対象から外し、「奇妙な無関心」（いずれも若林正文の言葉）のエアポットにおいていた、〈戦後左翼〉あるいは〈進歩派〉としての私たちの二五年間の彷徨の姿も投影されているように思える。小林よしのり『台湾論』なる作品は、この空白地帯を、ある意味で巧みに占領している。歴史に対する小林の無知とデマゴギーに満ちた主観主義的な解釈と、相も変わらぬ父権主義的な態度などは当然にも批判するに値しよう。批判しなければならぬ。そのことは明白な前提である。そのうえで、私たちが等閑視してきた問題領域がここでも、これらの歴史偽造派たちに占拠されている事実に、私たちは痛切に自覚的であるべきだろう。

●東アジア文史哲ネットワーク編『小林よしのり〈台湾論〉を超えて』(作品社、二〇〇一年四月)所収

深沢七郎よ、ふたたび

女性天皇論の抬頭を前に

1

私は、いまから四〇年ほども前、一〇代後半に目にしたひとつの文章を忘れることができない。

「天皇というものは本来純粋培養で、貴族同士の結婚によって段々痩せ衰えてゆき、ひとつの生物の標本となる。ジガ蜂のようにグロテスクになってしまい、国民がそれを見て、なるほど俺たちの象徴というのはこんなんなんだナというふうに眺めるようになってほしかった。ところが、民間の女性と結婚することになった。これは困ったことである。なぜならたいへん健康な子どもが生まれるであろうから」

一九五九年四月、この国の首都では、明太子《めんたいし》という異名をもつ皇太子と、皇族外から選ばれた民間の女性・正田美智子の結婚式が行なわれた。この文章は、この事態を享けて書かれたものである。しかも、講談社という高名な出版社が発行している文芸誌「群像」に掲載された。今回この文章を書くに当たって原典にまでさかのぼって参照することはできなかったので、手元のノートに残っていたメモから書き写した。小さな異同はあるかもしれないが、大意は損なっていないと思う。

書いたのは、深沢七郎である。深沢は一九五六年、民間伝承にある棄老伝説をテーマにした小説『楢山節考』で、文学界にも社会全体にも、大きな衝撃を与えて登場した。旧来に見られない世界を切り開いたこの小説の魅力もさることながら、私は、おそらくはいわゆる文壇の常識からも、社会一般の常識からも逸脱した、その後の深沢の言動が楽しくてたまらなかった。『楢山節考』を評して「人生永遠の書のひとつとして心読した」と述べた作家・正宗白鳥との交友録や、画家・山下清との対談などは、その底知れぬ無垢なユーモアを愛して、何度読んだか知れない（深沢だけではない、相手も見事だと思う）。後年、つまり一九六三年のことになるが、米国のケネディ大領領が暗殺されたとき、お祝いに赤飯を炊いて隣近所に配ったら怪訝な顔をされた、と心外そうに書いた日記もあって、これも可笑しい。文壇なる世界では、深沢を指して、作品は名作だが、作者は「世間知らず」で「馬鹿」だとの評判がたったらしいが、「知力」によって立ってはいなかった深沢が、独特の感性と直感力に基づいて把握していた世界・社会のイメージを「異形のもの」として排除するほうが、制度的な社会にとっては都合がよかったのだろう。

それにしても、冒頭に引いた深沢の言葉は、天皇や皇太子という存在に対する恨み骨髄の思いを直截に表現していて、迫力がある。近親婚という形での「生殖」を繰り返した果てに、「象徴」が昆虫の標本のような姿になったのを見れば、さすがの「国民」も目が醒めて、精神的に天皇制なるものから解放されることができるだろうという暗喩的な表現は、言葉を換えるなら、この国では自覚的な意識化作業による精神革命＝回心を経ての天皇制廃絶も、他国ではありふれた歴史的事象であった物理的な処断＝「王」の処刑による「王制」廃絶も、不可能なのではないかという深沢のニヒリズムを、言外に語るものであるように思える。［現在の価値基準で言えば、深沢のこの言動は、障害者差別と見紛うばかりだとの批判がもしかしたら起こりうるかもしれないが、私の判断では、比喩が昆虫にまで突き抜けていることで、その範疇には到底閉じこめることのできない表現として、シュールな水準にまで昇華されていると思う］

深沢は、この後で触れる事件をきっかけとした流浪の旅の果てに「人間滅亡教」の教組と呼ばれるようになる。それは、彼から見て滅亡させるべき筆頭に位置する社会システム＝「王制」すら廃絶できないでいる、みずからをも含めた「人間」に対する絶望感を抱え込んで生きた深沢にふさわしい呼び名だったかもしれない。

2

さて、冒頭の言葉を書き留めて間もないころに行なわれた、天皇制に関わる深沢の第二の表現は、思いがけない結果を招く。ある小説のなかで、皇太子夫妻の首が斬られて、スッテンコロコロとかスッテンコロリンカラカラカラという音をたてて転がっていくと表現して、右翼の怒りと憎しみを買い、その小説が掲載された雑誌を発行していた出版社社長宅が襲われて家人ふたりが殺傷され、作家も結局は右翼テロを避けて国内流浪の旅に出ることになるのである。問題となった小説自体は、「中央公論」という雑誌の一九六〇年一二月号に掲載された。作家はそれこそ年末年始にふさわしい「風流」な「夢譚」を意図したのであろうが、都心で始まったらしい「左欲」の「革命の様なこと」で、天皇夫婦も皇太子夫婦も処刑されるに至るが、その現場を目撃した私は、辞世の歌をつくるところで目が覚める……といったたぐいのお伽話である。

これを「高級落語に類する作品」とした吉本隆明の評価もあり（「慷慨談——『風流夢譚』をめぐって」、現代思潮社版『擬制の終焉』所収、一九六二年）、「ユーモラスな文学のひとつの名作だった」という大江健三郎の意見もある（「思想のない小説」論議、「毎日グラフ」一九六二年五月二七日号、後に創樹社版『深沢七郎の滅亡対談』所収、一九七一年）。だが私としては、当時の感想としても、いま作品の記憶を微かに思い起こしてみても、あまり上等な質の作品とは思えない。天皇制問題の本質が人びとの目の前に引きずり出され、右翼からすればあまりに「危険な匂い」がただようがゆえに「決起」する者が出たというよりも、刎ねられた皇族の首が「スッテンコロコロ」と転がったり、「この糞ッタレ婆ァ、てめえだちはヒトの稼いだゼニで栄養栄華をして」と「私」に怒鳴られた「昭憲皇太后」が「なにをこく、この糞ッ小僧ッ」と言い返しながら「私の顔をひっか」いたり、このふたりが組うちになって「昭憲皇太后」の首が「私」の両股に羽交い締めになるなどという描写のドギツさが、右翼を刺激したのだと思える。

もちろん、「絵空事」の小説に描かれたにすぎないことを、その限りのものとして読み／批判することができずに、「現実世界」のなかで単純に反応してみせた右翼少年の迷妄は明らかだ。だが、深沢の文学的昇華力の不足も覆い隠すことはできないことのようだ。事件をうけて深沢が「実在の人物をモデルにしたのがいけなかったんです。それに下品な言葉をつかったこと。（右翼の反発などという）そんな制約があるのを知らなかったんです」（『毎日新聞』、一九六一年二月七日）

と、記者会見で涙ながらに語らざるを得なかったのは、誰よりも深沢本人が、この作品の力では、文学的方法論によってこの不当なる攻撃を迎え撃つことはできないことを自覚していたからだと言えるのかもしれない。「名前はたしかに実在の人物から取っているにしても、描き方は、現実的な感情を触発するものではない」という立場は、作家が踏み留まることのできる最初にして最後の一線だったと思えるからだ。同時に、吉本論文で的確な批判がなされているが、なかのしげはる（中野重治）がこの作品の皇族処刑の場面に触れて、革命にともなう民主的な裁判をふっとばして「マサキリ」での処刑を持ち出すことは、革命に対する侮辱であるという「批判」を繰り広げたことも記憶しておきたい。この読み方は、「右翼と紙一重しかちがわない文学論」だとする吉本は、見るべきものを見ていたと思う。

ここで触れておきたい点は、もうひとつある。深沢の、急進的な精神を暗喩的に表現した随筆と、文学的に未昇華のドギツイ作品とは、すでに触れたように、いまから四〇年ほど前の、大手出版社＝講談社および中央公論社から刊行されている文芸雑誌と総合雑誌にそれぞれ掲載されたのである。ここでわずかに引用した部分だけから見ても、天皇制に関わる表現が、四〇年前にはどの程度の「自由さ」を享受していたか、がわかる。大きなメディアにおいて、天皇制に関する批判的な表現が、万古不易に厳しく制限され抑圧されていたわけでは必ずしもないという事実は、私たちに、現在とはちがう表現のレベルがありうることを示唆するものではないだろうか。大江健三郎は、先に触れた深沢との対談のまえがきで、「あの事件（右翼テロ）がはじまると、日本の文学者たちは、具体的には、なにひとつ、この名作の作家を救助するための行動をおこさなかった。深沢七郎さんは、ひとりぼっちで北海道を放浪するほかなかった」と書いた。こう書いた大江が具体的にどう生きてきたかは本人が明らかにしているのだろうが、総じて文学者に限らずマスメディアと社会が、右翼テロを前にして、自己規制と後退と沈黙を積み重ねてきたことが今日の事態を招いているのだと、大江に倣って、言うことはできる。

3

私は、一度だけ、天皇を歓迎する列の中にいたことがある。官許の「戦後日本史」的に言えば、「敗戦後、国民の心は落ち込んでいたが、陛下はみずから全国を行幸されて、親しく国民と接し、その気持ちを奮い立たせるような励ましのおことばをかけられた」が、北海道の釧路市までやってきた天皇一行の車がたまたま私の通っていた小学校の前を通り過ぎたために、日の丸の小旗を手にして歓迎の列に動員されたのである。天皇が釧路に来たのは、本で調べると、一九五四年のことであり、私は小学校四年だったはずだ。光景はありありと目に浮かぶのだが、どんな気持ちで列の中にいたのか、情けないことに、まったく思い出すことができない。

その後、背伸びした社会批判意識の芽生えとともに、天皇制に対する疑問と批判の意識が当然育っていくにしても、その過程は同時に、この社会がいかに天皇制の呪縛から自由ではないかを確認する歳月でもあった。のちに知った小山俊一の言葉を借りると「おれたち天皇制人間」と自潮せざるを得ないような社会に、私たちは住んでいることが実感されるのだ（「オシャカ通信」第二号、一九七二年一二月一五日）。明らかに不条理な存在が、社会全体の中に揺るぎない存在基盤をもっているかに見えるとき、そして社会変革の常道というべき「理論と実践」の過程でそれを廃絶する現在から未来にかけての道筋が容易には見えないとき、私につねにささやきかけてくるのは、かつて深沢七郎が発した言葉であった。

昆虫の標本のようになったものに皇室の未来像を夢描いた、あの暗喩的表現である。

私は、一九八〇年代から九〇年代初頭にかけて、反天皇制運動の「正統なる」理論と実践の端っこでこれに同伴しながらも、こころの奥底で、深沢七郎のあのイメージを消してしまうことはできなかった。

状況は、しかも、このイメージに有利に展開しているかに見えた。現皇太子とその側近は、結婚すべき相手を民間に探し求めながら、ことごとく失敗しているようだった。社会一般ではすでに、結婚か非婚かを選ぶにせよ、子どもをもつかもたないかにせよ、当事者（同士）の、自由で主体的な判断に委ねられる時期に、ほぼ、入っていた。だが、皇族に生まれ育ち、それを外れて生きる選択肢があるなどとは露も思わぬ皇太子は、一系を絶やさぬためには女性と、しかも故・深沢七郎の「悪意」に満ちた願望を裏切るためにも、血族を外れた民間の女性と結婚すべき定めにあった。彼には執心している女性がいるらしいことは、毎週刊行される女性週刊誌の新聞広告の見出しを見るだけで、十分にわかった。その女性が必死に逃げ回っているらしい様子も、誰の目にも明らかだった。彼女に執心する皇太子とその意を受けた側近が、ストーカーまがいの行為を繰り返して結婚を迫っているらしいことを読み取ることも、さして難しくはなかった。彼女は現代に生きる女性として聡明そうではあったから、何とか逃げおおせるだろうと私は考えていただけに、皇太子と同女との婚約決定のニュースが流れたときは、はてさて、本人と家族に対するどんな「脅迫」が決め手になったものかと、私は訝ったものだ。上品に口を塞いでいたとしても、おそらく、世間の多くの人びとも同じ思いをいだいていたのではないかと私は確信している。

いずれにせよ、深沢七郎の夢想は、またしても、潰えた。

4

ふたりの後継ぎをもうけた後に結果的には交通事故死した古《いにしえ》の大英帝国の故・皇太子妃にせよ、「当然生まれるべき」後継ぎが生まれないために傍目には想像もつかないほど苦しめられたにちがいない古の大日本帝国の現皇太子妃にせよ、現代を生きる女性として自律的な判断を行なえば、ヨリまっとうな人生を生きる道をみずから選ぶことはできた。それを選ばずに、驚くべき伝統と因習や、厳しくかつ好奇の視線……に取り囲まれ、その代償に、一般の大衆には決して許されないもろもろの特権を享受できる道を択びとったのだから、その結果責任をみずからの一身に背負わざるを得ないことは自明のことだった。

結果責任とは、日本の皇太子妃の場合、その生殖機能に世間の目が集中してしまうという一点において、である。一九九九年末、朝日新聞が皇太子妃に「懐妊の兆候」と報じた一件はやがて「稽留流産」と判明し、手術することで決着をみたが、これをめぐるマスメディア「騒動」ののち、四〇歳になる夫、浩宮はこう言った。「医学的な診断が下る前の非常に不確かな段階で報道がなされ、個人のプライバシーの領域であるはずのこと、あるいは事実でないことが大々的に報道されたことは誠に遺憾であります。（中略）今後は、事柄の性質上、慎重で配慮された扱いを望みます」。日常的にあらゆる特権を享受する特別な存在形態（生活）を死守しておきながら、いったんことあれば、「個人のプライバシーの領域」に逃げ込もうとするこの言動が孕む欺瞞性は、底が知れない。

事態はその後、だれもが知っている経過で進行している。二〇〇一年、皇太子妃の、今度こそほんとうらしい「受胎」の事実をうけて、現行「皇室典範」第一章「皇位継承」が定める「皇位は、皇統に属する男系の男子が、これを継承する」との規定を改訂し、女性天皇を可能するような議論が、政府・与党・マスメディアから、一気に浮上した。現自民党幹事長、山崎某も、みずから発表した改憲論において、現行憲法は環境問題への意識に欠ける、プライバシーや情報の問題についても触れていないなど、現在の状況では口当たりのよい見直し項目を挙げているが、そのなかに、女性天皇肯定論を滑り込ませている。皇太子妃を取り巻く医師団が、二〇〇一年一二月に生まれる子どもの性別をすでに判定し終わり、政府、宮内庁などがその情報も得ているであろう二〇〇一年半ばの段階で、つい先だって一気に噴き出した女性天皇肯定論は、いったん沈静化したかに見える。しかし、四〇年前に深沢七郎があえて行なった発言が突いている事の本質を否応なく自覚せざるを得ない支配層は、あらためて、問題の根本的な解決を図ろうとするだろう。

私たちが住むこの社会は、伝統的に、マルクス主義者のあいだからさえ、天皇から嬉々として勲章をもらい、祝賀会まで開く光景が、当たり前のように過ぎてゆく社会である。「天皇の居ぬ日本を唾ためて想う、朝刊読みちらしつつ」とか「皇（すめら）また皇（すめらぎ）という暗黒が復（ま）た杉の間に低くわらへる」などと詠んだ歌人が、三〇年有余を経ると宮中歌会始の選者となる社会である。日本古代史や日朝関係史に関して私たちにも深い示唆を与えた歴史家が、やはり三〇年有余を経て、同じく宮中歌会始の「召人」となって恥じない社会である。これらの行為の選択が、たとえば山口昌男によって、「天皇については、いても、いなくてもいい。天皇制をなくすことで、それとともにある文化財的なもの、芸術的・宗教的なものまでなくしてしまうのは惜しい、という気持ちがありますね」と意味づけられる社会である（網野善彦との対談「女性天皇への道」、「論座」一九九八年一二月号）。

　深沢七郎の「本音」を、及ばずながら継承しようと思う私は、「風流夢譚」の作品レベルと「事件」後の対応において彼が逢着した問題に近づき、これを越える道を模索したいと思う。

●「季刊運動〈経験〉」二号、二〇〇一年八月、軌跡社

「はじめに戦争ありき」とする時代錯誤

一九六〇年――『日本国民の世界史』との出会い

一九六〇年、第一次安保闘争の年、私は生まれ育った北海道の釧路市で高校二年だった。国会衆議院における改訂日米安保条約の強行採決、反対デモ隊の国会構内突入、デモ隊列にいた女子学生の死――私の家にはまだテレビがないことを知る近所のおばさんが、学生が死んだ翌日の朝、「東京でたいへんなことが起こってるよ、テレビを見においで」と誘ってくれた。東京で起こっているそれらの出来事は、若いこころを揺さぶった。私たちは、革新政党や労働組合や大学生が開く日米安保条約反対の集会とデモに参加し、最後にはとうとう高校生独自の集会・デモまで行なった。結局は改訂安保条約が国会で批准されたのちも、自分たちも参加したとの実感をもつことができた一九六〇年五月～六月の激動の日々の記憶は、熱い余韻となって、私たちの内に残った。

その年の末ちかく、一冊の本が出版された。『日本国民の世界史』と題するその本は、一九五八年に高校の世界史用の教科書改訂版として執筆されながら文部省の検定を通らず、やむをえず執筆者たちは出版社と協議し、一般書として出版にこぎつけたと報道されていた。編者代表は、歴史家で、当時の「進歩的文化人」の代表のひとりというべき上原専禄[1]であり、出版したのは、やはり「進歩派」の岩波書店だった。現在とは比べものにならないくらいメディアの機能が小さく、情報量も少ない時代だった。安保条約の問題を通して、わずかなりとも世界に向けて開かれた視野を、さらに援助してくれる媒体を私は求めていた。時流に抗しているらしいその本は、とくに教科書検定に落ちたという付加価値がついて、魅力的に見えた。

片田舎の町でこの種の本を手に入れることは難儀な時代だった。それでもなんとか入手して、わりと好きであった世界史という科目の教科書代わりに使っていた。親しい友人は、猥褻文書として翻訳者（澁澤龍彥）と出版社（現代思潮社）が手入れを受けたマルキ・ド・サドの『悪徳の栄え』を注文して、これまた困難をおして入手した。二冊の本は、親しい友人のあいだで回覧された。「政治」と「性」にまつわる急進性《ラディカリズム》が、自分たちがいまだ何も経験してはいないという現実を越えて、関心の中心をなしている年齢層に、私たちはいた。

『日本国民の世界史』は、安保闘争の過程で芽生えた世界史に対する私の関心を、たしかにかきたてるものだった。二十世紀に入ってからの歴史において社会主義の理論と実践が果たした役割を、公認の歴史書よりはるかに公正に記述しているように思えた。刊行されたのは「アフリカ独立の年[2]」として記憶されるほどの画期的な年だったが、それに先行する中華人民共和国の成立[3]（一九四九年）やバンドン会議[4]（一九五五年）の意義に触れ、第三世界地域の歴史が、類書よりは詳しく、的確に述べられているように思えた。逆に言えば、そのことが、いわゆる「逆コース[5]」の風潮のなかで教科書検定の基準を変えた文部省の目にかなうものではなかったのだろう。

民族に依拠して日本国家「救済」をめざす時代

いま思えば、私たちはたわいのない捉え方をしていた、と考えられる部分もある。それは、年端もゆかない年齢のせいだったかというと、そうでもないように思える。大人にしても、さして違いはない捉え方をしていた時代だ。その背景は、次のように解釈することができる。

一九六〇年といえば、（当時の呼び方を使えば）太平洋戦争における日本の敗北からまだ十五年しか経っていないころである。日本社会が自らの戦争責任をいかに主体的に捉えていない時代であったにしても、戦争の記憶は色濃く残り、日本社会の側から「ナショナリズム」の言葉と立場を肯定的に使うには、難しい時代だった。だが、アジア・アフリカ・ラテンアメリカ地域には、宗主国の支配を脱し、独立か革命へと向かう、新鮮で未来への可能性を秘めていると感じられるナショナリズムの胎動があった。どこも解放闘争の途上にあって、為政者と民衆の対立よりは、一丸となって宗主国の支配とたたかう「国」意識を高揚させること、つまり「ナショナリズム」が重視されていた。

地理的にアジアに位置する日本は、ただそれだけの理由で、アジア・アフリカのナショナリズムの流れのなかに身をすべり込ませた。敗戦直後に続いて、戦争責任を自ら免罪する巧妙な仕掛けだった。共産党は民族解放民主革命路線を採用しており、敵は米国であって、国家としての日本はあくまで「救済」＝解放の対象だった。当時私自身、それを疑う目をもつことはなかった。

ただひとつ、忘れがたく記憶に残っていることがある。一九五〇年代から六〇年代にかけて、アジア・アフリカ諸国の国家レベルの会議が開かれると、他の国々からは解放闘争や独立闘争の指導者が出席しているのに、日本からは政府・与党の代表者が列席した。政府・与党は、米国の指示に基づいて再軍備を推進しつつあり、安保条約を結んで米軍に基地を提供している側である。「反帝・反植民地主義」や「アジア・アフリカの連帯」を基本精神とする国際会議に、そんな国の政府・与党代表が列席している現実を見て、ずいぶんと変な国だなという感じを抱いていた。後年、当時すでにアジア・アフリカ連帯運動の一角で活動していた年上の知人に、そのときおぼえた不可思議さを語ったことがある。知人は、政治的イデオロギーに曇らされていない少年の目にはきちんと見えたということだよ、と答えた。従属国＝日本の解放の道を、民族解放民主革命路線や平和共存路線というフィルターを通して見ていた大人の目には、しかも戦争における加害責任の問題意識を未だ欠いていたあの時代のなかにあっては、国と国、政府と政府レベルの「連帯」が模索される現実に、違和感をもたなかったのだ、と。

いずれにせよ、私が『日本国民の世界史』を熱心に読んでいたのは、そんな時代状況のなかでだった。

戦後進歩思想は何を語っていたか

自分が馴れ親しんできた公式的な左翼・進歩派の歴史観に私（たち）が疑問をもち始めるのは、それから十年と経ないうちのことである。一九六五年、日本は南朝鮮＝大韓民国とのあいだに日韓基本条約を結んだ。[6] いまふりかえると、日本が朝鮮を植民地支配した事実にかかわる私たちの自覚は当時ずいぶんと希薄なものだった、と言わざるをえない。それでも、植民地支配にかかわる「決算」が、その終了後二十年を経てようやくなされるという歴史の重みは感じざるをえなかった。しかもこの場合、分断国家の一方である朝鮮民主主義人民共和国の存在を無視して取り交わされた条約であることを思えば、分断に責任を有する国が現在の時点で採る選択肢がこれでよいのかという深刻な内省を、私たちにうながすものであった。

一方、米国は一九六〇年代半ば以降、ベトナムの共産化を阻止するとの名目で、ベトナムへの軍事介入を急速に強化していた。私たちが幼いなりの思いで反対した安保条約に基づいて、沖縄をはじめとする各地の米軍基地は、ベトナム侵略のための重要な拠点となった。日本が、アジア・アフリカ・ラテンアメリカ地域のナショナリズムの高揚のなかに自らの身をおき、「アジアはひとつ」というスローガンに一体化することのごまかしがはっきりとしてきた。そのことをいち早く感じとった青年・学生が、既成の歴史理念とそれに基づく秩序に反抗したのは当然のことであった。

一九五〇年代から六〇年代初頭にかけて私たちが、当時の青年・学生の当然の通過儀礼として読んでいた「進歩的」歴史家・知識人たちの言動が、従来とは違う顔つきで見えてきた。

例えば、戦後を代表する左翼的立場の日本史家のひとりであった石母田正[7]は、一九五二年に次のような言葉を書いた。曰く「われわれにとって祖国の独立がなくなっただけではありません。祖国の観念が広くうしなわれてゆき、頽廃が深刻になりつつあるということ、われわれの歴史学がはたらきかけるべき国民の意識がうすれてきていることを私どもは認めねばなりません。それは民族のもっとも貴重な財産であるその歴史が忘れられつつあるところにもっともよく現われております。かつては国粋的な歴史学が、民族の歴史とそれにたいする健康な興味と関心を国民から奪いました。戦後は、祖国の歴史が独立のものとしては教育されず、社会科教育のなかに解消されることによって、祖国の歴史を通じてのみただしくあたえられる祖国の観念はうすれ、民族にとってくみつくすことのできない教訓と知識と話題の源泉である歴史がうばわれました」

中国の文学と革命に対する独自の視点をもつ中国文学者・竹内好[8]は、一九六三年に書いた。「朝鮮の国家を滅ぼし、中国の主権を侵す乱暴はあったが、ともかく日本は、過去七十年間、アジアとともに生きてきた。そこには朝鮮や中国との関連なしには生きられないという自覚が働いていた。侵略はよくないことだが、しかし侵略には、連帯感のゆがめられた表現という側面もある。無関心で他人まかせでいるよりは、ある意味では健全でさえある。……大東亜戦争の侵略的側面はどんなに強弁しても否定できぬと思う。ただ、侵略を憎むあまり、侵略という形を通じてあらわされているアジア的連帯感まで否定するのは、湯といっしょに赤ん坊まで流してしまわないかをおそれる。それでは日本人はいつまでたっても目的喪失感を回復できないからだ」

労を厭わず、もう少し実例を挙げてみる。かつては日本共産党に属し、一九六〇年代半ばからは中国共産党・毛沢東路線を無批判的に信奉していた歴史家・井上清[9]は一九六三年に書いている。「われわれ日本人は、その歴史をさかのぼることのできる最古のときから、現在にいたるまで、同一の種族が、同一の地域、いまの日本列島の地で生活してきた。……日本人は、原始の野蛮から現代文明の一流の水準にまで、社会と文明を断絶することなく発展させてきた。これは日本歴史の大きな特徴の一つである。……一たん文明に到達してからの、日本社会の発展のテンポは、ときには急進しときには停滞しながらも、全体としては、たいしてのろくはなかった。その何よりのしょうこに、日本は現在、世界の一流の文明国である。この発展の原動力は、人民のたゆみない勤労生産と、よりよい社会をもとめるたたかいとにあった」

井上清の言葉はとどまるところを知らない。一九六六年には言う。「(敗戦・降伏とそれに続く占領に関して述べて）被占領そのものが、民族の歴史の断絶であった。明治初年に、当時最大の思想家福沢諭吉は、『国体』とは独立の民族主権であると定義し、それと主君の『血統』との関係を論じ、血統が断絶しても国体は変わらぬこともあれば、血統が旧のまま存続しても『其人民政治の権を失いて他国人の制御を受くるときは、則ち之を名づけて国体を断絶したるものとい う』と説き、イギリス人が東洋諸国を支配するのに、しばしば血統を存して国体を断絶することを明らかにしたが（『文明論之概略』一八七五年)、第二次世界大戦に敗れた日本も、かつてインドの土侯国がイギリスに征服され、その土侯の血統を残して国体＝民族主権を断絶させられたのと同じ状態になった。これはとりもなおさず民族の歴史の断絶にほかならなかった」

「民族」に入らぬ人びとを排除する暴力的な表現

このような例を、「進歩的」な文学者や歴史家や評論家の発言からさらに列挙するのは、むずかしいことではない。後で見るように、これは、一九九〇年代になって輩出する自由主義史観派の歴史観とたいして違うものではない。いずれも、アジア太平洋戦争における日本の加害責任の自覚をまったく欠いていることを共通の特徴としている。戦後世界においても日本民族や国家に対する懐疑がまったく見られず、ついには「民族」を基軸にしてしか発想していないことが明快にわかる発言である。その「民族」の枠内に入らない人びとに対する、むき出しの暴力的な表現であると言ってもよい。

このように、彼らの矛盾が明らかになってきた目には、自らが読み親しんでいた『日本国民の世界史』も、例外ではなくなる。「現代の日本国民として」「世界史を学ぶ」ことの意味を懸命に意義づけようとしていたこの書物では、日本による朝鮮の植民地化はごく普通の文章のなかでさり気なく触れられているだけである。「日露戦争の結果、新たに日本の進出がみられ、日本とロシアとが、英米の勢力と鋭く対立し始めた。日露両国は一九〇七年以来、数回の秘密条約を結んで、満蒙と朝鮮との勢力範囲を協定し、北方の軍事的、政治的支配の強化に努め、一九一〇年には日本の朝鮮併合が行なわれた」

これに先行する台湾の植民地化については、次のような文脈で触れられている。「すでにヨーロッパ諸国の圧力がアジアに加えられつつある情勢のもとでは、武力を背景に弱小な隣接諸国に進出するほかはない、という考え方が強くなっていった。そこで、日本は台湾に遠征したり、琉球の領有権を確保したりしたが、早くから『征韓論』も問題になっていた。……独立国としての日本の地位が確立される過程には、アジア人の相克という大きな犠牲が生まれようとしていた」

いずれの場合も、この本が強調する「主体性」を完全に失った文体であることが、容易に見てとれる。過去の事実の一側面を客観的に叙述するその方法が、実際に生まれた現実の追認にしかなっていない典型的な例だと言えよう。植民地化の端緒の時期をこのようにしか記述できないとすれば、朝鮮の三・一独立運動のような、植民地支配下での抵抗運動にひとことも触れることができなかったのは、方法論的に必然であったとしか言いようがない。

こうして私たちは、一九六〇年代後半から七〇年代初頭にかけての社会運動の実践のなかで、つい十年足らず以前まで自分たちを呪縛していた歴史理論が崩壊していくさまを体験していたのだと言える。だからといってそれは、自己が崩壊していくという感じを伴うのとは違う。自己は、新しい、いきいきとした現実に触れていたのだから、旧来捕われていた理念の枠を突き破ることに、好ましい刺激を感じていたのだとふりかえることができる。

それだけに、いまこころ残りに思うところがあるとすれば、私たちがこの思想的転回の体験をその後十分に生かすことができなかったこと、思想的根元においては日本ナショナリズムの強化に力を貸していた「左翼的」知識人や「進歩的」知識人に対する批判が徹底性を欠いていたこと、である。[10]正直に言えば「いったい私たちは何をしてきたのだろう?」という悔いと自責の念が胸をよぎる。

自由主義史観は、なぜ浮上したのか

いわゆる「自由主義史観」が登場したのは、一九九〇年代を過ぎてからである。この手の史観が声高に登場し、言論界の一角に大きな位置を占めていること、それればかりか、この史観の支持層は社会現象として捉えられるべき規模になっていることには、時代状況的な必然性があるように思える。いわゆるバブル経済の崩壊後、社会全体にじわじわと浸透する経済的不況は、出口のない社会的閉塞感を生み出しているが、「異質なものを排除」することに熱心な自由主義史観は、その心情に拠るべき温床を見いだしている。これは、ほぼ共通の認識といえようが、さらに、ふたつ付け加えてみよう。

ひとつには、戦後進歩派の理念の基盤としてあった理想主義、そのひとつの発現形態としての社会主義の敗北である。自由主義史観派はよく、戦後の論壇や言論世界は空虚な進歩主義的言論に占領されていて、自分たち堅実な保守的言論が入る余地がなかった、というような、怨念をこめた物言いをする。戦後史におけるマスメディアの位置と、その空間で許容されてきた言論がどのようなものであったかを知る者には、根拠のない、こじつけとも言えるほどの言い掛りである。しかし相対的に言えば、進歩派言論が許容され、活発に展開される場も確かに存在していた。理想主義の絶対的な正義感に裏打ちされた進歩派の言論を、日頃から快く思っていなかった保守派が、社会主義の敗北を契機に、「それ見たことか!」とばかり大いなる攻勢をかけてきたという側面が、自由主義史観派の言論が活発化している背景にはあるように思える。

ふたつめは、韓国在住の元日本軍「慰安婦」が日本政府に対して謝罪と個人補償を求める訴訟を提訴したことにかかわっている。先に触れた社会主義体制崩壊の問題とも絡むが、一九九〇年代初頭、戦後世界を規定した東西冷戦構造は消滅した。[11] 東西冷戦構造は、他にもある矛盾のすべてを覆い隠すだけの力をもつ、米ソ両大国の力まかせの論理だったから、それが消滅したことは、人びとのこころを国家の呪縛から解放するものとしてもはたらいた。国によっては政治体制の民主化の時期とも重なり、個人が国家の規範を離れて言うべきことを言う態度を生み出した。韓国においては、それは、フェミニズム運動の深化の時期と重なり、長く続いた軍事独裁政権下での性的拷問事件の告発や、日本植民地支配下での女性に対する犯罪行為を明るみに出す行動へと展開したのである。これに先立つペルシャ湾岸戦争においては、日本は米国が要求するままに、百三十億ドルの戦費を出費した。[12]四十五年前の戦争犯罪について何も責任をとっていない国家・日本が、新たな戦争のために多額の出費をする！　これらの要素が重層的に絡み合って顕在化するなかで、元日本軍「慰安婦」は、「一九六五年の日韓基本条約によって戦後補償は決着済み」とするふたつの国家（日本と韓国）の論理を超えて、国家に全面的には帰属しえない個人の論理に依拠した補償請求を提訴したのだと考えることができる。

噴出する底暗い情念

動あれば、反動あり。私は、一九九一年十二月、金学順ら三人の韓国の元従軍「慰安婦」が日本政府の謝罪と補償を求めて東京地裁に提訴したときに、この社会の一部から上がった反応を忘れることはできない。典型は、「諸君！」一九九二年四月号に掲載された松本健一[13]と岸田秀[14]の対談「謝罪する国民と謝罪しない国民」である。私はこの対談の初出時にすぐにふたりの言動に対する批判を書いたが、[15]何よりも印象的だったことは、それぞれの専門分野においては、賛否はともあれ、それなりの調査と経験に基づく仕事を行ない、傾聴に値する意見を述べることもある人間が、媒体とテーマによってはいかに衝動的でデタラメな言動を、下劣な水準で、しかも確信をもって展開するものであるか、という事実であった。

ふたりには、自国のあやまちを覆い隠そうとする心情や民族的な差別感情などを、肯定的な文脈で広言できないとする自制的な自覚はあるらしい。それだけに、表面的に綺麗事を語っているあいだは、居直りと差別の感情は水面下に隠され、内向する。「韓国の人たちが強制連行や従軍慰安婦の問題に怒るのはわかります」(松本)。しかし、両者の対話が非論理的かつ情緒的に進行するうちに、憤激のあまり押さえようもなくその感情は噴出してきて、言葉のはしばしを色どる。「(韓国に対して、昭和・今上の二代の天皇も、歴代首相も謝罪したのに)これ以上、なにが問題なんだと、日本人の中に韓国に対するフラストレーションがたまっているという感じがします」(松本)。「韓国に対して不快感や嫌悪感が高まっているんじゃないかと心配ですね」(岸田)。「そのうち度重なる謝罪に日本人が耐えきれなくなって『止むを得ず』韓国に対する怒りが爆発する。かつて昭和一六年一二月八日に、止むを得ずアメリカに対して大東亜戦争を始めた心理の道筋に似てくるんじゃないかと思います」(松本)。

人がもつかもしれない、民族差別感情や報復感情や怨念などの底暗い情念は、知的な権威者や権力者がこうして正当化することを通じて、社会に一般化していくものなのだろうな、と思わせるところがある。しかも特徴的なことは、ふたりとも「自分はこう思う」という地点から明快に発言するのではない。日本社会全体がそうなるかもしれないと「予想」し、それが心配だと語るのである。自ら煽動しておいて、その煽動によって醸成される雰囲気が心配だとは、言うべきことばを失う卑劣なふるまいである。彼らの批判は、韓国から発せられた声を受け止めようとする日本の動きに対しても向けられる。「日本の新聞はじめ各マスコミが、連日のように自国の旧悪を暴露するさまは、自虐を楽しんでいるようで、ちょっと異様な感じさえ受けました」（松本）。「自らの清廉潔白を言いたいために悪い日本人を告発、糾弾している。たとえば南京虐殺とか細菌部隊とかの問題ができると、かならず声高な告発者が現われるわけですね」（岸田）。

自らは、いうところの「自国の旧悪」「南京虐殺」「細菌部隊」などの歴史的過去をどう考えているのかについて、ふたりは語ろうとしない。少なくとも「知」を売り物にするならば、口にしたとたん自分の品性の愚劣さに思わず顔を赤らめるような地点で、これらの言葉は発せられている。人が一線を越えるとは、こういうことなのだろう。いずれにせよ、この当時右派論客のなかで流行った言い分はこうだった。現実の社会主義の敗北に直面した左翼・進歩派は、最初はうろたえ、やがて新しいテーマを見つけて、それに乗り移った。それが、名乗り出た従軍慰安婦支援の形をとった反日策動である、と。

さて、松本や岸田に続いて登場したのが、自由主義史観を標榜する藤岡信勝[16]らである。ソ連型社会主義体制が崩壊するまでは、その体制を深く信奉していたらしい藤岡は、傍目にも物悲しいふるまいをする。ソ連崩壊に衝撃をうけ、その思想態度を一八〇度変えたものの、思考方法はソ連型社会主義を信奉していたスタイルそのままで自由主義史観なるものに乗り移っただけだということが歴然としているからである。

ただ、私が数多い藤岡批判者と違う点があったとすれば、藤岡がいまさらのように主張している歴史観は、とりわけ日清戦争と日露戦争の歴史的意味について語るときには、戦後左翼・進歩派の大多数が語り伝えてきたものとさして変わらないのだということを意識せざるをえなかったからであろう。同じ穴の貉だ、とまでは言うつもりはない。藤岡批判を当然にも展開しつつも、その批判の刃は他ならぬ自分にも向けられているのだ、と自覚していたいということだ。そのことは、上に引用した石母田、竹内、井上、そして『日本国民の世界史』の叙述を参照すれば、容易に納得できることであろう。

左翼・進歩派との差異化を図る小林の登場

小林よしのりが登場したときにも、事情はさして変わらない。私が小林の作品に触れ始めたのは、『ゴーマニズム宣言』の連載が始まってからである。マンガ表現のスタイルとしては、かつても今も私が好きなタイプではない。男でもあり、親でもある私は、男性至上主義と父権主義が、大きく言えば人類社会が克服すべき上位の課題だと考えており、その観点からすれば『ゴーマニズム宣言』の物語と描き方を貫くのは、「男権」と「父権」が合体した最悪の思想である。その意味での嫌悪感を、私は当初からぬぐいさることができない。(17)

だが、食わず嫌いの人びとがよくやるように、「従軍慰安婦問題」を契機として「新しい教科書問題」に取り組みはじめて以降の小林の作品のみを取り上げて批判しても、彼のマンガが若者を中心として熱烈な支持を受けている背景を知ることはできない。『ゴーマニズム宣言』以降に限っても、「差別論」を描くに際して部落解放同盟幹部との討論過程を全面公開したこと、薬害エイズ問題とオウム真理教問題を描きながら、自らがかかわる具体的行動のあり方を開示したこと――これらの態度が、多くの若者を惹きつけた理由であったと、私は理解している。なぜなら、彼がこのようにふるまった時代は、上にも触れたように、正義感にあふれた理想主義＝社会主義思想が敗北した時代に重なっている。社会主義の理念と現実の惨状を前に、それまでその理念の推進者であった多くの人びとが口を噤んだ。ある者は敗北の総括を行なう意欲もないまま理念を捨て去り、またある者は総括の必要性も感じないまま旧態依然たる理念にしがみついた。若者たちは、自分がそこに投企しているか否かにかかわらず、理想主義が全面的に敗北したことを社会的雰囲気のなかで感じとっていた。

そこに政治・社会問題も語り、必要とあれば「行動もする」マンガ家として登場したのが、すでに初期の作品で一定の読者を獲得していた小林であった。「知的に気取る」必要のない彼は、自分が思想に生きているわけでもなく、時には過ちを犯す「たかがマンガ家ふぜい」であることを強調した。間違ったことを書くと、次回では「わしはミスをする天才じゃい」と自分を茶化しながら謝る「率直さ」もある。それは、「無謬の」知的エリートの立場から高邁な理想を語る、口先だけの進歩派との差異化を図る（意図的なものだとすれば）巧妙な戦術だった。

しかも最初に取り上げたのは、部落差別問題である（『ゴーマニズム宣言――差別論スペシャル』解放出版社、一九九五年）。私の考えでは、この作品は、左翼と進歩派が解放同盟に同伴しているようでいて、本質的には腫れ物に触れるかのように敬して遠ざけてきた問題に肉薄している。小林は解放同盟を前に、言いたいことをきっぱりと言っている。「差別用語」の使用をめぐって小林と出版社（解放出版社）／解放同盟のあいだにあった対立も包み隠さず明らかにすることによって、読者が自ら考えたうえで答えを見いだす余地を残している。小林はここで、差別問題および差別者が行なう「謝罪」のあり方に関して考えを進める端緒を摑んでおり、戦争責任および謝罪問題に関する彼のその後の言動は、この出発点と切り離して捉えることはできない。言葉をかえれば、部落差別問題に関する左翼・進歩派の取り組みに現われた歪みが、戦争責任問題を描く小林の作品において逆方向に肥大化して現われている……と言ってもよい。

いずれにせよ、この地点で、「マルクス／丸山眞男」と「小林マンガ」を等価なものとして読む態度を自然に身につけていた（前者を実際に読むかどうかは別として）若者にとっては、勝負は明らかについたのだった。前者は負け、後者が勝利した。小林にしてみれば、左翼・進歩派の「虚飾」を知り、その「化けの皮」を剝ぐことに全力を挙げる転機となった。

小林よしのりを批判しうる〈場所〉

自らを顧みつつも、もちろん、小林が作り出している作品のイデオロギーは批判しなければならない。歴史的な事実と虚偽をめぐる問題については、すでに多くの人びとから適切な批判がなされている。私はここで、彼の作品世界がもつイデオロギー的枠組を考えておきたい。

小林の作品に色濃くある男権主義と父権主義については先に触れた。これは、さまざまな場所に顔を出す。読者のひとりが、表現上のごまかしを見抜き、これを批判する内在的な論理をもつことが、きわめて重要なことだと思える。

『戦争論』では、小林が幼いころ病弱のためいじめられた経験とか、小林事務所内のスタッフのドタバタなどの描写から、いきなり大状況としての戦争への、レベルが違いすぎてなんら必然性が感じられない強引な結びつけがしばしば試みられる。米軍基地がいくつかの戦争の出撃基地となったという、それ自体は重要な事実を除けば、戦後五十年以上にもわたって実質的には自らの兵力を使っての戦争を経験していないのが、この社会だ。そこでのふつうの生活者を想定すれば、「戦争はいやだ」という実感に基づく物語の展開がなければならないだろう。だが日本社会は、アメリカ占領軍に洗脳されて「人権と平和」に価値をおく「うす甘いサヨク」が醸し出す「空気」に支配されており、それにひとり敢然と逆らうのが小林に具現されるゴーマニズム宣言だという設定から、マンガの物語は始まる。したがって、小林はひたすら極限状況を設定し、その枠のなかで、自分を駆り立て、読者の心をすさませ、だます――この繰り返しが延々と続く。

「戦争を否定する」という選択肢を設けていないこと、これが、小林の戦争論の最大の弱点であり、非現実的なところである。書物全体が「戦争に行きますか？　それとも日本人やめますか？」と読者に暴力的に問うのだから、「はじめに戦争ありき」でなければならない。したがって、絵柄も台詞も物語も、威嚇・脅迫・暴力的強制の雰囲気に満ちている。活躍するのは、当然にも男であり、女は本質的に不在である、あるいは徹底して「従」の存在である。「はじめに戦争ありき」という前提に立つ以上、男性原理を貫かなければならないのだから、当然である。だから、物語は、人類史を変わることなく貫いてきた男性による女性支配と差別の構造を、所与の前提として進行しなければならない。私の考えでは、たとえばリーアン・アイスラーが『聖杯と剣――われらの歴史、われらの未来』[18]（法政大学出版局、一九九一年）で分析した「女性原理」に基づいて戦争を捉えた場合、それはどう見えるか――という問いかけの片鱗もないところで、戦争論を展開することなど不可能な時代を私たちは生きている。従来の男性中心の歴史観の捉え返しと変革が必須の課題として私たちの眼前に提出されている現在、小林の時代錯誤《アナクロニズム》ぶりこそ、はなはだしい。精神を国境内に貧しく自閉させて他者との関係を断ち切り、一国民国家の過去の戦争を正当化しようとする試みが、必然的に行き着いた地点だと言えよう。

ジェンダー論の視点で『戦争論』を徹底的に批判することは、小林がさまざまなデマを用いて熱心に「防戦」に努める従軍「慰安婦」問題についても有効だろう。性の問題には、従来の人類史を反映して、男性社会の権力構造が絡んでおり、「慰安婦」問題を追求することは戦争そのものへの本質的な批判にまで及んでいかざるをえないからである。訴訟に踏み切った元「慰安婦」に対しては、先に見た松本・岸田対談に明らかなように、低劣なレベルでの性差別と民族差別意識による反発が強い。いかにも単純な反発のように見える。だが彼らは、性差別批判が男性支配の社会原理への根本的な批判へと向かいうること、また民族差別批判は植民地を保有した近代帝国主義国家の権力基盤を揺るがしうることを予感しているのであろう。あぜんとするような、なりふり構わぬ「反駁」を行なわざるをえないところにこそ、彼らの弱い環があるように思える。

別な論点に移る。『ゴーマニズム宣言』全編を内容的に貫く性格でもあり、とりわけ最後に登場する「殺し文句」がもつ作者の父権主義的な姿勢にもかかわらず、読者との関係において一方通行に終わることのないような、いくつもの仕掛けを小林は工夫している。マンガの欄外には

「ハミダシ情報」として、読者からの激励の手紙が紹介される。時にそれは「ゴーマニスト・パーティ」と題されて、読者からの手紙だけで一冊の本を作る場合もある。マンガそれ自体のなかやハミダシ情報に頻繁に登場する作者とスタッフは、読者をマンガ制作工程に誘引するような会話を中間報告として交わす。マンガのなかの作者とスタッフは多くの場合、コミカルでドジな役回りを演じており、それは読者に親しみを抱かせるに十分である。いずれも、表面的に見れば、読者の参加意欲に働きかける、対話のための攻妙な仕掛けだと言える。

だが、それが見せかけの相互交通性ないし相互浸透性にすぎないこと、結局はスタッフ（特に女性スタッフ）も読者も、小林が入念に組み立てた「作者主導＝女性スタッフ・読者従属」の構図のなかに回収されてゆくことを見抜くことは、それほどむずかしいことではない。固定化された、この役割分担の構造が明らかになるにつれて、読者は自分の「擬似的な参加意識」が作者によって十二分に利用されつくしてきたことを知るだろう。『ゴーマニズム宣言』という作品の形式と内容は、当然にも、完璧なイデオロギー的統一をみているのである。

ジョン・レノンの歌

一九七一年、ベトナム戦争のさなかにジョン・レノンは「イマジン」を歌った。二番の歌詞は言う。「国なんてものがないと想像してみよう、それはむずかしいことではないんだよ、そのために殺したり死んだりするようなものがないということは」

ベトナム戦争の悲劇を目撃しながらこの歌を聴くと、願いとしては切実なものがあったとしても、「国なんてものがない」未来を展望することは「むずかしいことではない」どころのはなしではなかった。しかし、時代は、世界的なベトナム反戦運動の高揚、日本の全共闘運動、パリの五月革命、プラハの春など、政治的・社会的激動のさなか（あるいは直後）の季節だった。何かが変わる、変わりうると予感できる日々だった。

その後の三十年間の歴史の歩みが単線的だったわけではない。退行もあり、進歩もあり、総体としては相変わらず紆余曲折を重ねてきた。だが、三十年前には想像もつかなかった大きな出来事があった。ソ連帝国とその衛星諸国が「国」として崩壊した。前の帝政から引き継いだ領土に加え、新たに支配領域も国境線を定め、世界有数の国軍によって固く警備し、「国民」から徴税し、（建前としては）それらの代償にいくつかの便宜を「国民」に与えてきた国家体制が、あっけないほど脆くも倒れた。

経済（資本と物資）と情報は、信じられないほどの量と速さで国境を越え、多国籍の経済活動が主力となった。富が偏在する地域には、富が過小な地域から移民労働者があふれている。どの場合も、いいことずくめではないにしても、現実はそうなった。

良くも悪くも、世界六十億の人間はこの現実のなかを生き抜かなければならない。経済のグローバル・スタンダード（世界基準）は、弱肉強食原理を伴うので、私は肯定はできない。しかし、もし精神のグローバル・スタンダードとでも言うべきものを考えるとすれば、ゆっくりとではあれ、ジョン・レノンが「想像《イマジン》」した世界へ近づいていくしかないように思われる。

小林よしのりらは、そんな時代に、あくまでも「異質な者」を先験的に差別し憎んで、日本という国民国家の枠内に自閉しようとしている。その役割を自覚的に担い、悪煽動に励む者たちがテレビ、新聞、雑誌などのマスメディアを占領し、その圧倒的な宣伝量によって、かなりの人びとを組織している。日本ばかりではない、狭い自己愛的で自己陶酔的なナショナリズムの穴に逃げ込もうとする動きは、世界各地で絶えることはない。私たちが、それへの有効な批判活動を止めないかぎり、いったんは彼方に向かった人びとを此方に取り戻す可能性を手にしていることを確信したい。

註

(1) (1899-1975) その膨大な著作は『上原専禄著作集』全二八巻 (刊行中、評論社) に集大成されつつある。
(2) 一九六〇年には、ブラック・アフリカ諸国十七カ国が独立し、このように呼ばれた。
(3) 抗日戦争と国共内戦を経て中国革命を成就した指導者たちは、かつて植民地支配をうけていた諸国が攻勢に出ている一九五〇年代の世界状況を捉えて、「東風が西風を圧する」と表現した。
(4) 一九五五年、インドネシアのバンドンで開かせた「アジア・アフリカ会議」の名称。インドシナ休戦後の状況をうけて、各国の友好、社会・経済・文化上の協力、民族主権・人種差別・植民地主義などの諸問題を討議するために、アジア・アフリカ二九カ国の首相・外相が集まった。
(5) アジア太平洋戦争に敗北した日本が、その後、軍隊の不保持、平和と民主主義の擁護などを誓ってまもないこの時期、自衛隊の創設、日米安保条約に基づく基地の提供、警察官の職務権限を拡大する試みなどがあり、これらを総称して「逆コース」と表現された。
(6) 東アジアにおける「反共」の砦として、韓国と日本はこれによって国交を正常化した。
(7) (1912-1986) 引用は「民族解放と歴史学」(『続　歴史と民族の発見』所収、東京大学出版会、一九五三年) か

ら
(8) (1910-1977) 引用は「日本人のアジア観」(初出は共同通信配信で一九六四年一月の地方紙に掲載。のち竹内好評論集第三巻『日本とアジア』所収、筑摩書房、一九六六年)から。
(9) (1913-2001) 引用は、最初のものは『日本の歴史・上』(岩波新書、一九六三年)から、二番目のものは『日本の歴史・下』(岩波書店、一九六六年)から。若いころはさほどの問題も感じることなく読み過ごしていたこの表現がもつ暴力性に気づかせてくれたのは、私が、金静美著『水平運動史研究:民族差別批判』(現代企画室、一九九四年)の仕事に、編集者としてかかわる過程においてであった。また、朴慶植編集『アジア問題研究所報』創刊号(アジア問題研究所、一九八七年)以降断続的に掲載されていた佐藤正人の一連の論文も、先駆的な問題提起を行なった。
(10) 一九六七年から七二年にかけて、私もメンバーのひとりとしてかかわっていた雑誌『世界革命運動情報』においては、とくに後半期に、近代日本の植民地支配の問題を中心的に取り上げたが、そこではすでに、「左派」や「進歩派」が行なってきた帝国―植民地関係の記述・分析が大きな問題を孕むことを自覚していた。
(11) 東欧社会主義国家体制の連続的な崩壊をほぼ見届けた一九八九年十二月、当時の米国大統領ブッシュとソ連首相ゴルバチョフは、第二次大戦終了後の世界を支配してきた「東西冷戦体制の終結」を宣言した。
(12) 「世界中がイラクのフセインとたたかおうとしているのに、軍隊を湾岸に派遣しない日本は汗も流さず、血も流さない。せめて戦費でも出すべきだ」との非難の声が浴びせかけられている、と日本のメディアでは報道された。どこの、誰が、いつ、どういう言葉遣いで言ったのかは、明示的には報道されなかった。
(13) (1946-) 著書に『竹内好論』『近代アジア精神史の試み』など。
(14) (1937-) 著書に『ものぐさ精神分析』『幻想を語る』など。
(15) 「『従軍慰安婦』論議のなかの頽廃」(『月刊フォーラム』一九九二年五月号、のち太田著『千の日と夜の記憶』、現代企画室、一九九四年に収録)
(16) (1943-) 著書に『近代史教育の改革――善玉・悪玉史観を超えて』(明治図書、一九九六年)など。
(17) 以下、この項の記述は、私が以前書いた「『自由主義史観』を批判する〈場所〉」(徐京植編集『影書房通信』19号、一九九八年六月）に依る箇所が多いことをお断わりする。

(18)　Riane Eisler 1931-　ウィーン生まれ。ナチス・ドイツの迫害を逃れてキューバに渡り、十四歳までハバナに暮らす。のち米国に移住し、社会学と人類学を学ぶ。協調形態社会の研究やフェミニズム研究に従事。『聖杯と剣』は、人を殺す武器である「剣」を振るう男性原理の社会と、生み育て、創造する自然の力を象徴する「聖杯」に価値がおかれる女性原理の社会を対比し、戦争システムを考察した本である。

●『リアル国家論』（教育史料出版会、二〇〇〇年）所収

あとがき

はじめに

本書は一年前に『新・状況的』と題して出版される予定であった。いくつかの事情が重なって刊行が遅れたので、語ってきたことの内容と客観的状況に即して『「国家と戦争」異説』とタイトルを変えた。そして本文をほぼ校了寸前とした今年三月、今度はめずらしく身体的な不調に見舞われた。身体的な痛みは神経に障る性質のものだったために、作業は停滞し、最後の詰めを一気に終えることができなくなった。いくらか回復したかと思えるいま、あらためて本文を点検し、途中まで書きかけていた、この「あとがき」を書き終えようとしているところである。

本書には、基本的には、二〇〇一年「9・11」事件の直後から二〇〇四年初頭日本軍のイラク出兵に至る期間の間に書き綴ったものを収録してある。第三章と第四章には、それ以前のものも少し含まれているが、いずれも本書を貫くテーマに深く関わっているので、あえて一書に収めた。第一章の文章は、書かれた時間軸としては現在から過去へと遡って並べてある。他の章は、過去から現在へと進んでくる。今回も編集に携わってくれた向井徹さんと相談し、それがよいと判断した。

どの文章も、事件が起こったり、書物が刊行されたりしたその直後に書いたものなので、「臨場感」を大事にして、文章に大きな改変は加えなかった。人名・地名表記の統一、わかりにくい表現の書き改めなど、ごく小さな変更を行なっただけである。

「9・11」ニューヨークの事件から日本軍出兵までの二年半の間に起こった、世界と日本を揺るがす数々の悲劇的な大事件を、本書で私が述べたように、当事者たちが内省的に捉え、「悲劇」を生かす道を求めて世の中の秩序を創りかえるための縁《よすが》とできたならば、いまある世界の形は、実在するものとはまったく違ったものになり得ただろう。編集された本書を通読して、その確信をあらためて得た。しかし、私的な確信とは一八〇度違う現実が生まれているだけに、そして決して少なくはない数の人びとが同じ思いを抱えていると推測できるので、この過程をふりかえり、新たな展望をつくりだすために、本書が役立てばよいと思う。

いつもならば、これらの文章を発表できたメディアの担い手の方々に感謝の気持ちを述べて済ませるところだが、今回は（未知な人びとも多い）インターネット上の発言者にも、同じ気持ちを伝えたい。私はインターネットの熟達した利用者とは言いがたく、自分に可能な範囲で、細々と使っているにすぎない。いくつかのメーリング・リストに入っていると、何かの事態が起こったときに間髪を入れず事態を批判的に分析する「言の葉」を流す人がいる。「言の葉」は短いから、つい目が追ってしまう。長い文章を書く必要のない、直感的な思いを伝えれば、とりあえずは用が足りる媒体なので、その「言の葉」から考えの糸口が得られることは、ままある。たいていは一度の流し読みなので、当方にも確たる自覚はないが、その種のインターネット上の「言の葉」にヒントを得た発想が、本書には見受けられるかもしれない。

キューバでは、革命的高揚の頂点にあった一九六八年ころの一時期、「革命的な書物の著作権を放棄する」という、それこそブルジョワ的「知的所有権」問題の本質に関わる問題提起がなされたと記憶する。私たちが力を入れてその発言を紹介しているメキシコのサパティスタ民族解放軍も、著作権表示をしないままにさまざまな書物の出版を続けている。

これらの例と次元はいささか違うが、公的な「表現」の可能性を「専門的な」文章表現者以外の世界にも押し広げ、現実の出来事と批判的分析との間の時間差を極小にしつつあるインターネット社会では、このように不可視の精神的な交流・相互浸透の形が今後いっそう深まるだろう。私は日々書いている文章を（ごく稀に、商業誌に掲載された文章は少し遅らせる場合もあるが）できるだけ速やかにホームページ上（http://www.jca.apc.org/gendai/）で公開しているが、それは、既知・未知の人びとの、インターネット上の表現に対する、私なりのひとつの応答形式だと考えていただければよいと思う。

外国（ほぼ例外なく欧米）の哲学者や思想家の発言をいち早く翻訳・紹介してくれる人もいる。私はインターネット上では、これは、ほとんど読まない。当方にも、思考のリズムというものがある。インターネットはそのリズムを壊す側面もあるので、物事を自分で考え抜く以前に、他人の思考を辿ることはよくないと考えてのことである。

＊

以上は、冒頭の部分をのぞき身体上の不調が生じる以前にほぼ書いてあったことだ。不調に陥ってからは、寝込む性質のものではなかったので、現代企画室での仕事のペースを少し緩め、また以前からの約束以外のことは引き受けないようにした。ただ、連載を続けている「派兵CHECK」誌上の原稿だけは、何とか書き続けた。そこで取り上げた問題は、本書を貫くモチーフと状況的に切り結ぶものなので、本書の結びとして、以下に掲げておきたい。

問題は、まず、四月に起きたイラクにおける三人の日本人の「誘拐・人質」事件から始まる。誘拐から解放まで一週間に及んだ経過を同時代的に眺めていると、「日本政府が行なった外交的な努力が事態解決に結びついた」と結論づけるテレビ・新聞などのマスメディア報道だけでは把握できない次元で、事態を解決するための本質的に重要な動きがあったと思える。

「人質」という問題

現在イラクで頻発している外国人拘束事件と比較すると、背景としての政治・社会状況も、現地社会と日本の関わりもずいぶんと違うが、拘束・人質事件という共通性にのみ依拠して、過去の三つの出来事をふりかえるところから始めてみる。

一九七四年、ソモサ独裁政権に対して長年の抵抗闘争を展開していたニカラグアのサンディニスタ民族解放戦線（FSLN）の一部隊が、クリスマス・パーティーを開いていたソモサ政権一閣僚の豪邸を襲い、米国大使・軍事クーデタ直後のチリ国大使・多国籍企業要人などを多数人質にした。サンディニスタは、最低賃金の引き上げ、獄中同志の釈放とキューバ亡命の認知、テレビ・新聞・ラジオを通してのコミュニケの公表、闘争資金四六〇〇万ドルの供出などを政府に要求し、ソモサはそのすべてを受け入れた。当時ニカラグアにいた私は、乗り合わせた長距離バスの中でラジオを通じて流されるサンディニスタのコミュニケを聴き、内容もさることながら、田舎道をガタガタと走って静かとは言えない車中で必死に放送に耳を傾ける人びとの姿に深い印象を受けた。独裁政治下で今まで決して公然とは耳にできなかった言葉を聞いて、多くの人びとが喝采を送っている様子が見てとれた。日本のことが直接に語られていたわけではないが、いい文書だと考えた私は、長い全文を翻訳して日本へ送り、当時刊行されていたある雑誌に掲載してもらった。その後FSLNメンバーと知り合ったが、それまで鉄壁の独裁を誇ったソモサ体制の危機を公然化させるうえで、この作戦がいかに重要であったかについて考えが一致した。サンディニスタはそれから五年後の一九七九年、解放軍の軍事攻勢と民衆蜂起によってソモサ独裁体制を倒した。〔この事件については、オマル・カベサス著『山は果てしなき緑の草原ではなく』(現代企画室、一九九四年)の「解説」で詳しく触れた〕。

一九七八年、内戦下にあった中米エルサルバドルの民族解放組織「民族抵抗」(RN)は、中米でも最大規模の日系合繊企業インシンカ社の日本人社長を誘拐した。「同社は軍事政権との経済的・政治的癒着を前提としてその企業活動を成り立たせており、これは反政府・反帝闘争の一環である」というコミュニケをRNは発表した。事件は、(政府側の説明によれば)ゲリラの処刑によって、(ゲリラの説明では)撤退作戦中に政府軍が発砲した弾丸によって、社長が死亡することで、終わった。その真相を、私は今も知らない。同年暮、RNはインシンカ社の別な日本人責任者を誘拐した。噂によれば、同社は推定数十億円の身代金を支払い、釈放を取りつけた。その前に、世界各国の主要新聞は、インシンカ社の費用負担でRNの長文のコミュニケを掲載した。日本では一九七八年一二月二日付日本経済新聞が夕刊の全二面を使って、スペイン語の全文を掲載した。第三世界の政治・経済・社会状況を牛耳る、日本を含めた高度産業社会の仕組みを批判的に分析した明快な論理のコミュニケであった。大事な内容だと考えた私は大急ぎで翻訳し、ミニコミ紙誌に掲載した。ゲリラの行動を否定するにせよ共感を寄せるにせよ、何らかのメッセージを伝えようと思っても、作戦展開中のゲリラと連絡をとることなど、思いも及ばない時代だった。その後知り合ったエルサルバドルの解放勢力メンバーは、当時の身代金を指してであろう、「日本帝国主義はエルサルバドルの解放闘争の進展に寄与しているよ」と語った。〔この事件については、フランシスコ・メッツィ著『はだしの医者、内戦エルサルバドルをゆく』（現代企画室、一九九〇年）の「訳者あとがき」で詳しく触れた〕。

一九六〇年代の南米ウルグアイでも、都市ゲリラ、トゥパマロスが国際援助機関のスタッフとして入国した米国人を誘拐し、人質にする事件が起きた。この人物は、実は現地の軍・警察に政治犯への拷問などを指揮する米国の軍事要員であることをトゥパロスは察知し、これを暴露する戦術として採用したのだ（コスタ・ガブラス監督の『戒厳令』は、この実話に基づいた映画である）。これらの例は、体制側の有力人物を誘拐して何らかの政治目的を達成するゲリラ戦術が、ゲリラ組織の本質的な「堕落」を招くことのないギリギリの地点で、有効に選択されていた時代があったことを示していると思える。

一九九六〜九七年にかけて、ペルーのトゥパック・アマル革命運動（ＭＲＴＡ）は、フジモリ政権と日本支配層との結びつきを捉えて、天皇誕生日祝賀パーティーの客で賑わうリマにある日本大使公邸を襲い、多数の人びとを人質にして、獄中者釈放などフジモリ政権への要求を突きつけた。四カ月有余後、フジモリは特殊部隊に武力突入を指令し、ゲリラ一四人、警官二人、人質一人の死者を出して、事件は終わった。その期間中メディアを通して大量の人質報道が流される一方、日本・ペルー両政府の方針と報道の内容をめぐって、少ないながら批判的な問題提起もなされた。MRTAの方針に全面的には納得できない私も、それを行なったが、MRTAに向かって批判的な問題提起をする可能性を探ろうとはまったくしなかった。国外にいるMRTAメンバーがインターネット上にホームページをすでにもっている時代であったから、やろうと思えばそれは可能だった。人質の中の知り合いに本と簡単なメッセージを差し入れることしか、しなかった。〔この問題に関する私の発言は、『「ペルー人質事件」解読のための21章』(現代企画室、一九九七年) にまとめてある〕。

冒頭に述べたように、右に挙げたいずれの例も今回のイラクの事態とは状況が違いすぎる。だが比較することで、現在私たちが手にしている「有利な」諸条件を確認することができる。今回拘束された人びとは、右に挙げた例とちがって、体制側の政治家や経済人ではなかった。もしかしたら、自分でもあり得たかもしれない、市井の活動者でありフリーのジャーナリストであった。そう考えた人びとが何事かをなそうと他者に働きかけるとき、インターネット時代において人びととの交流を可能にするネットワークのあり方と、マスメディア外での情報伝達の効率性が、従来とは決定的に違う。インターネット上の情報を活用し、特定のメーリング・リストやホームページで提案されているイラクでの拘束者を釈放させるための具体的な行動をひとつでも実行している人にとっては、いままで自分たちがインターネット上で積み上げてきたさまざまな試行錯誤的な活動が、現実の社会のなかで目に見える成果を挙げていることに気づいているだろう。

（私自身はまだ参加したことはなく、毎回のさまざまな報告を興味深く熟読しているだけだが）「世界社会フォーラム」を通して形成された世界的なネットワークが、草の根の視点からイラク人質事件の本質を世界へ、そしてどこよりもイラク社会へ伝えるうえで大きな役割を果たしている。他にもさまざまなNGOが、それぞれが作り上げてきたネットワークを活用して、囚われの三人が行なってきた（行なおうとしている）活動と、三人は日本政府が強行した日本軍のイラク出兵を批判する立場にあることを伝えている。それが実りある成果を生み出しているのとは対照的に、外務省やアンマンに「対策本部」を設置して、「全力を挙げて情報収集と三人の解放に当たっている」と口先では語る政府が、実は身振りは大仰だが、無為無策のままでいる実態が透けて見える。否、無為無策ならまだしも、「イラク全土を人質にとって占領している」米国を代表して来日した副大統領チェイニーに対して日米協調を謳い、人質解放についても米国の協力を要請しているのだから、事態をひたすら悪化させるしかない方策を採っていると言える。

日本政府の政策は、彼らなりに一貫している。四〇四億円の経費を使ってイラクに出兵した日本軍は、東京ドーム一二個分の巨大な陣地を築くことにまず「全力を挙げ」た。「非戦闘地域」に完成した二重鉄条網の武装基地は、そこの駐留軍が米英軍の輸送業務に従事しているからには、レジスタンス勢力から見れば、「平穏だった」サマワ地域に突如として、標的とすべき「戦場」が出現したことを意味する。周辺で抗議デモが行なわれ、砲弾発射が行なわれたのは「必然」である。日本政府が、イラク全土を戦場化することに大きな力を貸しながら自衛隊の活動は「人道援助」だと言い募るのは、人質事件について逆効果の言動に専心しながら「解決に全力を挙げている」と言い募るのと瓜二つである。

インターネットを活用している人びとには見えやすいこの構造が、マスメディア、とりわけテレビでニュース報道に接している圧倒的多数の人びとの目には覆い隠されていること――私たちが、まだまだ「狭い」インターネット世界の成果を押し広げるべき課題は、そこに見える。

（「派兵CHECK」一三九号〈二〇〇四年四月一五日発行〉掲載の文章に加筆・訂正）

どんな水準の文章で大衆意識は煽動されているか

イラクにおける日本人拘束事件に関する報道・分析は、テレビ・新聞・週刊誌メディアにおいてはほぼ終息し、いまは月刊・季刊メディアがいっせいに取り上げている。三人の日本人が拘束されたという報道の直後から、イラクに対する戦争の現実総体を捉えたうえで、三人がこの戦争に反対して活動している人びとであることをイラクのレジスタンス勢力に伝えた草の根レベルでのさまざまな動きがあった。マスメディアを通してだけ見ていると、その動きに注目することは至難のことだったかもしれないが、入手できる情報がきわめて制限されている獄中者のなかにも、この問題の解決のために日本政府は何事もなしえず民衆運動のネットワークこそが有効な働きをしたという事態の本質を見抜いている人びとがいる（二〇〇四年六月一四日発行の「キタコブシ」一〇九号に掲載されている大道寺将司「確定死刑囚のすべて　57――自国民の保護すら満足にできないで他国の復興支援などおこがましいでしょう」など)。やはり問題は、あふれんばかりの情報を、あるいは(インターネット情報にアクセスできない人びとや獄中者の場合には)数少ない情報を、いかなる視点で分析するかという、個々人のあり方に帰着する。

「季刊ピープルズ・プラン」二六号、「インパクション」一四一号、「世界」二〇〇四年六月号、「論座」同六月号の一部などには、右の具体的な場所にいて、何がしかの役割を担った人びとの、自らが果たし得たことについては控えめな報告が多数掲載されている。それらは、もちろん、一読に値するが、ここではこれと対極にあるいくつかの発言を記憶しておきたい。

「文藝春秋」六月号では「緊急討議――自衛隊撤退は誰も望まない」と題して、池内恵、江畑謙介、金子貴一が話し合っている。私は、池内著『現代アラブの社会思想』(講談社新書、二〇〇二年)を刊行直後に高く評価した責任から、国家政策への提言めいた物言いを始めて以降の池内のナショナリスト的な論点を厳しく批判してきた。この座談会における池内の発言も、学問的な手続きを経た地域研究の水準においては、客観的にすぐれた仕事をしたと思われるこの男が、いかに愚劣な心性に支えられているかを明らかにしたといえよう。「最近のNGOで実質的な成果を出しているところは、日本政府と国際機関を橋渡しする専門知識とノウハウを持っています。けっして『反政府』ではない。ところが今回、人質になったのは『ひとりNGO』とでもいうべき、実質的効果よりも個人の心情的あるいは政治的関心に沿ったもので、周辺的なものです」と池内は断定している。これは、一般的なNGO論としても、個別具体的にイラクにおける日本のNGO活動論としても、一面的で奇妙な論理である。とりわけ、実質的なイラクでの活動実績をもつ

ＪＶＣ（日本国際ボランティアセンター）の熊岡路矢が随所で行なっている発言（たとえば「世界」六月号）に照らしてみれば、その虚偽性が明らかになる。池内が「実質的な効果」なるものをどんな水準で計測しているかは自明のことといえよう。少なくとも、「危険を避けるために」巨大な塹壕にいつも閉じ篭って「人道支援活動」を行なう武装自衛隊の活動を肯定する池内には、それが「現地のニーズには応えていないけれど、悪意はないから、イラクの人たちはもてなしてくれる」（「ひとりＮＧＯ」を揶揄して池内が使った表現）程度のものではないことを証明する責任がある。

また『現代アラブの社会思想』で、冷静ではあるが決して冷ややかではない形でアラブ民衆および知的エリートの意識に対する批判的な分析を行なった池内は、「誘拐そのものの実行犯のレベルでいえば、ファルージャの包囲戦で頭に血が上ったからというのが、一番単純な説明でしょう」などという言葉遣いで、米軍によるファルージャ包囲戦の犯罪性を薄めようとすべきではないだろう。続けて、池内は言っている。「民族感情は煽られる。武器はある、という状況で若者たちが血縁のつながりでグループを組んで、外国人を拘束する。そこにいろいろ知恵をつける人や、そうした動きを利用しようとする人が周りに集まって、雪だるま式に大事件に発展する。軍事作戦にせよ、テロにせよ、アラブで起きた大きな事件を分析すると、こうした即興的なパターンが多いんです」。総じて、米軍主体のイラク占領統治を正しいと認め、その枠組みの中での自衛隊の加担も肯定して、現在進行中の戦争以外の可能性を見ようともしない池内は、自らがもつアラブ社会に関する該博な知識を、「日本国益のために」小出しに切り売りしている己の姿は、己が揶揄してやまない、陰謀史観に陥るアラブ知識人の姿とどこか似通ってくるブラック・ユーモアに気づくべきだろう。

青沼陽一郎なるジャーナリストは「イラクの中心で愛をさけぶ人達」と題するルポで、イラクで拘束された人たちの「自分探し」の旅の果てをあざ笑っている（「文藝春秋」六月号）。誰とも明示できないだれそれの片言隻語を寄せ集めれば、こんなルポが成立して原稿料を稼げるのかと、寒心に耐えない水準の代物だが、いかがわしさは誰もが知っている統一教会の募金活動を持ち出して、NGO一般の募金活動への不信感を煽るなど、論理的な詐術が際立つ。私はこの一〇数年来、「文藝春秋」「諸君！」「正論」などに載る文章のなかには、戦後民主主義派や左翼に論理的内省を迫る内容のものもあるという考えから、比較的熱心にこれらを読んできたほうだと思うが、書店に山積みされているこれらの雑誌に掲載されている大半の文章は、この青沼ルポ・レベルのものであること、同時に悲しいことには、それによって大衆意識が煽動されていることを見ておく必要があると思える。

（「派兵CHECK」一四〇号（二〇〇四年五月一五日発行）掲載の文章に加筆・訂正）

人びとの「錯覚」を誘発する情報操作

まさか、と思いつつも、一瞬の間そう思った。正確に言えば、思った一秒後には、いやそう思ったとほとんど同時にそれを打ち消す感情ははたらいていた。「篠山紀信がアルカーイダを撮った」というものである。昨年末か今年はじめ、某週刊誌の新聞広告にあった大見出しを見ていて、そう思った。目の錯覚であって、よくよく見ると、「篠山紀信　アカルイハダカ」であった。これには、後日談がある。ある週刊誌の四コマ漫画である。「日本でいつテロが起こるかと思うと、心配で、心配で……」とか言って、机に「テロ」や「アルカーイダ」の大仰な文字が躍るスポーツ新聞や週刊誌を積み上げて、深刻気な顔つきで読んでいる人物がいる。そこには「アカルイハダカ」の週刊誌もあって、件の男は「心配なんだ」と言いながら、そのグラビア頁に見入っている、という風刺画である。

一瞬にせよそんな錯覚に誘われた人間はほかにもいるはずで、篠山紀信や某週刊誌編集部にすれば、してやったり、とでもいうところだろう。しかし、こんな単純で、ばかばかしい話ではなく、「アルカーイダ」を、世にも恐ろしいものの記号として使って、脅しによって社会世論を組織しようとしている者がいる。それは、もちろん、公安警察である。批判精神のかけらもないままに、警察の垂れ流し情報をトップニュースや大見出しで流しているマスメディアが、それに荷担している。

去る五月一九日、メディアは公安当局の発表に基づいて、「殺人容疑で国際手配を受けていた人物で、昨年末ドイツで逮捕された、アルカーイダのメンバーとされるアルジェリア系フランス人の男が、〇二年から〇三年にかけて新潟に潜伏していた」と報じた。前夜一八日の発表当日は、どのメディアもおそらく独自に取材する時間も方法もないままに、公安警察の情報のみに基づいて報道するしかなかっただろう。いずれも見出しや主な項目では「アルカーイダ・メンバー」と断定しており、中身では「メンバーとされる」とか「幹部とされる」という逃げを打つものもあった。警察官殺害容疑で九七年ボスニア・ヘルツェゴビナの法廷に立つ同人の写真や、新潟「潜伏」中に住んでいたマンションの写真が大きく添えられていて、記事の体裁はいかにも整えられているように見える。また数日を経ると、同人の国籍があるフランスや逮捕されたドイツに駐在している特派員からの情報も付け加えられて、世界的な取材網が出来上がっているかに見える。

だが、いかんせん、記事・ニュースの文体が一貫して脆弱である。警察に名指されている者が、本当に、アルカーイダのメンバーであるかどうかは、報道を見る限り、いまの時点では十分に疑わしい。その人物がベルギー国境に近いフランス最北部・ルーベ市のキリスト教徒の中流家庭に生まれたとしながら、別な箇所では「アルジェリア系フランス人」と表現している根拠は何か。中古車輸出業を営んでいたからにはそれ相当の経済活動があり得ただろうが、日本に設けた預金口座に一年で五〇回の出入金があったことを理由に、アルカーイダの「資金調達担当か」と記す根拠はどこにあるのか。中古車市場の活況を思えば、金高・回数ともに相当の取引があり得るという正常な判断が、第一義的にあるべきである。疑問を述べるのは、それからでも遅くはない。新潟からマレーシアなどに、たかが（！）二七万円の送金をしていたことが、なぜ、社会面の見出しを飾って、「怪しげさ」が演出されるのか。いずれも、「国際テロ組織＝アルカーイダ」と聞くだけで人びとが怖気づく風潮を利用し、疑わしき者は裁判以前に社会的に抹殺し、危機の煽動によって民衆意識を組織したい公安警察の発表そのままに報道しているから、それだけでは論理的な正しさが証明されていない情報が、あふれ出るのである。

さまざまな情報を総合すると、この人物に関しては、せいぜいのところ、ルーベ団なるフランス国内のイスラーム系組織のメンバーであるという事実を出発点にして、地道な報道を心がけるのが順当である。彼が九〇年代前半のボスニア民族紛争にムジャヒディンとして参加していたという経緯からは、当時の米国が対セルビア戦を意識してイスラーム「過激派」戦士を援助していた秘史が、何度でも想起されるべきであろう。

さらに、この人物が使っていた携帯電話の通話先であったということで、その後逮捕されている八人の外国人の存在を思えば、事態の深刻さはいっそう増す。バングラディッシュ人、アルジェリア人、フィリピン人、インド人などの彼(女)らの逮捕容疑は、道路運送車両法違反、入管難民法違反、電磁的公正証書原本不実記載などである。明らかに、別件逮捕である。これらの外国人労働者は、報道の中では「アルカーイダ・メンバー」であるとは名指しされてはいない。だが、「アルカーイダ・メンバーと思しき者が頻繁に通話し、送金し、立ち回り先でもあった人物である」として、逮捕場面も大々的に映像・写真入りで報道されることによって、社会的にはこれらの人びとも「アルカーイダ」として認知される。マスメディアで「アルカーイダ幹部関係者」と表現された一バングラディッシュ人は、横須賀の在日米軍基地前に、経営する会社事務所をもつことが、ことさら大仰に報道されている。それは、「イスラーム過激派は、海外で米軍基地などにテロを実行する際、攻撃対象の下見を行なっているため、米軍基地前にある会社の役割に捜査当局は重大な関心を寄せている」という文言に繋がっていく。公安警察の一解釈にしかすぎない見解が、こうして、何らの検証も経ないままに社会に浸透する。

先に触れた週刊誌よりはるかに悪辣な意図をもつ公安警察は、人びとに錯覚の罠を仕掛けているのである。『週刊金曜日』六月四日号に掲載された金香清記者の記事は、その点をよく衝いている。この記事でインタビューを受けているイスラーム研究者・保坂修司は、「日本の警察のやり方は、『アルカーイダ』などのイスラーム過激派組織に『日本はイスラームいじめをしている』という印象を与え刺激しかねません」と語っている。的確な現状認識と言うべきだろう。

最近は、地下鉄に乗っても、車掌が「テロへの警戒」を頻繁に呼びかけている。駅構内、新幹線、空港、ビルにも警官の姿が目立つ。まるでそれが「テロの本質的な防止策」だとでも言いたげに。「国家テロ」の最高の発現形態たるイラク侵略戦争に加担しているこの社会の随所に仕掛けられている「錯覚を誘発する罠」にはめられることなく、私たちは、この種の情報操作に対する批判を深めることが必要だ。

(「派兵CHECK」一四一号〔二〇〇四年六月一五日発行〕掲載の文章に加筆・訂正)

さいごに

私は、この間、編集者として『ファルージャ　2004年4月』(ラフール・マハジャン、ダール・ジャマイル、ジョー・ワイルディング、エイミー・グッドマン=著、益岡賢+いけだよしこ=編訳、現代企画室)という本の製作に関わってきた。イラクに留まっている欧米国籍の人道支援活動家やジャーナリストが、米軍のファルージャ包囲戦がどのように展開していたかを報告したものである。実際に読んでいただきたい本なので、要約・紹介はしない。「これは犯罪である。そして、私たち皆にとっての恥辱である」というジョー・ワイルディングの締めの言葉に、事態の本質が言い表されているように思える。

それだけに、ファルージャの包囲戦で「頭に血が上ったから」実行犯は日本人誘拐に及んだのだ、という池内恵の先の発言は、物事を総体として把握して事物相互の関連の中で本質を捉えるべき専門家としての冷静さを欠いた、きわめて情緒的な反応の典型であるといえる。しかも、それは苦境にある弱者に対する冷酷な心理を感じさせる言葉遣いである。池内がこの先に何を言い出すかは、だいたいの見当がつきそうだが、しかし同時に私は、次のようにも考えている。

米軍の占領支配に対するイラクの人びとのたたかいを、日米政治指導者やマスメディアのように「テロ活動」と呼ばずに「レジスタンス」と捉えることは、もちろん、出発点として重要なことだ。レジスタンス——それは、私の世代にとっては、歴史・社会意識に目覚めたころの、胸をうつ物語であった。ムッソリーニとナチスに抗したイタリア・パルチザン、ナチスに抵抗したワルシャワの地下水道でのたたかい、フランスはヴェルコールの『海の沈黙』が描いた世界も、レジスタンスの一形態にはちがいない。「レジスタンス」という横文字を通して入ってきただけに、主要にはナチスに対する欧州民衆の抵抗ばかりに心をうばわれ、朝鮮・中国・台湾・フィリピンなどアジア各地の民衆の「抗日パルチザン」という歴史的実在に気づくのが遅れたことは、戦後史をふりかえる時に忘れることのできない私たちの負債であるが。

さて、イラクで展開されている反占領の諸活動を総体として「レジスタンス」と捉えたうえで、私の脳裏をかすめるのは、ふたつのことである。このふたつのことについて、私は以前にも触れたことがある。大事なことだと思うので、この文脈であらためて触れておきたい。

ひとつは、シモーヌ・ヴェイユが一九三〇年代に行なったいくつかの考察である。一九三三年に執筆した「戦争に関する考察」および「革命戦争についての断片」(いずれも、春秋社版『シモーヌ・ヴェーユ著作集』第一巻、一九六八年、新装版一九九八年、に収録、伊藤晃訳)において彼女が行なうのは、自分が心を寄せる革命派の個々の兵士が行なう行為に対する揚げ足取り的な批判ではない。いかに革命的な要因によって行なわれた戦争に見えようとも、行政・警察・軍事機構という、本来打倒されるべき抑圧機構を、「正しい」目的をもった戦争そのものが、自らの内部において強化せずにはおかないという、現実の歴史が生み出すパラドックスをこそ彼女は問題としている。すぐれた洞察だと思える。「革命」を希求しながら、同時代としてのロシア革命の実相を知るにつれて絶望もまた深まり、それを梃子《てこ》に新たな理論的な地平に進み出ようとしていたヴェイユの思想的・実践的な姿がくっきりと浮かび上がってくる。

それでも、ヴェイユは踏み出さずにはいられない。一九三六年八月、彼女は、内戦勃発直後のスペインへ共和国派の義勇兵として赴く。事故で火傷を負い、滞在わずか二カ月で心ならずも帰国するが、スペインへ赴くこと自体が、いかにも彼女らしい迅速な行動ぶりである。そのスペイン内戦に関わる考察にも、見るべきものがある。「ベルナノスへの手紙」(一九三八年執筆と推定)(『著作集』第一巻所収、渡辺義愛訳)を例にとってみる。この手紙は、スペイン戦争に関する重要な証言のひとつと言うべき『月下の大墓地』を一九三八年に出版したフランスの作家、ジョルジュ・ベルナノスへのオマージュである(この本の日本語訳は、白馬書房刊「叢書・不可視の歴史」の一巻として一九七三年に出版された。後知恵だが、この書の企画者が彦坂諦、翻訳者が高坂和彦であることに、いま、意義深いものを感じている。両者のその後の仕事の軌跡を思えば)。ヴェイユは、元王党派ベルナノスとは政治的に対照的な立場に自分がいることを十分に自覚している。だが、すぐれたヴェイユ論を書いた冨原眞弓の表現を借りると、ヴェイユは「理性や信条を無意味化する戦争のメカニズムについては(ベルナノスと)共通の認識を分かちあっていた。戦争を『真の原則と偽りの原則をもろともに、善き意図と悪しき意図をもろともに葬り去る屠殺場』と呼び、『全体主義的国家あるいは公共の安全神話の専制』に奉仕する『力の宗教』を糾弾するベルナノスに、『アラゴンで闘った仲間の義勇兵のだれよりも自分に近しい』心性を認めた」(冨原眞弓『シモーヌ・ヴェイユ 力の寓話』、青土社、二〇〇〇年)。

彼女は共和国派の、とりわけ底辺の民衆の渇望や犠牲的精神に促された義勇兵への共感を決して放棄してはいない。同時に、味方の軍勢の中で吸い込んだ「血と恐怖のにおい」も記さずにはいられなかった。それは、「解放の主体」であるはずの者が「金で雇われた兵隊たちのするような戦争に落ち込んで」いき、「(敵に)残酷な行為の数々」をくわえ「敵に対して示すべき思いやりの気持ち」を喪失する過程である。「(義勇兵たちと、アラゴン州のみじめでもあればすばらしくもある農民たちの関係を思い起こせば)武装をした連中と、武装していない人々とを深淵がへだてていました。それは、貧しい人々と富裕な人々とをへだてる深淵とまったく同類のものでした。このことは、一方では、武装していない人々のいつもへりくだった、すなおな、おずおずした態度から、他方では、武装している人々のゆとり、磊落さ、大まかさなどから感じられました」。パリにいてスペイン内戦が起こったことを知ったヴェイユが「勝利を願わずにはいられなかった」反ファシズムの側にも、このような現実が厳然として存在することを、彼女は知ることとなった。この事実を、苦しみながらも記述せずにはいられなかった、そしてその先に、ロシア革命を主導したボリシェヴィキ批判を行なって以降のみずからの課題を見続けたヴェイユの思想的態度は、記憶し、継承するに値すると思える。

ふたつ目は、ベトナムの作家、バオ・ニンが一九九一年に出版した小説『戦争の悲しみ』である（井川一久訳、めるくまーる刊、一九九七年）。（なお、この井川訳は、意図的な削除・誤訳に満ちた不十分な翻訳であるとして、大川均訳『愛は戦いの彼方へ』、遊タイム出版、一九九九年、がその後出版されている。ふたりの間では、原著者バオ・ニンも巻き込んで、著作権、井川が主として依拠した英語訳版と大川が依拠したベトナム語テクストの異同および表現の解釈、翻訳のあり方などをめぐる論争が一九九八年から二〇〇〇年にかけての「正論」誌上で行なわれた。この論争が孕む意味合いは大きく、私なりの判断もあるが、ベトナム語を解さず英語訳も参照していない私には、公に言うべきことばがない）

一九五二年ハノイに生まれたバオ・ニンは、高校を卒業した六九年にベトナム人民軍に入隊している。直ちに中部高原、カンボジア、ラオスを転戦し、七五年のサイゴン攻略戦にも加わった。その後しばらくの間、戦時行方不明者捜索隊で働き、七六年に除隊したという。小説『戦争の悲しみ』は、著者自らが語るように、プロットにおいてはフィクションにはちがいないが、冒頭に出てくるベトナム軍大隊全滅の挿話は、入隊早々の彼が六九年に中部高原で経験した米軍の猛攻撃を現実的な背景として描かれているように、「個々の場面はすべて事実か、または事実を別の事実とミックスして変形したもの」（『戦争の悲しみ』巻末に収められた井川との対談）である。したがって、この作品の記述から、バオ・ニン自らが参画した北ベトナム軍の実態を、（バオ・ニンの視点を通して描かれたという限定つきではあるが）摑み取ることは、不当なことではないだろう。

これから読む人のために（この作品は、確かに読むに値する）ことば少なく表現しておけば、北ベトナム軍は、英雄的であり勇敢であるが、どこにでもある普通の軍隊としても描かれている。すなわち、卑怯にもなれば、略奪も賭博も買春も麻薬吸引も脱走もする、そのような兵士たちが構成する軍隊としての一面があったことを描いている。抗米解放戦争を戦った人民軍を神秘化したままにしておきたい軍当局や党官僚が、この作品を陰に陽に批判し、初版売り切れ後は事実上の発禁状態になった根拠が、容易に見えてくるような、毒のある作品である。

おそらく、私たちは、この毒のある作品を読み込み、咀嚼したほうがよい。ヴェイユの、決して高みからではない、自らの身を刻むような苦言に耳を傾けたほうがよい。それが、過去・現在・未来のレジスタンス運動（現在的な課題として言えば、経済・政治・軍事・文化などあらゆる領域で見られる、単一原理による世界支配としての「グローバリゼーション」に対する）の中身を豊かにし深める道だ、と私は信じている。

＊

本書に収録した文章が最初に掲載された機関紙誌・新聞・雑誌の担当者の方々、何度も対談の相手を勧めてくれた図書新聞の米田綱路さん、丁寧に読み込んで的確な示唆を与えてくれた編集の向井徹さん、昨年出版した『「拉致」異論』（太田出版）とイメージ的に呼応する装丁を工夫してくれた本永恵子さんに感謝する。

二〇〇四年六月一四日——七六歳になったゲバラを思い描きながら

太田昌国

【著者略歴】

太田昌国（おおた まさくに）

1943年、北海道釧路市に生まれる。1980年代半ば以降、現代企画室に勤務し、人文科学書、とりわけ第三世界の歴史・文学・思想、世界と日本の民族問題、植民地主義―帝国主義論、哲学などに関連する書籍の企画・編集を多数手がける。民族問題・南北問題の研究に従事。

著書――『鏡としての異境』（影書房、1987年）
『鏡のなかの帝国』（現代企画室、1991年）
『千の日と夜の記憶』（現代企画室、1994年）
『〈異世界・同時代〉乱反射』（現代企画室、1996年）
『「ペルー人質事件」解読のための21章』（現代企画室、1997年）
『「ゲバラを脱神話化する」』（現代企画室、2000年）
『日本ナショナリズム解体新書』（現代企画室、2000年）
『「拉致」異論』（太田出版、2003年）

編訳著――サパティスタ民族解放軍『もう、たくさんだ！』（小林致広と共編、現代企画室、1995年）
『アンデスで先住民の映画を撮る』（現代企画室、2000年）

翻訳書――ホルヘ・サンヒネス著『革命映画の創造』（三一書房、1981年）
ビクトル・ダニエル・ボニーヤ著『神の下僕かインディオの主人か』（現代企画室、1987年）
フランシスコ・メッツィ著『はだしの医者、内戦エルサルバドルを行く』（新川志保子と共訳、現代企画室、1990年）
デグレゴリほか著『センデロ・ルミノソ』（三浦清隆と共訳、現代企画室、1993年）
オマル・カベサス著『山は果てしなき緑の草原ではなく』（新川志保子と共訳、現代企画室、1994年）
パコ・イグナシオ・タイボIIほか著『ゲバラ　コンゴ戦記1965』（神崎牧子と共訳、現代企画室、1999年）

「国家と戦争」異説
戦時体制下の省察

発行……二〇〇四年七月七日　初版第一刷　二〇〇〇部
定価……二八〇〇円＋税
著者……太田昌国
発行者……北川フラム
発行所……現代企画室
住所……101-0064東京都千代田区猿楽町二―二―五　興新ビル302
電話03-3293-9539　FAX03-3293-2735
Email gendai@jca.apc.org
URL http://www.jca.apc.org/gendai/
振替……〇〇一二〇―一―一一六〇一七
印刷・製本……中央精版印刷株式会社
ISBN4-7738-0402-5　C0036　Y2800E

現代企画室《グローバリゼーションに抗して》

マルコス ここは世界の片隅なのか
イグナシオ・ラモネ
湯川順夫＝訳
新書判/224P

世界に先駆けて反グローバリズム運動を切り開いたメキシコ・サパティスタの覆面の副司令官マルコスが、フランスのジャーナリストのインタビューに答えて、めざすべきもうひとつの世界のあり方を語る。サパティスタの首都行進関連文書も収録。（02・9）　1600円

アフガニスタンの仏像は破壊されたのではない 恥辱のあまり崩れ落ちたのだ
モフセン・マフマルバフ
武井みゆき＋渡部良子＝訳
新書判/196P

仏像は恥辱のために崩れ落ちたのだ。アフガニスタンの虐げられた人びとに対し世界がここまで無関心であることを恥じ、自らの偉大さなど何の足しにもならないと知って砕けたのだ――との独自の視点から展開するイラン映画の巨匠のアフガン論。（01・11）　1300円

アメリカが本当に望んでいること
ノーム・チョムスキー
益岡賢＝訳
A5判/168P

「われわれが米国内で米国の政策を阻止すれば、第三世界の人びとが生き延びる可能性は増す」。第2次大戦直後から東西冷戦崩壊時までの米国の外交政策を批判的に検討し、超大国の無謀で利己的なふるまいが、いかに危機を生み出しているかを衝く。（94・6）1300円

アメリカの「人道的」軍事主義
ノーム・チョムスキー
益岡賢ほか＝訳
A5判/284P

米国の外交政策を変えさせれば、世界はもっと住みよくなる！　「戦争は平和、服従は自由、無知は強さ」と言いくるめて、世界に君臨する米国が作り出す「人道主義」神話を、コソボを例に破壊するチョムスキーの強靭な論理と揺るぎない歴史観。（02・4）　2800円

世界の創造あるいは世界化
ジャン・リュク＝ナンシー
大西雅一郎ほか＝訳
A5判/164P

グローバリゼーションとはなにか。それは「あらゆる意味で他者性の排除、〈西洋〉による文化・文明・進歩・人間性の独占である」と規定するナンシーの哲学的考察。「無限の正義は、いかなる場所にもない。逆に、堪えられない不正が荒れ狂っている」（03・12）2400円

ファルージャ 2004年4月
ラフール・マハジャンほか
益岡賢＋いけだよしこ＝編訳
新書判/220P

イラクを占領支配する米軍とレジスタンス勢力との間で激しい戦闘があったファルージャ。あまりに危険なためにジャーナリストも去った地域で何が起こっていたのかを明かす内部からの証言。ここにこそ、自衛隊が荷担する占領統治の本質がある。（04・6）　1500円